Jochen Schulte-Sasse
Renate Werner

Einführung in die Literaturwissenschaft

Wilhelm Fink Verlag München

...χαριν ἔχειν λείπεται

Hans Joachim Schrimpf
zum 50. Geburtstag
am 28. März 1977

ISBN 3-7705-1464-5

Gesamtherstellung: Ferdinand Schöningh, Paderborn
Einbandgestaltung: Alfred Krugmann, Stuttgart

INHALT

VORWORT

Der vorliegende Band ist aus einem Einführungskurs hervorgegangen, den die Verfasser vom Sommersemester 1974 bis zum Wintersemester 1975/76 insgesamt dreimal am Germanistischen Institut der Ruhr-Universität Bochum unterrichtet haben. Seine erste, im Wintersemester 1974/75 vervielfältigte Fassung verdankt sich dem Zwang, in einem mit 160 Studenten hoffnungslos überfüllten Kurs ein gewisses Maß an Studieneffizienz zu gewährleisten und den Studenten die Möglichkeit einer kursbezogenen Nachbereitung zu bieten. Umfang, Aufbau und Inhalt des Bandes orientieren sich auch jetzt noch strikt an den zeitlichen Möglichkeiten eines einsemestrigen (4-stündigen) Kurses und an der Rezeptionsfähigkeit von Studienanfängern.

Wenn wir uns den durch den Buchhandel verfügbaren "Grundzügen" und "Einführungen" zum Trotz zur Entwicklung und Veröffentlichung eines eigenen Einführungskonzeptes entschlossen haben, so deshalb, weil unseres Erachtens noch immer eine Einführung in die Literaturwissenschaft fehlt, die auf relativ knappem Raum (und dennoch anhand möglichst vieler Beispielanalysen) in Grundzüge literaturwissenschaftlichen Denkens und Arbeitens einführt. Die verfügbaren "Grundzüge" und "Arbeitsbücher" theoretisieren teils auf einer für Anfangssemester allzu abstrakten Ebene über die Methodenvielfalt und deren philosophische Verwurzelungen, ohne die "Methoden" jemals konkret anzuwenden [1], teils erfüllen sie eher Anforderungen, die an studienbegleitende Handbücher zu stellen sind [2], teils verzichten sie auf die gerade für Anfänger unverzichtbare Verbindung von Theorie und Praxis [3]. Wir wollen die Verdienste, die diese Schriften in den Reformdiskussionen der letzten Jahre hatten und auch in Zukunft haben werden, keinesfalls schmälern. Sie scheinen uns jedoch den berechtigten Bedürfnissen von *Erst*semestern kaum entgegenzukommen.

Am ehesten berührt sich unser Band mit den in derselben Reihe erschienen "Literaturwissenschaftlichen Grundbegriffen" [4] unseres Bochumer Kollegen Jürgen Link. Links "Grundbegriffe" erfüllen mit ihren zahlreichen Begriffsdefinitionen, ihren relativ kurzen Erklärungen und ihrer umfangreichen und ergiebigen Beispielsammlung dennoch einen anderen Zweck als den von uns erstrebten. Wir möchten durch eine Schritt für Schritt argumentierende und jeden einzelnen Schritt ausformulierende Lektionenfolge nicht nur ein weitestgehend geschlossenes

Einführungskonzept erreichen, sondern durch einen fortlaufenden Erklärungstext dem Leser auch den Nachvollzug und das Eigenstudium erleichtern. Im Mittelpunkt steht dabei nicht die Vermittlung von Begriffen, sondern von Denkweisen (und deren Verankerung in den der Literatur eigenen Weisen der Bedeutungsvermittlung), so daß Begriffe und Fachtermini nur so weit eingeführt werden, wie sie zur Erklärung und begrifflichen Absicherung fachspezifischer Denkweisen nötig schienen. Mit dieser Intention hängt auch eine andere Eigenart unserer Lektionenfolge zusammen, die auf den ersten Blick befremdlich scheinen mag. Wir haben uns nämlich bemüht, den Einführungscharakter des Bandes gegen Ende mehr und mehr aufzuheben und ihn in die monographischen Analysen zweier Romane ausmünden zu lassen. Diese Analysen wollen natürlich einerseits paradigmatisch sein, bis dahin nicht berührte Fragestellungen entwickeln und den systematischen Ansatz des Konzeptes zu Ende führen. Andererseits wollen sie aber auch durch eine wissenschaftlich-kritische Auseinandersetzung mit anderen Deutungspositionen den Duktus einer systematischen Einführung übersteigen, Weisen wissenschaftlicher Auseinandersetzung vorführen und damit in die Proseminarpraxis überleiten.

Unser Kursprogramm war ursprünglich Teil eines *integrierten* Einführungskurses, d. h. einer Einführung in die Literatur- *und* Sprachwissenschaft. Verantwortlich für den linguistischen Teil war unser Bochumer Kollege Sigurd Wichter, dessen sokratische Beharrlichkeit uns manches Mal zur Offenlegung verdeckter Probleme getrieben hat. Wenn wir immer noch davon überzeugt sind, daß textlinguistische und semiotische Methoden und Begriffe zur Präzisierung literaturwissenschaftlicher Arbeitsweisen dienlich sind, dann ist unsere Hartnäckigkeit sicher nicht ihm anzulasten.

Bochum, im August 1976 Jochen Schulte-Sasse / Renate Werner

1 Jürgen Hauff u. a.: Methodendiskussion. Arbeitsbuch zur Literaturwissenschaft, Bd. 1.2., Frankfurt 1971.

2 Heinz Ludwig Arnold und Volker Sinemus [Hrsg.]: Grundzüge der Literatur- und Sprachwissenschaft, Bd. 1: Literaturwissenschaft, München 1973, sowie: Heinz Geiger, Albert Klein und Jochen Vogt [Hrsg.].: Grundstudium Literaturwissenschaft. Hochschuldidaktische Arbeitsmaterialien, Bd. 1-10, Düsseldorf 1971 ff.

3 Dieter Breuer u. a.: Literaturwissenschaft. Eine Einführung für Germanisten, Frankfurt a. M., Berlin und Wien 1972.

4 Jürgen Link: Literaturwissenschaftliche Grundbegriffe. Eine programmierte Einführung auf strukturalistischer Basis, München 1974 (UTB. 305.).

1. LEKTION: ERSTE EINFÜHRUNG IN DIE ZEICHENANALYSE UND VERSUCH EINER VORLÄUFIGEN GEGENSTANDSBESTIMMUNG DER LITERATURWISSENSCHAFT

1.1. Vorbemerkung

Wenn man jüngeren Erhebungen an den Universitäten Aachen und Düsseldorf und eigenen, allerdings unsystematisch durchgeführten Diskussionen mit rund 320 Studenten der Ruhr-Universität Bochum folgt, dann sieht ein überraschend großer Teil der Studienanfänger des Faches "Germanistik" das von ihnen gewählte Fach auch heute noch als ein *musisches* Fach an – ein Fach, das in erster Linie lehren sollte, wie man "hohe" Dichtung ästhetisch genießen ("Gegenstand der Literaturwissenschaft", so formulierte eine Anfängerin ihre Erwartungshaltung, sollten "Interpretationen und nicht solch ein wissenschaftliches Zeug sein") und diesen Genuß literaturwissenschaftlich erklären oder gar wie man eigene Schreibversuche verbessern kann. In der erwähnten Erhebung des Germanistischen Instituts der Universität Düsseldorf haben selbst 1971, als die nach kritischer, gesellschaftsorientierter Begründung des Faches drängende Studentenbewegung noch kaum abgeflaut war, noch 65 % der Studienanfänger Neigungen zu eigener literarischer Produktion als Grund für ihre Fachwahl angegeben. Sollten diese Zahlen tatsächlich repräsentativ sein, so kann die sich in ihnen spiegelnde Erwartungshaltung nur als ein Ergebnis bundesdeutscher Schulerziehung gewertet werden. Offensichtlich wird in der Bundesrepublik noch immer ein Literaturunterricht gepflegt, in dem sich Lehrer und Schüler mehr oder weniger reflektiert an "hoher" Dichtung erbauen und in dem – um es mit den Worten eines literaturwissenschaftlichen Reformmodells der Universität Hamburg einige Grade polemischer zu formulieren – sozial vorbestimmte Normen und Werte als quasi naturwüchsig und unproblematisierbar hingestellt werden und damit der Literaturunterricht zum Mittel der Anpassung an den "kulturellen Wertehorizont der Mittelklasse" degeneriert.

Eine solche Feststellung mag auf den ersten Blick überraschen; denn der Kanon, der dem Deutschunterricht zugrunde liegt, ist in den letzten zehn bis fünfzehn Jahren beträchtlich ausgeweitet worden. Er hat vor allem die traditionellen Werteschranken durchbrochen, so daß kaum ein Studienanfänger sich nicht auch mit den Massenmedien wie Boulevardblatt und Fernsehen, mit Comics, Werbetexten und Trivialliteratur beschäftigt hat. Aber all dies "dient doch letztlich nur der Demonstration der Minderwertigkeit solcher von bestimmten Zwecken abhängigen Literatur, die dabei helfen soll, auf das eigentliche Ziel der Germanistik wie des Deutschunterrichts hinzuarbeiten, nämlich die von allen Zwecken freie und aus allen nur zeitlichen Bezügen herausgenommene Dichtung als sich abhebenden Größe sichtbar zu machen, sie dem Schüler, bzw. dem Studenten näher zu bringen und eindeutige Werte zu setzen."[1]

Diese Bemerkungen richten sich weder vorwurfsvoll gegen die Schule (der germanistische Universitätsunterricht hinkt im Gegenteil eher hinter den methodischen und sachlichen Ergebnissen mancher literaturdidaktischer Publikationen der letzten Jahre hinterher [2]) noch gegen das Lernziel, anhand künstlerisch wertvoller Texte ästhetische Sensibilität zu entwickeln. Sie wollen vielmehr darauf hinweisen, wie vorbelastet ein Einstieg in die Literaturwissenschaft ist, wenn der Studienanfänger, ihm selbst oft unbewußt, die Gegenstände und Methoden des Faches vom Schulunterricht her schon zu kennen wähnt.

Die Germanistik strebt zunächst nichts anderes an, als dem Studienanfänger einen Zugang zu komplexen Zeichensystemen wie der Literatur zu eröffnen.

1.2. Ein Bild aus der amerikanischen Zeitschrift "Cosmopolitan" als Einstieg

Wir gehen, um erstens in den Zeichencharakter komplexer Gebilde (verbaler und visueller Texte) einzuführen, um zweitens die kulturbedingten Vorentscheidungen gegenüber 'wertvollen' oder 'wertlosen' *literarischen* Texten auszuschalten und um drittens ein Nachdenken über den Gegenstandsbereich der Literaturwissenschaft zu provozieren, von einem *Bild* aus (vgl. Abb. S. 13) und versuchen, die durch das Bild in uns wachgerufenen Assoziationen zu formulieren und zu erklären. Wir könnten vorerst auch sagen, wir 'interpretieren' das Bild.
Unsere Reaktionen werden zunächst bestimmt durch den Aufbau, genauer: durch das Dreiecksverhältnis zwischen Mann, Frau und den Speisen des Vordergrundes, wobei die Frau das bestimmende Glied dieser Kette darstellt. Auf sie richten sich die bewundernden Blicke des Mannes, und sie präsentiert lässig-stolz "ihre", d. h. die von ihr zuge-

COOK-AHEAD DINNER

CHICKEN ENCHILADAS

(Serves from 4 to 6)

By Carol Evans

(Prepare the afternoon, morning or evening before, then heat up just before serving time.)

1 10-oz. can enchilada sauce
2 8-oz. cans tomato sauce
¾ cup vegetable or olive oil
4 chicken breasts—skinned, boned, cut in 1-inch cubes
¾ cup green pepper, finely chopped
1 small onion, finely chopped
1 tsp. salt
½ cup pitted ripe olives, finely chopped
1½ cups Monterey Jack or Cheddar, grated
12 tortillas (canned or frozen)

AHEAD OF TIME:

1. Combine enchilada sauce and tomato sauce in saucepan. Heat for a few minutes, stirring well to blend flavors. In skillet, heat ¼ cup of oil over medium heat. Add chicken, green pepper and onion. Sauté for 5 min. until onion is golden.
2. Add ¾ cup of the enchilada and tomato sauce and salt. Cover and cook gently for 20 min. until chicken cooks through. Stir in olives and ½ cup of grated cheese. Heat remaining oil in small skillet. Dip tortillas, one at a time, for a few seconds in hot oil—just long enough to make them soft and pliable, not crisp. Then dip them briefly into enchilada and tomato sauce remaining in saucepan to coat both sides.
3. Place about 2 Tbsp. of chicken filling in center of each tortilla; roll filled tortillas up and place seam side down in pan. Pour sauce over top. Refrigerate, cover with plastic or foil wrap.

25 MINUTES BEFORE SERVING:
Bake enchiladas in 350° oven for 20 min. until heated through and sauce is bubbly. Sprinkle with remaining cheese and return to oven until cheese melts (about 5 min.).

COCKTAILS BEFORE:
Margaritas, guacamole, corn or taco chips.

SERVE WITH:
Sliced oranges, sliced cucumbers, sliced red onions on a bed of lettuce, dressed with oil and vinegar. For dessert: lime ice, garnished with thin lemon slices.

richteten Speisen. Sie selbst schaut zufrieden lächelnd in die Kamera bzw. auf den imaginären Betrachter des Bildes und lädt auf diese Weise ihre Geschlechtsgenossinnen zur Identifikation ein.

Diese Bemerkungen knüpfen an die "Immanenz" des Bildes an. Die Bedeutung eines Zeichens hängt jedoch nicht nur von seinen immanenten Strukturen, sondern auch von der Bezugsgruppe ab, auf die das Zeichen wirkt. Wir wollen die Kommunikationssituation vorerst vereinfachen und nur von weiblichen Bildbetrachtern ausgehen. Reagieren diese auf das Bild positiv, so identifizieren sie sich nicht mit einer hier zufällig abgebildeten Einzelperson, sondern mit einer sozialen Rolle. Zu dieser Rolle zählt, daß man den männlichen Partner (er ist bezeichnenderweise bewundernd und der Verwöhnung harrend in den Hintergrund gesetzt) mit aufwendigen, geschmackvollen Speisen sowie mit durch make-up und modische Kleidung erotisiertem Äußeren umwirbt. Ein Kommilitone hat diesen Sachverhalt in die prägnant-doppeldeutige Formel gefaßt: "Der Mann schaut auf das Feilgebotene." Doch die Eigenwerbung der Frau geschieht nicht uneigennützig, d. h. ihr Verhalten zielt nicht allein auf eine Befriedigung der Wünsche ihres Partners ab. Denn das Bild knüpft an allgemeine Hoffnungen, an Harmonie- und Glücksvorstellungen seiner weiblichen Betrachter an und deutet auf Verhaltensnormen hin, die die erwünschte Harmonie mit dem anderen Geschlecht garantieren sollen. Es eignet sich auf diese Weise, soziale Normen zu verinnerlichen bzw. bereits verinnerlichte Normen zu festigen.

Diese Wirkung kann das Bild allein deshalb erreichen, weil es keine bloße, beispielsweise Illustrationszwecken dienende Wiedergabe von Wirklichkeit ist, sondern Zeichencharakter hat und als Zeichen seinen Rezipienten etwas mitteilt. Wir wollen zunächst fragen, ob dieses Zeichen allein aus sich heraus zu verstehen ist, die Bedeutungen des Bildes mithin allein durch das *Wie* seines Aufbaues bestimmt sind (das Bild damit in allen Zeiten und Kulturen als Zeichen identisch wäre) oder ob es Zusammenhänge gibt, die den Aussagewert des Bildes mitbestimmen.

1.2.1. *Kontext 1: Textzusammenhang*

Solche Zusammenhänge können z. B. durch Verbindungen von Bild und Begleittext hergestellt werden. In unserem Fall: Losgelöst von seinem Begleittext könnte man dem Bild die harmonisierende, die Wirklichkeit verfälschende Absicht unterstellen, von der Mühe der Essenszubereitung abzulenken und so zu tun, als könne eine Frau sich zu allen Zeiten mühelos als aus dem Ei gepelltes Sexobjekt präsentieren und gleichzeitig mit leichter Hand die aufwendigsten Speisen hervorzaubern. Man könnte meinen, in ihm die Strategie vieler Reklamebilder wiederzuerkennen, von der mühevollen Vorbereitung zugunsten des angeblich alle Wünsche befriedigenden Ergebnisses abzusehen. Doch die erste Zeile des Begleittextes, das "Cook-Ahead Dinner", spielt gerade auf diese Schwierigkeiten an und schlägt für sie eine Lösung vor.

Wir wollen festhalten, daß die Bedeutung eines Zeichens durch seinen unmittelbarsten Kontext, den Zusammenhang mit ihm zugeordneten Zeichen, eingegrenzt wird, und zwar selbst dann, wenn das Zeichen für sich selbst recht abgeschlossen und eigenständig wirkt, wie es bei einem Bild, dem ein verbaler Text zugeordnet ist, der Fall ist.

1.2.2. *Der kulturelle Kontext*

Das Bild – es wurde einer Ausgabe der amerikanischen Frauenzeitschrift 'Cosmopolitan' entnommen – wirkt auf uns, wie eine Diskussion mit deutschen Studenten gezeigt hat, recht fremdartig. Es spielt offensichtlich auf Formen der Geselligkeit, auf nationale Sitten an, die für uns ungewöhnlich sind. Gerade Andersartigkeit und Fremdheit aber sind es, die hier unsere Aufmerksamkeit wecken und zu Fragen und Vergleichen veranlassen können: unser Blick für bedeutungskonstitutive Verbindungen zwischen Texten (hier = Bild, das man auch als visuellen 'Text' fassen kann) und ihren kulturellen Kontexten wird geschärft. (Wohingegen Abhängigkeiten vom eigenen Kulturkontext oft so 'automatisiert' sind, daß sie leicht übersehen werden.)

Das Bild spielt, in aller Kürze, auf die amerikanische Sitte der Dinnerparties an, auf den Wunsch vieler amerikanischer Frauen, gute "Entertainer" zu sein (was sich in diesem Fall auf die Kochkünste bezieht), sowie auf den Brauch der "happy hour", d. h. vor dem Dinner einen Cocktail zu trinken. Wir sehen bereits an dieser Stelle, wie fragwürdig es sein kann, abkürzend von der isolierten Bedeutung eines Zeichens zu reden. Um das Bild voll zu verstehen, muß dem Betrachter kontextuelles Wissen zur Verfügung stehen. Wenn wir jedoch von der Bedeutung eines Zeichens reden, setzen wir damit nicht unausgesprochen voraus, diese Bedeutung sei als identische Größe "irgendwie" im Zeichen enthalten? Gehört der kulturspezifische Lebensstil, auf den das vorliegende Bild verweist, zum *Inhalt* des Bildes oder bezieht das Bild seine Bedeutung teilweise aus dem Kulturkontext, und zwar so, daß die Bedeutung aus dem *Zusammenspiel* von Bild und Kulturkontext hervorgeht? Welche Bedeutung hat das Bild für einen Russen, einen Chinesen? Ist dies noch die Bedeutung des *Bildes*?

All dies sind Fragen, die uns mitten in das Kursprogramm führen und vorerst nur aufgeworfen werden können.

1.2.3. *Der mediale Kontext*

Der Sinn eines Textes ist weiterhin abhängig von dem Medium, in dem er publiziert wird. Dies können wir einleitend an einem Experiment Peter Handkes veranschaulichen:

LESEN UND SCHREIBEN

BERCHTESGADEN – Um einen besonders schönen Blick auf Sankt Bartholomä zu haben, stieg am Sonntag eine 22jährige Sekretärin aus Paris zusammen mit ihrem Ehemann auf die Falkensteiner Wand am Königssee.

"Um einen besonders schönen Blick auf Sankt Bartholomä zu haben, stieg am Sonntag eine 22jährige Sekretärin aus Paris zusammen mit ihrem Ehemann auf die Falkensteiner Wand am Königssee."

UND LESEN

Handke setzt hier (abgesehen von dem dem ersten Text vorangestellten "Berchtesgaden") zwei identische Texte gegeneinander und erzielt einen erstaunlichen Effekt: der Leser reagiert, weil er den ersten Text als den Anfang einer Zeitungsmeldung, den zweiten eher als Beginn einer Erzählung nimmt, so, als ob er Texte mit unterschiedlichem Inhalt gelesen hat. Der mediale Ort bestimmt die Erwartungen und damit die bedeutungsmäßigen Reaktionen eines Lesers. So liest man den ersten Text als den Anfang einer Unglücksmeldung, den zweiten eher als den Anfang der ausführlichen Schilderung einer Ereignisfolge, in deren Verlauf der Leser u. a. auch über die Charaktere, die Geschichte, die Probleme der eingeführten Personen Aufklärung erwartet. Vorausgreifend läßt sich hier bereits erkennen, welche Bedeutung etwa literarischen Gattungen und Genres, d. h. genauer: den Erwartungshaltungen, die diese Gattungen und Genres auslösen, für die Aussage eines Textes zukommt.

Um auf unser Bildbeispiel zurückzukommen, so läßt sich zunächst einmal feststellen, daß der mediale Ort, für den das Bild bestimmt war, von vornherein Aufbau und Inhalt des Bildes konditioniert hat. Die amerikanische Frauenzeitschrift "Cosmopolitan", in der das Bild erschienen ist, läßt sich als eine gehobene "Brigitte" charakterisieren. Sie spricht einen weiblichen Leserkreis des Mittelstandes an, dessen Verhaltensnormen das Bild reproduziert. Durch diese Vorherbestimmung des Bildes durch den medialen Ort, an dem es erscheinen sollte, ist die Aussage des Bildes/Zeichens jedoch selbst dann keineswegs ein für allemal fixiert, wenn wir den kulturellen Kontext konstant halten. Zwar werden Inhalt und Aufbau des Bildes auch für sich stets die semantischen Reaktionen seiner Betrachter lenken, aber die mediale Umgebung des Zeichens wird jederzeit ihren Anteil an diesen Reaktionen und damit an der Aussage des Bildes behaupten. Stellen wir uns zur Veranschaulichung dieses Sachverhaltes vor, das Bild sei nicht im "Cosmopolitan", sondern im "Playboy" oder (um das Argument abzublocken, die Aussageverschiebung hänge nur von der unterschiedlichen Geschlechterperspektive ab) in einer Zeitschrift für Hippies erschienen. Im letzten Fall würde das Bild gerade für weibliche Betrachter zu einer Parodie und dadurch seine Intentionen (Reproduktion und somit Festigung sozialer Werte) völlig umkehren.[3]

1.2.4. *Der (wirtschafts-)geschichtliche Kontext*

Jedes Zeichen kann unter zwei Aspekten betrachtet werden, nämlich 1. im Hinblick auf das Funktionieren des Zeichens in einer bestimmten Zeit und 2. im Hinblick auf die *Entwicklung* bzw. die Geschichte dieses Zeichens (Die erste Betrachtungsweise nennt die Linguistik *synchronisch*, die zweite *diachronisch*). Wir haben das Bild bisher nur in seinen gegenwärtigen (synchronen) Bezügen analysiert und wollen diese Analysen im folgenden durch eine historische (diachrone) ergänzen. Dieses Vorhaben mag zunächst erstaunen, denn die diachronische Sprachwissenschaft geht ja von sich wandelnden, aber trotz ihres Wandels Kontinuität bewahrenden Objekten aus; sie untersucht beispielsweise den Laut- und Bedeutungswandel von Weib (mhd. wîb) durch die Jahrhunderte. Wir haben es in unserem Beispielfall hingegen mit einem Bild zu tun, das ein völlig individuelles, einmaliges, 1973 produziertes und bald wieder vergessenes Zeichen ist und das im engeren Sinn nicht diachron untersucht werden kann, weil es in vergangenen Jahrzehnten/Jahrhunderten nicht existiert hat. Wir wollen auch nicht einen möglichen historischen Bedeutungswandel des vorliegenden Zeichens untersuchen (dazu könnten wir aufgrund von Parallelbeobachtungen an anderen, älteren Zeichen nur Hypothesen bilden), sondern einige recht allgemeine, nur (wirtschafts-)geschichtlich zu erklärende *Entstehungsbedingungen* des Bildes namhaft machen. Ziel dieses Untersuchungsschrittes wird es sein, schon zu Beginn des Kursprogrammes ansatzweise zu diskutieren, ob es reicht, das Funktionieren eines Zeichens in gegebenen (synchronen) Kontexten zu analysieren, oder ob dem vollen und vor allem kritischen Verständnis eines Zeichens seine gleichzeitige Einordnung in geschichtlich gewordene Zusammenhänge und damit eine historische (historisch-materialistische) Kontextanalyse notwendig zugehört.

Wir gehen bei der historisch-kritischen Analyse des Bildes von Wolfgang Fritz Haugs "Kritik der Warenästhetik" (Frankfurt/Main 1971) aus und müssen erklärend vorab zwei marxistische Termini, nämlich die Begriffe des Gebrauchswertes und des Tauschwertes, einführen.

Gehen wir von einer Modellsituation aus:

Herr A will eine Ware xy verkaufen
Herr B will dieselbe Ware xy kaufen

Vorausgesetzt sei, daß Herr B die Ware nicht zum Zwecke des Weiterverkaufs, sondern aufgrund eines sinnlichen Bedürfnisses (im allgemeinsten Sinne) erwerben will. Sie hat dann für ihn einen *Gebrauchswert* (beispielsweise hat ein Apfel den Gebrauchswert, Hunger stillen zu können, lebensnotwendige Vitamine zu enthalten usw., ein Stuhl den Gebrauchswert, sich auf ihm ausruhen zu können usw.). Für Herrn A hingegen hat die von ihm zum Kauf angebotene Ware keinen Gebrauchs-, sondern einen *Tauschwert*; d. h. er will mit ihr Geld (oder eine andere Ware) einhandeln.

Es gehört zu den zentralsten marxistischen Überzeugungen, daß die Ursache aller Entfremdung in der spätkapitalistischen Gesellschaft darin zu suchen ist, daß der Gebrauchswert, d. h. die Sinnlichkeit eines zum Verkauf angebotenen Produktes, Herrn A völlig gleichgültig läßt. Für Herrn A ist das Bedürfnis von Herrn B nur Mittel zum Zweck des Gelderwerbs; beide stehen auf unterschiedlichen Interessenstandpunkten.

Die Differenz zwischen dem Tauschwertstandpunkt des Herrn A und dem Gebrauchswertstandpunkt des Herrn B erklärt nun – wie Haug ausführt – ein eigenartiges Phänomen der kapitalistischen Wirtschaft, auf das es uns in unserem Zusammenhang insbesondere ankommen muß, nämlich die Diskrepanz zwischen dem tatsächlichen Gebrauchswert eines Produktes und seinem Gebrauchswert*versprechen*. "Vom Tauschwertstandpunkt aus kommt es bis zum Schluß, nämlich dem Abschluß des Kaufvertrages, nur aufs Gebrauchswertversprechen seiner Ware an." [4] Weil das Gebrauchswertversprechen für den Kaufvorgang wichtiger ist als der tatsächliche Gebrauchswert, wird der Warenproduzent sich bemühen, das Gebrauchswertversprechen seines Produktes so zu steigern, daß es zwar den Käufer zum Kauf animiert, die Diskrepanz zwischen Sein und Schein der Ware aber nicht als Betrugsmanöver durchschaut wird und sie sich damit nicht für zukünftige Kaufvorgänge als Bumerang erweist.

Haug hat in seiner "Kritik der Warenästhetik" ausführlich dargestellt, wie dieser Sachverhalt zu einer Ästhetisierung der Waren geführt hat (der Schein schmeichelt sich als ästhetischer ein): wie der ästhetische Schein sich im Zuge der Wirtschaftsentwicklung mehr und mehr von den Waren gelöst hat und heute als verselbständigter weite Bereiche des öffentlichen Lebens beherrscht. Gebrauchswertversprechungen bestürmen den Menschen nicht mehr nur beim Anblick von Waren, sondern von Bildern, von Zeitschriften, ja von ganzen Städten oder Landschaften. "Wo den Menschen, wie in der monopolkapitalistischen Gesellschaft, aus der Warenwelt eine Totalität von werbendem und unterhaltendem Schein entgegenkommt, geschieht, bei allem abscheulichen Betrug, etwas Merkwürdiges, in seiner Dynamik viel zu wenig Beachtetes. Es drängen sich nämlich an die Menschen unabsehbare Reihen von Bildern heran, die wie Spiegel sein wollen, einfühlsam, auf den Grund blickend, Geheimnisse an die Oberfläche holend und dort ausbreitend. In diesen Bildern werden den Menschen fortwährend unbefriedigte Seiten ihres Wesens aufgeschlagen. Der Schein dient sich an, als kündete er die Befriedigung an, er errät einen, liest einem die Wünsche von den Augen ab, bringt sie ans Licht auf der Oberfläche der Ware. Indem der Schein, in dem die Waren einherkommen, die Menschen ausdeutet, versieht er sie mit einer Sprache zur Ausdeutung ihrer selbst und der Welt." [5]

Wirtschaftsstrukturelle Zwänge (und das sind immer auch *historisch gewachsene* Zwänge) "züchten Verhaltensweisen, strukturieren Wahrnehmung, Empfindung und Bewertung und modellieren Sprache, Kleidung, Selbstverständnis ebenso wie die Haltung, ja sogar den Leib, vor allem aber das Verhältnis zu ihm." [6] Wir könnten Haugs Überlegungen für unser Bildbeispiel dadurch fruchtbar machen, daß wir zeigen, wie die im Bild reproduzierten Verhaltensnormen offensichtlich durch den ökonomiegeschichtlich zu erklärenden wirtschaftlichen Kontext beeinflußt sind. Denn in bezug auf die Frau könnte man sagen, wer um Liebe wirbt, macht sich begehrenswert, d. h. zur Ware. Für die Frau sind Glück und Harmonie in der Zweisamkeit augenscheinlich ein Gebrauchswert, den sie zu erreichen sucht, indem sie sich selbst als Tauschwert anbietet. Ihr Make-up, ihr die Sinne reizendes Kleid, ihre künstlich gesteigerte Attraktivität sind ästhetischer Schein, sind "Gebrauchswertversprechungen" für den Partner, der freilich den ästhetischen Schein als soziale Norm soweit internalisiert (verinnerlicht) haben wird, daß er von ihm abhängig geworden ist. Wir könnten, wie gesagt, diesen Gedanken fortspinnen und ausführlicher nachweisen, daß die gezeigten Verhaltensweisen durch ökonomiegeschichtliche Konstellationen (die Konstellation einer spätkapitalistischen Warengesellschaft) bestimmt sind.

Doch diese Perspektive wäre nicht so interessant wie eine zweite, die aus dem Zeichencharakter des Bildes folgt. Ein Zeichen ist immer Zeichen *für jemand*. Ohne Bezug auf miteinander kommunizierende Menschen kann ein Gegenstand keinen Zeichencharakter haben. Wir sollten also fragen, inwiefern dieses Zeichen als rezipiertes Zeichen, als spezifisches *Kommunikationsmittel* durch ökonomische/ökonomiegeschichtliche Konstellationen beeinflußt ist.

Eine Zeitschrift ist ein Verkaufsobjekt. Als solches muß sie in gewisser Weise einen Gebrauchswert darstellen, der z. B. in dem Angebot von Rezepten liegen kann. Sie wird diese Rezepte aber eben nicht farb- und schmucklos (als bloße Gebrauchswerte) anbieten, sondern sie wie in unserem Fall mit einem Gebrauchswertversprechen versehen. Das beigefügte Bild ist reines Gebrauchswertversprechen, verselbständigter ästhetischer Schein, der als Zeichen, als Kommunikationsmittel dient und ganz im Sinne von Haug unsere Sprache modellieren sowie unsere Verhaltensweisen und Wahrnehmungen formen kann. Es ist ein visuelles Zeichen, das seinen Rezipienten die Möglichkeit einer "zweiten Realität" vorgaukelt, einer von Widersprüchen geläuterten Welt des ästhetischen Scheins.

1.2.5. *Zusammenfassung*

Die leitende Fragestellung unserer Analyse des Bildes war: durch welche Größen wird die Aussage des Bildes bestimmt? Wir haben in einem ersten Schritt gesehen, daß immanente Eigenschaften des Bildes

(z. B. das Dreiecksverhältnis) seine Rezeption und damit seine Aussage vorbestimmen, daß wir aber sehr bald an Grenzen stoßen, wenn wir das Bild und seinen Zeichencharakter allein aus sich heraus verstehen wollen. Wir sahen uns gezwungen, das Bild schrittweise in unterschiedlich umfangreiche, aber in jedem einzelnen Fall *bedeutungskonstitutive* Kontexte einzubetten, nämlich in den Textzusammenhang, die mediale Umgebung, den Kulturkontext und schließlich in einen (wirtschafts-) geschichtlichen Kontext, ohne damit den Anspruch erheben zu wollen, alle *möglichen* Kontexte, die auf die Bedeutung eines Zeichens einwirken können, berücksichtigt zu haben.

Unser Kursprogramm wird, allerdings in anderer Gewichtung, die hier noch recht intuitiv vollzogenen Schritte in aller Ausführlichkeit an literarischen Texten nachvollziehen und zu systematisieren suchen. Die Beschreibung und Erklärung text*immanenter* Verfahren, Bedeutung aufzubauen, wird dabei jedoch einen größeren Raum einnehmen als in der einleitenden Lektion (insgesamt 6 von 15 Lektionen). Dies hat seinen Grund einerseits darin, daß wir eine Einführung für denjenigen Ort halten, an dem systematisch in die spezifischen Verfahren eingeführt werden sollte, mit denen Literatur Bedeutungen aufbaut, andererseits darin, daß die Einbettung eines Textes in seinen historisch-sozialen Kontext so viel Vorarbeit und Vorwissen erfordert, wie sie nur in monographischen Untersuchungen erbracht werden können. Dennoch wollen wir zumindest in zwei Lektionen ausführlicher auf den historisch-sozialen Kontext eines Textbeispiels (Marlitts "Im Hause des Kommerzienrates") eingehen.

1.3. Erster Versuch einer Gegenstandsbestimmung der Literaturwissenschaft

Unser Bild soll zum Schluß der Lektion, so paradox es zunächst auch klingen mag, dazu dienen, eine erste Gegenstandsbestimmung der Literaturwissenschaft zu versuchen.

Wir haben gesehen, daß das Bild eine Reihe von Verhaltensnormen bzw. sozialen Werten propagiert. Es tut dies allerdings nicht in begrifflicher (diskursiver) Sprache, sondern in Form einer "Geschichte". Obwohl es sich um ein einzelnes, statisches Bild handelt, können wir durchaus von einer Geschichte sprechen, die uns erzählt wird; denn das

Bild enthält sowohl eine Personenkonstellation als auch (ansatzweise) eine Handlungsstruktur. Es erzählt von der erfolgten Vorbereitung des Essens, von den Bedürfnissen seiner Protagonisten, von der kurz zuvor geschehenen Ankunft des Partners (die Jacke an der Armlehne!), von der "happy hour" usw. Aber diese Geschichte steht, wie gesagt, nicht für sich; sie wird nicht um ihrer selbst willen erzählt; sie hat vielmehr Zeichen-, hat "message"-Charakter. Da diese Aussage nicht in begrifflicher, alltäglicher Sprache formuliert ist, können wir sagen, sie ist von der Alltagssprache in eine Geschichte transformiert worden.

Doch das Bild hat für sich auch eine *primäre* Bedeutung. Es bedeutet nämlich auf dieser Ebene nichts anderes als was es ganz konkret darstellt: daß diese Frau und dieser Mann in einem so und so beschaffenen Zimmer sich auf die und die Weise aufhalten. Bezeichnendes und Bezeichnetes sind auf dieser Ebene identisch. Erst auf einer *sekundären* Ebene gewinnt das Bild die ideologische Bedeutung, die wir oben untersucht haben. (Die Trennung zwischen einer primären und einer sekundären Ebene geschieht dabei natürlich nur zu analytischen Zwekken; denn das Bild ist und bleibt eine untrennbare Einheit.) Wir können das Bild deshalb im Anschluß an den dänischen Sprachwissenschaftler Hjelmslev als ein Zeichensystem zweiter Ordnung bezeichnen.[7] Gerade im Hinblick auf diesen Aspekt ergeben sich Übereinstimmungen zwischen dem Zeichencharakter des vorliegenden Bildes und dem Zeichencharakter literarischer Texte. Ohne entscheiden zu wollen, ob es in jedem einzelnen Fall so ist, und ohne damit eine Definition anbieten zu wollen, können wir sagen, daß literarische Texte Zeichensysteme zweiter Ordnung sind, die häufig eine Mitteilung in Form einer (nicht immer begrifflich *und* stringent auflösbaren) 'Geschichte' anbieten.

Den Gegenstand der Literaturwissenschaft fassen wir dabei vorläufig als solche Zeichensysteme zweiter Ordnung. Wir wollen diesen Gegenstandsbereich nicht durch qualitative Überlegungen einengen, sondern von der tatsächlich stattfindenden Kommunikation mittels solcher Zeichensysteme ausgehen. Auch eine Beschränkung auf *sprachliche* Zeichensysteme wollen wir nicht vorschnell vornehmen. Denn welche stichhaltigen Argumente lassen sich anführen, einen Roman und ein Schauspiel zum Gegenstand der Literaturwissenschaft zu zählen, ein Fernsehspiel dagegen nicht, wenn alle drei mit den prinzipiell gleichen Verfahrensweisen sekundäre Bedeutungen/Bedeutungskomplexe aufbauen sollten?

Anmerkungen:

1 Peter Schmidt: "Studienmotivation und Studienmodell", in: Literaturwissenschaft. Eine Einführung für Germanisten, hrsg. von Dieter Breuer u. a., Frankfurt/Main u. a. 1973, S. 20.

2 Vgl. etwa die im Metzler-Verlag erschienenen, von Heinz Ide und Bodo Lecke hrsg. Bände "Projekt Deutschunterricht Bd. 1 ff.".

3 Zu einigen Parallelfällen in der Literaturgeschichte vgl. Peter Schmidt: "Statischer Textbegriff und Textprozeß", a. a. O. S. 114-119.

4 Wolfgang Fritz Haug: Kritik der Warenästhetik, Frankfurt/Main 1971 (= edition suhrkamp Bd. 513), S. 17.

5 Haug, a. a. O. S. 64.

6 Haug, a. a. O. S. 125.

7 Vgl. Louis Hjelmslev: Prolegomena to a Theory of Language, Madison 1961, §§ 21 f. (Das dänische Original erschien bereits 1943).

2. LEKTION: TRADITIONELLE GEGENSTANDS-BESTIMMUNGEN DER LITERATURWISSENSCHAFT

2.1. Vorbemerkung

Wir haben am Ende der ersten Lektion versucht, eine vorläufige und erste Bestimmung dessen zu geben, was Gegenstand der Literaturwissenschaft sein kann; wir haben ferner versucht, im Hinblick auf diesen Gegenstand einen möglichen Fragehorizont abzustecken. Im nächsten Schritt wird es nun darum gehen, in aller Kürze ein traditionelles Verständnis von Literaturwissenschaft zu diskutieren. Dieses Verständnis, das freilich nie ganz unangefochten war und von dem es einige Varianten gibt, die wir in unserem Zusammenhang übergehen müssen, hat (mit abnehmender Intensität) bis in die Gegenwart hinein die Unterrichtspraxis in Universität und Höherer Schule dominierend bestimmt. Es sei vorausgeschickt, daß es uns bei Darstellung und Kritik dieses Verständnisses *nicht* darum geht, einen bequemen Buhmann aufzubauen, um ihn alsdann polemisch abzuschlachten, sondern daß unser Ziel in erster Linie ist, in einige *traditionelle Denkweisen* einzuführen, die entweder als stete Herausforderung für Gegenpositionen in der gegenwärtigen Diskussion fortleben oder in modernisiertem terminologischen Gewande auch heute noch vertreten werden. Überdies schien uns ein Eingehen auf diese Denkweise nötig zu sein, weil von uns durchgeführte Tests mit Studienanfängern (vgl. den Anhang, S. 237 ff.) ergeben haben, daß das Verfahren der sogenannten "Werkinterpretation" bei zahlreichen Studenten den methodischen Zugang zumindest zu lyrischen Texten prägt. Ein Eingehen auf diese Tradition kann dazu verhelfen, bereits internalisierte Methoden (wie das Verfahren, erst die "Form" und dann den "Inhalt" zu analysieren, um drittens und im besten Fall zu einer angehängten Synthese zu gelangen) sowie ein mit ihnen zugleich internalisiertes Literaturverständnis ins Bewußtsein zu heben.

2.2. Ein traditionelles Verständnis von Literaturwissenschaft

2.2.1. *Vier Lexikonartikel als Ausgangspunkt*

Wir wollen dabei von vier kurzen Texten ausgehen, die einige grundlegende wissenschaftliche Annahmen einer ganzen Forschungsepoche zusammenzufassen suchen und diese Annahmen deshalb in besonders prägnanter und komprimierter Weise darbieten, nämlich von vier Lexikonartikeln in Gero von Wilperts "Sachwörterbuch der Literatur", das 1955 – auf dem Höhepunkt der Mode werkimmanenter Interpretationen – erschien und seitdem in immer neuen (nur in den Literaturangaben verbesserten) Auflagen auf den Markt geworfen wurde [1]:

1. **Dichtung** ist als Teilgebiet der →Lit., doch nicht unbedingt an die Schrift gebunden, die höchste Kunstform der →Sprache. In ihr verschmelzen die in der Sprache gegebenen Bedeutungsvorstellungen mit der (in der Umgangssprache oft unbeachteten) Stimmungshaftigkeit und vielschichtigen Sinnfülle der Worte und Klänge zu letztgültiger und unauflöslicher Formeinheit und dienen der wesenhaften Erhellung und bildstarken Verdichtung tiefster Seinsgründe. D. schafft e. in sich geschlossene Eigenwelt von größter Höhe, Reinheit und Einstimmigkeit mit eigenen Gesetzen, daher ist die einzige ihr adäquate Betrachtungsweise e. solche, die sie als selbständiges Kunstgebilde behandelt und nicht in ihr Spiegelungen des Dichters, Zeit- und Volksgeists oder e. Weltanschauung sucht; sie ist nicht als 'Ausdruck' von etwas anderem zu erforschen, sondern 'selig in sich selbst' (vgl. →Dichtungswissenschaft), und ihre Wirkung besteht im Einstimmen des Aufnehmenden in ihren eigenen Lebensraum; nur im innerseelischen Mitschwingen wird sie zum Erlebnis. [. . .]

2. **Literaturwissenschaft** (Ausdruck zuerst bei Th. MUNDT, Einleitung zur *Gesch. d. Lit. d. Gegenw.* 1842), die gesamte systematische Wissenschaft von der Lit., ihren möglichen Betrachtungsarten und Methoden zur Erschließung der Sprachkunstwerke entweder in ihrem Wesen als Dichtung (→Dichtungswissenschaft) oder ihrer historischen Entwicklung und ihrem Lebenszusammenhang (→Literaturgeschichte) [. . .]

3. **Dichtungswissenschaft,** neue Bz. für den Teil der →Literaturwissenschaft, der sich nur mit dem Erfassen dichterischer Kunstwerke beschäftigt und alle außerästhetischen (biographischen, philologischen) Fragen und Verknüpfungen meidet, also auch im Ggs. zur →Literaturgeschichte keine historischen Entwicklungsgänge verfolgt, vielmehr in unmittelbarer Nähe zum Werk und geschriebenen Wort nach der Seinsweise von Dichtung forscht. Ihre wesentliche Arbeitsmethode ist die →Interpretation.

4. **Interpretation** (lat. *interpretatio* = Erklärung, Auslegung), allg. erklärende Auslegung und Deutung von Schriftwerken nach sprachlichen, inhaltlichen und formalen Gesichtspunkten (Aufbau, Stil, Metrik); bes. e. Methode der modernen →Dichtungswissenschaft, die durch möglichst eindringliche, tiefe Erfassung e. dichterischen Textes in seiner Ganzheit als untrennbare Einheit von →Gehalt und →Form rein aus sich heraus – ohne Seitenblicke auf biographisches oder literaturgeschichtliches Wissen – zu e. vertieften Ver-

ständnis und voller Einfühlung in die eigenständigen, weltschöpferischen Kräfte des Sprachkunstwerks führen, die Dichtung als Dichtung erschließen will. Sie beginnt mit Textkritik, Feststellung des Wortsinnes, Behandlung und Aussagewert der benutzten Gattung, evtl. des Versmaßes und schreitet weiter zur Ausdeutung des symbolischen Gehalts und der Formanalyse, kann auch schließlich zur Einordnung e. Werkes in lit. Gattungen und Epochen führen, ist jedoch stete Voraussetzung jeder solchen Gruppierung und damit unerläßlicher Ausgangspunkt der modernen Literaturwissenschaft. Gründlichkeit der Untersuchung und ständige, unmittelbare Textnähe als Voraussetzung richtiger I. fördern den Kontakt zum Dichterwort und entwickeln das Einfühlungsvermögen, dienen dabei gleichzeitig der praktischen Einführung in die Phänomene des Dichterischen, die Schaffensweise sprachlicher Kräfte und die Probleme der Poetik. Ihre Grenzen liegen darin, daß schon die Frage nach dem genauen Wortgebrauch und der Vorstellungswelt, den 'Bildfeldern' e. Dichters, in früheren Zeiten oft e. ganzen Epoche, zur Heranziehung seiner weiteren Schriften führt.

2.2.2. *"Dichtungswissenschaft" und "Literaturgeschichte"*

Versuchen wir, uns im "Sachwörterbuch" anhand des Stichwortartikels "Literaturwissenschaft" über den Gegenstandsbereich dieser Disziplin zu informieren, so erhalten wir die Auskunft, Literaturwissenschaft sei "die gesamte systematische Wissenschaft von der Literatur", wobei "Literatur" allerdings sofort eingegrenzt wird auf "Sprachkunstwerke". Diese Sprachkunstwerke, so erfahren wir weiter, können unter zwei verschiedenen Perspektiven zum Gegenstand der Literaturwissenschaft werden:

a) "in ihrem Wesen als Dichtung" oder (dieses ausschließende "oder" ist zu beachten!)
b) in "ihrer historischen Entwicklung und ihrem Lebenszusammenhang".

Entsprechend diesem Perspektivenwechsel wird im Artikel zwischen zwei Teildisziplinen der Literaturwissenschaft unterschieden: der "Dichtungswissenschaft" und der "Literaturgeschichte". Bereits an dieser Stelle müssen wir mit kritischen Fragen einrasten. Denn wenn die beiden Teildisziplinen tatsächlich streng voneinander geschieden werden sollen, dann ist zu vermuten, daß dichterische Gebilde hier als ahistorische, über alle Zeiten hinweg identische Bedeutungsgrößen vorausgesetzt werden und daß die andere Teildisziplin der Literaturwissenschaft, die Literatur*geschichte*, zur Erforschung der Dichtung als

Dichtung nichts Wesentliches beisteuern kann. Unsere Vermutung, daß die Trennung zwischen Dichtungswissenschaft und Literaturgeschichte von einer letztlich ahistorischen Position aus geschieht, bestätigt sich in dem Artikel "Dichtungswissenschaft". Dort nämlich lesen wir, Dichtungswissenschaft forsche "in unmittelbarer Nähe zum Werk" ausschließlich nach der "Seinsweise von Dichtung" und lasse "alle außerästhetischen Fragen" außer acht, ihre "wesentliche Arbeitsmethode" sei die *Interpretation*. Was aber heißt "unmittelbare Nähe zum Werk"? Welcher methodischer Verfahren bedient sich die "Interpretation"? Und ferner: welches Kunstverständnis bildet den Hintergrund einer solchen "Dichtungswissenschaft"? Wir wollen versuchen, diese Fragen anhand weiterer Artikel des Lexikons aufzuhellen.

Haben uns schon die bisherigen Hinweise vermuten lassen, hier werde von der These ausgegangen, das "eigentliche Wesen" von Dichtung könne durch historische Forschung nicht erreicht werden, so erhalten wir Gewißheit bei einer genaueren Analyse der Artikel "*Dichtung*" und "*Interpretation*". Denn "Dichtung" sei – so erfahren wir – ein autonomes "selbständiges Kunstgebilde", eine "in sich geschlossene Eigenwelt", die "selig in sich selbst" ruhe (deren Bedeutungsaufbau also anders funktionieren soll als bei dem in der ersten Lektion besprochenen visuellen Zeichen). Außerdem sei Dichtung von anderen sprachlichen Formen durch ihre "Stimmungshaftigkeit", "Vielschichtigkeit", "Sinnfülle", "Formeinheit", "Reinheit", "Einstimmigkeit" und 'Eigengesetzlichkeit' unterschieden – Eigenschaften, die offenbar bestimmte *Wertvorstellungen* beinhalten und "Dichtung" banal-alltäglicher Kommunikation entrücken. Da sie selbst als "Verdichtung tiefster Seinsgründe" erscheint, führt "Dichtung" den, der sich in ihren "Lebensraum" "einstimmt", zur 'Wesensschau'. Literarischen Werken werden hier zweifellos metaphysische Qualitäten zugeschrieben: Literatur erscheint als Metaphysikersatz.

Zwar ist der spezifischen Terminologie dieses Lexikonartikels ihre Herkunft (die Kunstphilosophie Martin Heideggers, in der das Wesen der Kunst als das "Sich-ins-Werk-Setzen der Wahrheit des Seienden" bestimmt ist [2]) unschwer abzulesen, doch hat die Vorstellung der Autonomie bzw. Zeitentrücktheit von Dichtung in der deutschen Ästhetiktradition eine lange Geschichte. Sie beginnt in der Frühklassik (Karl Philipp Moritz u. a.), wird von Schiller und Goethe in der Hochklassik ausgebaut und führt im Laufe des 19. Jahrhunderts zu zahlreichen Popularisierungsversuchen: das "Idealische" der Kunst, so heißt es beispielsweise, "erhebe" über das Wirkliche (K. H. L. Pölitz), Aufgabe des

Dichters sei es, "das Ideale und das Materielle [...] in abgeschlossenen Gebilden zu einigen, und dadurch mitten in die Werkeltage des gemeinen Daseins eine Zeit der Feier hereinzustellen" (F. Th. Bratnanek), – diese und ähnliche Positionen gehören zu den Gemeinplätzen der Populärästhetik des 19. Jahrhunderts. Voraussetzung solcher Positionen ist das wirkungsmächtige Theorem (= Lehrsatz), Kunstwerke, die "in sich vollendet und ganz" seien, müßten sich "durch sich selbst erklären lassen" (A. Knüttell). Diese selten hinterfragte Überzeugung hat zu jenem ästhetikgeschichtlichen Denkmodell von der Abgeschlossenheit von Kunstwerken geführt, das für die bürgerliche Bildungstradition im Deutschland nicht nur des XIX. Jahrhunderts bezeichnend war. Ohne an dieser Stelle näher darauf einzugehen, können wir schon jetzt vorgreifend (vgl. S. 190 ff.) sagen, daß die Auffassung einer in "größte Höhen" [3] entrückten Dichtung von undiskutierten Vorentscheidungen ausgeht, insbesondere von der, daß die Bedeutung eines dichterischen Textes ein für allemal feststehe und als "unerschöpfliches" Ganzes zu immer neuer verstehender Bemühung einlade – dies so, als sei seine bedeutungsmäßige Gegenwärtigkeit aufgrund eigenartiger textimmanenter Kräfte stets fraglos garantiert. Diese Auffassung steht zumindest hinter jenen Formulierungen der Artikel "Interpretation" und "Dichtung", in denen davon die Rede ist, das "Sprachkunstwerk" sei nur als ein "Ganzes", "rein aus sich heraus" zu verstehen, und wo als methodischer Zugang zur Dichtung "Einfühlung", "innerseelisches Mitschwingen" und "Erlebnis" vorgeschlagen wird.

2.2.3. *"Einfühlung"*

In welchem systematischen Zusammenhang sind diese Begriffe zu sehen? Der Begriff "Einfühlung" impliziert, daß im Rezipienten, sofern sein "Einfühlungsvermögen" nur weit genug entwickelt ist, durch das Kunstwerk ästhetische Wahrnehmungen freigesetzt werden, die ein unmittelbares "Verstehen" ermöglichen: es kommt zu einem 'Kurzschließen' zwischen dem ästhetischen Objekt und dem Rezipienten. Diesen Vorgang bezeichnet der Artikel "Dichtung" als "Einstimmen des Aufnehmenden in ihren (d. h. der Dichtung) eigenen Lebensraum".[5] Ist dieses "Einstimmen" gelungen, dann wird "Dichtung" zum "Erlebnis", und "Interpretation" ist offenbar nur die besondere Art und Weise, dieses "Erlebnis" zu reproduzieren. Der Literaturwissenschaftler Emil Staiger, einer der wichtigsten Vertreter dieser methodischen Richtung, hat das Einfühlungstheorem in folgender Weise beschrieben: "Wir lesen Verse; sie sprechen uns an. Der Wortlaut mag uns faßlich scheinen. Verstanden haben wir noch nicht. Wir wissen noch kaum, was eigentlich dasteht und wie das Ganze zusammenhängt. Aber die Verse sprechen uns an; wir sind geneigt, sie wieder zu lesen, uns ihren Zauber, ihren dunkel gefühlten Gehalt zu eigen zu machen. Nur rationalistische Theoretiker würden bestreiten, daß dem so ist. Zuerst verstehen wir eigentlich nicht. Wir sind nur berührt; aber diese Berührung entscheidet darüber, was uns der Dichter in Zukunft bedeuten soll. Manchmal findet die Berührung nicht gleich beim ersten Lesen statt. Oft geht uns das Herz überhaupt nicht auf. Dann können wir über den Dichter bestenfalls Angelerntes wiederholen. Doch die Erkenntnis seines Schaffens zu erneuern oder gar zu vertiefen, sind wir nicht berufen. Ich habe damit einen weiteren Grund für die Wahl von Mörikes Versen genannt. Ich liebe sie, sie sprechen mich an; und im Vertrauen auf diese Begegnung wage ich es, sie zu interpretieren." [6] In letzter Konsequenz bedeutet dieser Ansatz die Reduktion des Verstehensprozesses auf einen psychischen Mechanismus: der Rezipient besitzt gegenüber dem Text ein "anmutungshaftes Gefühl" [7]. Mittels immer neuer gefühlsmäßiger Rückkopplungen zwischen Text und Rezipient tritt schließlich "Evidenz" [8] ein, d. h. ein sicheres, sich seiner selbst gewisses Gefühl des Verständnisses, was im Ernst doch aber nur heißen kann, daß "*Eingefühltes*" (d. h. in der Dichtung Liegendes) und vom erkennenden Subjekt *Hineingelegtes* sich zu einem undurchschaubaren und untrennbaren Konglomerat von subjektiven und objektiven Einsichten verbinden. Wenn, wie Emil Staiger in der gleichen Abhandlung meint, das "Kriterium des Gefühls [. . .] auch das Kriterium der Wissenschaftlichkeit" ist [9], dann muß sich das ästhetische Objekt in ein subjektivistisches "Ergebnis des Schauens, Vorstellens, Fühlens" des Lesers verwandeln [10].

Zwar war Staiger selbst – wie mit ihm die ganze Schule der sog. "Werkinterpretation" (H. O. *Burger*, W. *Kayser*, E. *Trunz* u. a.) – der Meinung, es sei möglich, mit Hilfe dieses Verfahrens das dichterische "Werk, das uns allein als unmittelbarer Gegenstand gegeben ist" [11], in seiner objektiven *Gestaltqualität* zu "beschreiben" [12] und "durch ständigen Wechselbezug von Inhalts- und Formbetrachtung Gehalt und Gestalt des Dichtwerks möglichst klar und rund im Bewußtsein wieder aufzubauen" [13], doch ist das beschriebene 'Anmutungsverfahren' nichts anderes als eine diffus-subjektivistische, allenfalls scheinobjektivistische Methode der Bedeutungsanalyse. Daß die 'werkinterpretatorische' Schule in ihrer *Praxis* durchaus respektable Leistungen hervorgebracht hat, liegt daran, daß ihre Anhänger sich an das von ihnen propagierte Verfahren selbst nicht gehalten und immer auch gattungstheoretische, ästhetikgeschichtliche und allgemein-historische Erkennntnisse berücksichtigt haben, dies allerdings in der Regel wiederum auf der Basis undiskutierter Vorentscheidungen.[14]

2.3. Exkurs: W. Diltheys Theorie des "Verstehens" geistig-geschichtlicher Gebilde

Für ihre (psychologische) Zirkeltheorie des Verstehens berief sich die Schule der 'Werkinterpretation' häufig auf Wilhelm *Diltheys* (1833–1911) Theorie des Verstehens "geistig-geschichtlicher" Gebilde [15]. Wir wollen daher in einem *Exkurs* kurz diesen wichtigen Traditionszusammenhang erläutern, ohne dabei auf die hermeneutische Theorie Diltheys oder gar auf die Geschichte der Hermeneutik insgesamt ausführlicher eingehen zu können ("Hermeneutik" im allgemeinsten Sinne: "Kunstlehre des Verstehens schriftlich fixierter Lebensäußerungen" [Dilthey]) [16]. Einige erkenntnistheoretische Voraussetzungen dieser Art von Hermeneutik wollen wir indessen – wenn auch nur recht allgemein – berühren.

Ziel der wissenschaftlichen Arbeit Diltheys war eine philosophische Grundlegung der Geisteswissenschaften, d. h. die systematische Abgrenzung der Erkenntnisweise der Geisteswissenschaften von der Erkenntnisweise der Naturwissenschaften. Dilthey begriff die Naturwissenschaften als Gesetzeswissenschaften, die Hypothesen über kausale Zusammenhänge aufstellen, diese Hypothesen beweiskräftig machen oder widerlegen und damit die Natur "*erklären*"; die Geisteswissenschaften hingegen begriff er als historisch-hermeneutische Wissenschaften, deren spezifische Erkenntnisart er unter dem Schlüsselbegriff des "*Verstehens*" faßte. Die Grundlagen des geisteswissenschaftlichen Verstehens bestimmte Dilthey nach Maßgabe einer "verstehenden Psychologie" (im Unterschied zu einer rein naturwissenschaftlichen Psychologie) folgendermaßen:

"Die Natur erklären wir, das Seelenleben verstehen wir. [...] Der erlebte Zusammenhang ist hier das erste, das Distinguieren [= Unterscheiden] der einzelnen Glieder desselben ist das Nachkommende. Dies bedingt eine sehr große Verschiedenheit der Methoden, vermittels deren wir

Seelenleben, Historie und Gesellschaft studieren, von denen, durch welche die Naturerkenntnis herbeigeführt worden ist. Für die Frage, welche hier erörtert wird, ergibt sich aus dem angegebenen Unterschied, daß Hypothesen innerhalb der Psychologie keineswegs dieselbe Rolle spielen als innerhalb des Naturerkennens. In diesem vollzieht sich aller Zusammenhang durch Hypothesenbildung, in der Psychologie ist gerade der Zusammenhang ursprünglich und beständig im Erleben gegeben: Leben ist überall nur als Zusammenhang da." [17]

"Verstehen" meint bei Dilthey das nachvollziehende, nachkonstruierende Erfassen von Sinnstrukturen, von vergangenen oder gegenwärtigen Sinngebilden auf der Grundlage eines universalen Lebenszusammenhanges, der sich in der gesellschaftlich-geschichtlichen Wirklichkeit manifestiert und im 'Erleben' und 'Nacherleben' (dies sind zwei weitere Schlüsselbegriffe Diltheys) erfahrbar wird. Im Erlebnis wird ein einzelner Lebensmoment zur Bedeutsamkeit erhoben und nachbildender Erfassung zugänglich. Solche nachbildende Erfassung ist nach Dilthey keineswegs ein bloßer Gefühlsakt, sondern ein besonderer Erkenntnisvorgang, der ein vergangenes Geschehnis (soweit es sich in einem geistigen Sinngebilde 'objektiviert', d. h. vergegenständlicht hat) als einen jederzeit neu zu vergegenwärtigenden Sinn- und Wirkungszusammenhang erschließt. In eben diesem Ansatz aber liegt die spezifische Problematik der Theorie des geisteswissenschaftlichen Verstehens bei Dilthey: denn indem Dilthey (wie angedeutet) davon ausgeht, daß das verstehende 'Sichhineinversetzen' in fremde Sinngebilde durch ein zu allen Zeiten wirksames, immer mit sich selbst identisches, universales Lebensganzes garantiert ist, bindet er "die mögliche Objektivität geisteswissenschaftlicher Erkenntnis an die Bedingung einer virtuellen [= scheinbaren] Gleichzeitigkeit des Interpreten mit seinem Gegenstand." [18] Die räumliche oder zeitliche Distanz zwischen dem zu erkennenden Geistesgebilde und dem erkennenden Subjekt wird, indem Subjekt und Objekt in dasselbe übergeschichtliche Kontinuum hineingestellt werden, als unwichtig hinwegeskamotiert. Vergangenes und Gegenwärtiges heben sich in der Allgegenwärtigkeit des "Lebens" auf: im "Sichhineinversetzen", so meint Dilthey beispielsweise, "wird jeder Vers eines Gedichtes durch den inneren Zusammenhang in dem Erlebnis, von dem das Gedicht ausgeht, in Leben zurückverwandelt. Möglichkeiten, die in der Seele liegen, werden von den durch die elementaren Verständnisleistungen zur Auffassung gebrachten äußeren Worte hervorgerufen. Die Seele geht die gewohnten Bahnen, auf denen sie einst von verwandten Lebenslagen aus genoß und litt, verlangte und wirkte." [19] – Für den spezifischen Irrationalitätskult, der im Dichtungsverständnis des XIX. und noch des XX. Jahrhunderts in Deutschland mit dem "Erlebnis"-Begriff verbunden gewesen ist, ist primär nicht Dilthey verantwortlich zu machen. Aber er hat mit seinen grundlegenden Abhandlungen zur Theorie der Geisteswissenschaften und nicht zuletzt auch mit seinen literaturwissenschaftlichen Studien ("Das Erlebnis und die Dichtung", 1877) der deutschen Literaturwissenschaft die philosophische bzw. erkenntnistheoretische Legitimation für das Theorem geliefert, daß ein dichterisches Werk aus sich selbst heraus zu verstehen sei. Denn wenn Produzenten und Konsumenten von Dichtung in prinzipiell gleicher Weise teilhaben an einem alle Zeiten und Kulturen durchwaltenden "Lebensstrom" und Dichtung eine Objektivation dieses "Lebensstromes" ist, dann mag es als möglich angesehen werden, daß Dichtung ein in sich geschlossenes, aus sich heraus zu verstehendes Sinngebilde darstellt.

2.4. Offene Fragen

Abschließend wollen wir etwas ausführlicher auf die undiskutierten Vorentscheidungen eingehen, die das Verständnis von Literaturwissenschaft als Dichtungswissenschaft geprägt haben; wir wollen erörtern, welche Probleme oder Fragen eine so verstandene Literaturwissenschaft prinzipiell übergeht bzw. verstellt. Dabei ist klar, daß an dieser Stelle mehr als ein Problemaufriß nicht möglich ist, den wir unter folgenden Gesichtspunkten zusammenfassen:

1. Es wird behauptet, die Erschließung von Dichtung habe nichts zu tun mit der Geistes- bzw. Ideologiegeschichte, mit der Sozialgeschichte, der allgemeinen Geschichte usw. Alle Kontextfragen werden als nicht konstitutiv für Dichtung als Dichtung in die Randdisziplin "Literaturgeschichte" abgedrängt, die immer "nur bis zur Pforte des Dichterischen" führen kann [20]. "Dichtung" wird mithin als ein Wortgebilde gesehen, das in sich selbst geschlossen ist.

   Grundannahme dieser Theorie ist also die These, daß ein literarischer Text auf andere Weise Bedeutung aufbaut als etwa ein Text wie das in der ersten Sitzung analysierte Bild. Eine der Leitfragen unseres Kurses soll es nun sein, ob Dichtung ihre Bedeutung *tatsächlich* ohne jeden direkten oder vermittelten Beziehungszusammenhang mit einem außertextlichen bzw. außerliterarischen (z. B. ideologie- und sozialgeschichtlichen) Kontext erstellen kann.

2. Dichtung unterscheidet sich im Verständnishorizont unserer "Sachwörterbuch"-Artikel dadurch von 'Nicht-Dichtung', daß ihr besondere Qualitätsmerkmale ("Seins"-Haltigkeit, "größte Höhe", "Reinheit" etc.) und "Werte" zugeschrieben werden ("Mit dem Gedicht tritt uns ein Wert an" [21]). Folglich wird alles aus dem Bereich von "Dichtung" ausgeschlossen, was solche "Werte" nicht besitzt. *Nicht* zum Gegenstandsbereich von Literaturwissenschaft als "Dichtungswissenschaft" gehören mithin alle Arten von Gebrauchsliteratur (von den literarisch ambitionierteren Formen wie z. B. dem Essay, der Reportage, dem Reisebericht, der wissenschaftlichen Abhandlung usw. bis hin zu alltäglichen Texten wie Briefen, Anzeigen, Nachrichten und Artikeln in der Tageszeitung usw.), Unterhaltungsliteratur und sogenannte Trivialliteratur, aber notwendigerweise auch alle "poetische" Literatur, die sich *den* Kriterien nicht fügt, die hier für "hohe" Dichtung angegeben werden (Stimmungshaftigkeit, Formeinheit, Geschlossenheit usw.). Das abwertende Lächeln, das der 'Bildungsbürger' auch heute noch aufsetzt, wenn er im schöngeistigen Zirkel von sogenannter trivialer Literatur redet (obwohl er sie wie eh und je liest), ebenso aber auch die Schwierigkeiten, die der 'Normalleser' noch immer mit moderner, avantgardistischer Literatur hat, besitzen ihre Ursachen in der Dauertradierung eines Dichtungsverständnisses, das seine Kriterien entstehungsgeschichtlich aus der (verkürzten) Absolutsetzung der ästhetischen Normen einer bestimmten literarischen Epoche (der der deutschen Klassik und Romantik) gewonnen hat. Wie aber lassen sich dann – will man nicht ganze Landstriche literarischer Kultur einfach von der kartographischen Aufnahme streichen – solche Kriterien halten?

3. Wenn behauptet wird, ein dichterischer Text könne durch Einfühlung "rein aus sich heraus" [22] verstanden werden, so ist jede Reflexion auf die Bedingung der Möglichkeit von "Verstehen" unterlassen: der Rezipient braucht nur – dies frei nach Brecht – Inkubusgewohnheiten anzunehmen, und schon kann er sich des Textsinnes gewiß sein. Doch lassen sich Text und Rezipient so fraglos 'kurzschließen'? Läßt sich die 'Sperrigkeit' von Texten nur dadurch erklären, daß uns – wie Staiger meint – eben "das Herz" nicht aufgegangen ist (vgl. das Zitat auf S. 29)? Liegt sie nicht vielmehr eben darin begründet, daß sich die Spannung zwischen einem vergangenen Werk und den Bedingungen für seine Rezeption in der Gegen-

wart theoretisch nicht einfach durch einen Rückgriff auf (angeblich) allgemeingültige anthropologische Grundkonstanten aufheben läßt? Können wir wirklich jene wirkungsgeschichtlichen Erfahrungen einfach negieren, die einen heutigen Leser etwa zu der Bemerkung veranlassen, Eichendorffs "Mondnacht" sei ja nichts weiter als "Schwulst" (vgl. S. 240, Autor 7) oder sogar "reaktionär"? Ist es nicht notwendig, ein literarisches Werk mit seinen Entstehungsbedingungen und mit seiner Wirkungsgeschichte zu konfrontieren, um die "Bedingungen seiner Gegenwärtigkeit" [23] (oder auch seiner Nicht-Gegenwärtigkeit) aufzuhellen? Und erfordert solches Eingehen auf Entstehungsbedingungen und Wirkungsgeschichte von Dichtung nicht die Untersuchung der Kommunikationsprozesse, in die Texte eingebunden sind, und mithin auch der Veränderungen, denen sie als ästhetische Objekte, d. h. als Bedeutungseinheiten für unterschiedliche Leser in unterschiedlichen Kontexten unterliegen? Und schließt solche Untersuchung nicht ein, daß der Anspruch von Bildungstraditionen [24] nicht in frag- und bewußtloser "Einfühlung" hingenommen werden muß, sondern auch abgewiesen werden kann? – Im Fortgang des Kurses soll versucht werden, die hier angerissenen Fragen und Probleme nicht nur theoretisch, sondern auch konkret an praktischen Beispielen zu klären.

Anmerkungen:

1 Gero von Wilpert: Sachwörterbuch der Literatur, Stuttgart [5]1969, S. 448, S. 172, S. 171, S. 359.

2 Martin Heidegger: "Der Ursprung des Kunstwerkes", in: M. H., Holzwege, Frankfurt a. M. 1950, S. 28.

3 Wilpert, a. a. O. S. 171.

4 Ebd. S. 359.

5 Ebd. S. 171.

6 Emil Staiger: Die Kunst der Interpretation, Zürich [2]1955, S. 12.

7 Vgl. Erwin Leibfried: Kritische Wissenschaft vom Text, Stuttgart 1970, S. 197.

8 Emil Staiger: Die Kunst der Interpretation, a. a. O. S. 19.

9 Ebd. S. 13.

10 Johannes Volkelt: System der Ästhetik, München 1905, Bd. 1, S. 16 f. – Zur Einfühlungsästhetik vgl. Michael Naumann (u. a.): Gesellschaft – Literatur – Lesen, Berlin und Weimar 1974, S. 118 ff. [Eine kritische, sehr empfehlenswerte Darstellung aus marxistischer Sicht.]

[11] Emil Staiger: "Von der Aufgabe und den Gegenständen der Literaturwissenschaft", in: Viktor Žmegač (Hrsg.): Methoden der Literaturwissenschaft, Frankfurt 1971, S. 173.

[12] Ebd. S. 171.

[13] H. O. Burger: "Methodische Probleme der Interpretation", in: H. Enders (Hrsg.), Die Werkinterpretation, Darmstadt 1967, S. 200.

[14] Zur Kritik an der sogen. 'werkimmanenten' Schule vgl. beispielsweise auch: Jürgen Hauff, Albrecht Heller, Bernd Hüppauf, Lothar Köhn, Klaus-Peter Philippi: Methodendiskussion. Arbeitsbuch zur Literaturwissenschaft Bd. 1. 2., Frankfurt 1971; Bd. 2, S. 34 ff, sowie: Norbert Mecklenburg: Kritisches Interpretieren. Untersuchungen zur Theorie der Literaturkritik, München 1972, S. 89-99 und passim.

[15] Wilhelm Dilthey: "Die Einbildungskraft des Dichters", in: W. D., Ges. Schriften Bd. 6, Leipzig und Berlin 1924, S. 125.

[16] Wilhelm Dilthey: Ges. Schriften Bd. 5, Leipzig und Berlin 1924, S. 332 f.

[17] Wilhelm Dilthey, a. a. O. S. 143 f.

[18] Jürgen Habermas: Erkenntnis und Interesse, Frankfurt 1969, S. 229.

[19] Wilhelm Dilthey: „Plan der Fortsetzung zum Aufbau der geschichtlichen Welt", in: W. D., Der Aufbau der geschichtlichen Welt in den Geisteswissenschaften, hrsg. von Manfred Riedel, Frankfurt a. M. 1970, S. 263 f.

[20] Emil Staiger, a. a. O. (Anm. 11) S. 170.

[21] Edgar Hederer: "Zum Deuten von Gedichten", in: Wege zum Gedicht, hrsg. von R. Hirschenauer und A. Weber, München und Zürich 1956, S. 16.

[22] Wilpert, a. a. O. S. 359.

[23] Vgl. Norbert Mecklenburg: Kritisches Interpretieren, a. a. O. (Anm. 14) S. 66.

[24] Vgl. dazu Jürgen Habermas: Zur Logik der Sozialwissenschaften, Frankfurt 1970, S. 284.

3. LEKTION: PROBLEME EINER LITERATURWISSENSCHAFTLICHEN WISSENSCHAFTSSPRACHE

3.1. Weiterführung der Diskussion

Wir haben in der zweiten Lektion u. a. die Rolle diskutiert, die eine Reihe von Literaturwissenschaftlern, insbesondere die Vertreter der "werkimmanenten" Interpretation, intuitivem (= durch unmittelbares Schauen bzw. Fühlen gewonnenem) Verstehen zugeschrieben haben, und sind dabei zu dem Ergebnis gekommen, daß mit einer Methode, die Intuition und Einfühlung als die zentralen Erkenntnisweisen einer Disziplin legitimiert, literaturwissenschaftliches Arbeiten Gefahr läuft, zur subjektivistischen Spekulation herabzusinken. Diese Gefahr entsprang vor allem den *methodologischen* Voraussetzungen der skizzierten Art von Literaturwissenschaft. Denn deren hermeneutisches Erkenntnismodell ging, wie wir sahen, davon aus, daß sich das erkennende Subjekt dem zu erkennenden Objekt außerhalb aller historischen Abhängigkeiten nur intuitiv anzugleichen habe – eine Position, die die Gefahr in sich birgt, zu einer unwissenschaftlichen und unhistorischen Vermischung von Subjektstandpunkt und Objektaussage zu führen. Welche konkreten Konsequenzen das haben kann, werden wir an einer weiter unten kritisierten "literaturwissenschaftlichen" Textinterpretation zu zeigen versuchen. Doch werden im folgenden weniger die Probleme des hermeneutischen Erkenntnismodells traditioneller Literaturwissenschaft zur Sprache kommen; gefragt werden soll vielmehr primär danach, ob nicht bereits der intuitiv-emotionale *Wortschatz* dieser Forschungsrichtung ihren Wissenschaftscharakter gravierend einschränkt. Damit steht zur Debatte, welche Bedingungen eine Literaturwissenschaft zu erfüllen hat, die nicht eine gefühlsmäßige, sondern eine rationale und d. h. "eindeutige und sichere Kommunizierbarkeit aller wissenschaftlichen Ergebnisse" [1] anstrebt. Wir können hier natürlich nur einige wenige, aber äußerst wichtige Bedingungen angeben.

3.2. Argumentationsstrategien einer "literaturwissenschaftlichen" Interpretation von Eichendorffs "Mondnacht"

Mondnacht

Es war, als hätt der Himmel
Die Erde still geküßt,

Daß sie im Blütenschimmer
Von ihm nun träumen müßt.

Die Luft ging durch die Felder,
Die Ähren wogten sacht,
Es rauschten leis die Wälder,
So sternklar war die Nacht.

Und meine Seele spannte
Weit ihre Flügel aus,
Flog durch die stillen Lande,
Als flöge sie nach Haus.

Das ist der ursprüngliche Ausdruck inniger *Eins*fühlung: wie sich der Himmel mit der Erde verbindet, so das vernehmende Ich mit der von sich aus beseelten und wie durch Zauber transparent werdenden Landschaft. Die Seele, die hier fühlt und schaut, erlebt eine Entrückung in ihre himmlische Heimat: die Natur wird durchlässig für ihren ewigen Ursprung. Eingang und Ausklang haben die Form des ausdrücklichen Vergleichs: "Es war, *als hätt* der Himmel . . ." und: "*Als flöge* sie nach Haus"; aber da ist nichts von willkürlicher Übertragung, sondern da ist der glückhafte und notwendige Einklang verwandter Wesenheiten. Und was dergestalt durch metaphorische Darstellung beschworen ist, das strahlt hinein in die schlicht-symbolische Darstellung der zweiten Strophe: in diesem stillen und klaren Bilde öffnet sich die Tiefe der Unendlichkeit. [2]

Auf dem Hintergrund unserer bisherigen Erörterungen wird an diesem kurzen Interpretationstext zunächst auffallen, daß der Interpret unausgesprochen jene erkenntnistheoretischen Voraussetzungen macht, wie wir sie im Hinblick auf das 'Anmutungsverfahren' traditioneller literaturwissenschaftlicher Hermeneutik in der Dilthey-Nachfolge analysiert haben. Denn wenn jemand von dem 'ursprünglichen Ausdruck inniger *Eins*fühlung' spricht, dann setzt er damit voraus, daß es a) ahistorische, zeitlose Gefühle gibt und b) diese zeitlosen Gefühle einen ebenso zeitlosen Ausdruck finden können. Es gibt für Pfeiffer offensichtlich 'stille und klare Bilder', deren Aussagewert konstant bleibt und denen die zeitenthobene Kraft zugeschrieben wird, etwas hinter aller Geschichte Liegendes dem Blick zu öffnen, nämlich die "Tiefe der Unendlichkeit". Die kritischen Anmerkungen zur 'Einfühlungstheorie' könnten an dieser Stelle wiederholt werden.

Wir wollen hier jedoch die Argumentationsweise des Interpreten auf eine andere Eigenart hin analysieren: auf ihre Tendenz zu ungedeckten und unbeweisbaren Behauptungen und auf ihr verstecktes Verfahren, diese Behauptungen zu legitimieren.

Pfeiffers Interpretation beginnt mit einer Behauptung: "Das ist der ursprüngliche Ausdruck inniger Einsfühlung". Der Behauptung müßte der Beweis folgen. Stattdessen bietet Pfeiffer eine Paraphrase der lyrischen Vorlage: "wie sich der Himmel mit der Erde verbindet, so das vernehmende Ich mit der [. . .] Landschaft". Dieses Verfahren hält sich durch: an die Stelle von Beweisen treten Paraphrasen und aus Paraphrasen werden wiederum allgemeine Aussagen abgeleitet: "Die Seele, die hier fühlt und schaut, erlebt eine Entrückung in ihre himmlische Heimat: *die Natur wird durchlässig für ihren ewigen Ursprung.*" Solches permanente Zirkelverfahren von Paraphrase und Aussage, Aussage und Paraphrase meint seine erkenntnistheoretische Legitimation natürlich wiederum darin zu finden, daß sich hier ein Subjekt in einen Gegenstand verstehend einfühlt und dieses Verständnis (dem Anspruch nach) lediglich schriftlich fixiert. Doch wiederum muß gefragt werden: ist das über die Zeiten hinweg überhaupt möglich? Vernebelt dieses Verfahren nicht den Blick für Projektionen *eigener* Anschauungen in den Text? Besteht nicht die Gefahr, daß der Text in dem oben beschriebenen Zirkelverfahren nurmehr Vorwand zur Bestätigung der eigenen Position wird? Denn wer es für eine in wissenschaftlicher Rede zulässige Aussage hält, daß es einen "notwendige[n] Einklang verwandter Wesenheiten" gibt, der entdeckt solche Einklänge offenbar auch da, wo von ihnen nachdrücklich nicht die Rede ist: abgesehen davon, daß jede Paraphrase eine Textverzerrung ist, erweist sich die Paraphrase zu den Versen 1-2 und 11-12 als direkte Textverfälschung: Pfeiffer setzt als *wirklich* an, was bei Eichendorff selbst gerade aus dem faktischen Bereich zurückgenommen ist in einen Vergleich, der durch die Vergleichsformel ausdrücklich als nicht-wirklich gekennzeichnet ist. Das Überlesen der Vergleichsformel freilich hat weitreichende Konsequenzen für Pfeiffers Gesamtdeutung: nur so nämlich kann er zu der Aussage kommen, das Gedicht sei "der ursprüngliche Ausdruck inniger Einsfühlung". Gerade aber den Eindruck eines entrückenden kosmischen Identitätsgefühls sucht bereits der Gedichteingang zu vermeiden. – Obwohl an dieser Stelle eine ausführlichere Analyse (mit einer Legitimation aller Schrittfolgen) weder möglich noch notwendig ist, wollen wir doch einige Deutungshinweise geben: Die erste Strophe beginnt mit der unpersönlichen und verkürzten zweiteiligen Vergleichsfigur "Es war, als hätt'" (für: Es war, als ob . . . hätte), durch die das im zweiten Teil der Figur Gesagte als *irreal* vorgestellt wird. Während der erste Teil etwas konstatiert, was keine klaren Konturen gewinnt, sondern nur äußerst allgemein angedeutet wird (*Es* war . . .), folgt im zweiten Teil ein Bild, dem die Funktion zukommt, das im ersten Teil unbestimmt Formulierte näher zu bezeichnen. Dies geschieht bemerkenswerterweise nicht durch ein Bild freien Phantasiespiels, sondern durch ein traditionell festgelegtes Bild naturmagisch-mythischer Überlieferung: das Bild vom Kuß zwischen Himmel und Erde "zitiert" den Mythos der "heiligen Hochzeit", der kosmischen Vereinigung von himmlischem und irdischem Bereich. Das Mythos-Zitat *interpretiert* jenes Reale, von dem im ersten Teil der Vergleichsformel so ungenau die Rede ist – offenbar deshalb so ungenau, weil jede direkte Benennung als inadäquat empfunden wird. Die Einmaligkeit dieses Realen fordert Eichendorff zu seiner bildhaft-mythischen Deutung heraus, eine poetische Deutung, die die konkrete Naturerfahrung auf eine andere Ebene transponiert und damit distanziert. Der Mythos ist ein Denkbild, zu dem es keine Realentsprechung gibt. Eichendorffs "Mondnacht" weicht mit dieser stark reflexiven Struktur erheblich ab vom Klischee des 'ursprünglichen', 'erlebnisgesättigten' romantischen "Stimmungsgedichtes": sowohl das Mythos-Zitat als auch bereits die "als-ob"-Formel selbst und der ihr zugehörige Konjunktiv [3] bringen zu Bewußtsein, daß es sich hier um eine Deutung handelt, um ein Vorgestelltes, nicht um etwas Wirkliches. Eichendorff dichtet hier weder einen Akt mystisch-pantheistischer "Einsfühlung" von Diesseits und Jenseits noch eine kosmische Entgrenzung von Mensch und Natur.[4] Vielmehr bleibt eine Distanz gewahrt, aus der heraus Identität nur im mythischen Bild oder im Augenblick sehnsüchtigen Aufschwungs gedacht werden kann und so gerade das Moment der Entzweiung festgehalten wird. Denn auch in der dritten Strophe wird die Vereinigung von Irdischem und Himmlischem wieder in den Irrealis zurückgenommen ("Als flöge sie nach Haus") und damit die "Entrückung", von der Pfeiffer spricht, als sei von ihr als tatsächlichem Freignis die Rede, nur als ein Bild (oder Symbol) gedacht. Wenn Pfeiffer von "Einsfühlung" und "glückhaftem und notwendigem Einklang verwandter Wesenheiten" spricht, so interpretiert er aus dem Geiste jener fatalen Wirkungsgeschichte Eichendorffs [5], die das romantische Sehnsuchtsmotiv auf einen subjektivistischen Innerlichkeitsgestus reduzierte und zum platten Identitätsdenken verdinglichte. Die Spannung zwischen der ersehnten Welt des Unendlichen und der endlichen Welt, die bei Eichendorff bewußt gesetzt ist, fällt einem Interpreten zum Opfer, der offenbar ein Interesse daran hat, dieses Gedicht für seine Sakral-Philologie zu reklamieren. Denn nur diese vermag zu erklären, wie Aussagen von der Art: "Die Seele, die hier fühlt und schaut, erlebt eine Entrückung in ihre himmlische

Heimat" zustande kommen. Mit dem Text selbst haben sie nichts zu tun. Es fehlen Pfeiffer so gut wie alle Kriterien für eine Textbeschreibung bzw. -analyse; historische oder ästhetische, geschweige denn methodische Reflexion findet nicht statt; ungebrochen durch analytische (beispielsweise historische) Distanz, die etwa den geschichtlichen Stellenwert des Sehnsuchtsmotivs bei Eichendorff zu erfragen vermöchte, fühlt sich der Interpret andächtig in seinen Gegenstand ein, ohne allerdings diesen überhaupt im Blick zu haben. Ihm unterlaufen eine Reihe von Verfälschungen, weil er dem Text unterstellt, was nur seinem weltanschaulich- ideologischen Meinen entsprungen sein kann.

3.3. Zum Problem literaturwissenschaftlicher Begriffsbildung

Wir wollen nun auf einige der wichtigsten Gründe hinweisen, warum "Interpretationen" wie die soeben untersuchte wissenschaftlichen Ansprüchen nicht genügen können, und dabei einige Anforderungen formulieren, die an wissenschaftliches Arbeiten zu stellen sind.

Versucht man, sich anhand von Lexikonartikeln oder wissenschaftstheoretischen Definitionen darüber zu orientieren, was unter "Wissenschaft" zu verstehen ist, so erkennt man recht bald, daß sich modernes Wissenschaftsverständnis weitgehend am Modell der sogenannten exakten Wissenschaften orientiert. "Wissenschaft" ist, so liest man beispielsweise im "Philosophischen Wörterbuch" von Georg Klaus und Manfred Buhr, "das aus der gesellschaftlichen Praxis erwachsende, sich ständig entwickelnde System der Erkenntnisse über die wesentlichen Eigenschaften, kausalen Zusammenhänge und Gesetzmäßigkeiten der Natur, der Gesellschaft und des Denkens [d. h. also indirekt auch der Produkte des Denkens wie die Literatur], das in Form von Begriffen, Kategorien, Maßbestimmungen, Gesetzen, Theorien und Hypothesen fixiert wird" [6].

Versuche, Literaturwissenschaft im Sinne dieser (oder einer vergleichbaren) Definition zu begründen, gibt es vor allem im Umkreis des Strukturalismus. Sie setzen voraus, daß Literaturwissenschaft sich als "theoretische Erfahrungswissenschaft" [7] konstituieren läßt, das heißt: einen systematischen, streng formalisierten Beschreibungsapparat für ihre Gegenstände aufbauen kann. Doch ist es fraglich, ob sich die häufige Unzulänglichkeit literaturwissenschaftlicher Begriffsbildung einfach durch die Übernahme des Erkenntnisinteresses und der Methodologie der Naturwissenschaften (im Sinne von exakt-empirischen Gesetzeswissenschaften, die ihre Gegenstände mit Hilfe von Beobachtung, Experiment und Modellkonstruktion analysieren und erklären) beseitigen läßt. Zwar arbeitet auch der Literaturwissenschaftler durchaus mit dem Ziel, an seinen Texten gewisse Regularitäten festzustellen, die sich "nach bestimmten Ordnungsbegriffen beschreiben, einteilen und klassifizieren" lassen [8] (z. B. wenn er die Regularitäten einer bestimmten Gattung zu bestimmen versucht), doch ist damit nur ein Teilbereich seines Erkenntnisinteresses abgedeckt. Denn dieselben Texte, die er mitunter "nach bestimmten Ordnungsbegriffen beschreiben, einteilen und klassifizieren" will, sind unter anderer Perspektive nicht Elemente einer zu beschreibenden Menge, sondern *individuelle* Gebilde, die allein unter geschichtlicher Perspektive interessieren. Gegenwärtig ist noch nicht abzusehen, daß ein an den empirischen Wissenschaften gewonnener Wissenschaftsbegriff in der Lage ist, Methoden zu begründen, mit denen solche Sinngebilde als historisch-einmalige, sich nicht wiederholende einsichtig werden. Das schließt selbstverständlich nicht aus, daß nicht auch der Literatur als einem Teilaspekt geschichtlichen und gesellschaftlichen Lebens Gesetzmäßigkeiten zugrunde liegen können, die analysierbar und klassifizierbar sind. Analytisches Erklären von Gesetzmäßigkeiten und kritisch-hermeneutisches Verstehen von individuellen historischen Gebilden wären mithin in einer allgemeinen Methodenlehre der Literaturwissenschaft zu vermitteln. Für diese zeichnen sich gegenwärtig freilich allenfalls erste Umrisse ab, auf die in dieser Einführung lediglich hingewiesen werden kann.[9]

Doch welche Differenzierungen für eine Wissenschaftstheorie der Geisteswissenschaften auch immer vorgenommen werden müssen, es gelten für die literaturwissenschaftliche Praxis eine Reihe von Regeln und Konventionen, die für wissenschaftliche Arbeit insgesamt Gültigkeit haben. Zu diesen Regeln gehört der Grundsatz, daß alle wissenschaftlichen Aussagen *intersubjektiv* nachprüfbar sein sollen [10]. Selbst wenn Intersubjektivität in den Geisteswissenschaften aufgrund der Komplexität ihrer Gegenstände niemals absolut zu erreichen wäre, müßte die Verpflichtung gelten, Argumentationsweisen zu entwickeln, die eine weitestmögliche Intersubjektivität garantieren. Solche Argumentationsweisen sind nur als rationale denkbar, da nur die verpflichtende Übereinkunft rationalen Denkens es gestattet, Sätze und Theorien einer "sachgemäße[n] und vernünftige[n] Prüfung" [11] zu unterwerfen (vgl. dazu den in der zweiten Lektion besprochenen anderen Ansatz von Staiger). Voraussetzung für eine solche Überprüfbarkeit ist die (möglichst) systematische Ausbildung einer Begriffssprache, "deren einzelne Terme [= Grundbegriffe] relativ verbindlich definiert sind" [12]. Die Wissenschaften – auch die Geisteswissenschaften – bedürfen daher spezieller *Wissenschaftssprachen.*

3.4. Zum Status der Wissenschaftssprache der Literaturwissenschaft — Objektsprache und Metasprache

Um deren Status zu beschreiben, kann man sich eine begriffliche Unterscheidung zunutze machen, die die moderne Logik eingeführt hat: die Unterscheidung zwischen *Objektsprache* und *Metasprache.*

Vergleichen wir die folgenden Sätze (ein Beispiel des Wissenschaftstheoretikers W. Stegmüller [13])

(1) Wien ist eine Stadt
(2) Wien ist einsilbig
(3) "Wien" ist einsilbig

hinsichtlich ihrer Aussagestufen, so stellen wir fest: Satz (1) ist eine wahre Aussage über einen Gegenstand bzw. Sachverhalt, Satz (3) ist gleichfalls eine wahre Aussage, aber nicht über einen Gegenstand (die Stadt), sondern über den Namen "Wien", Satz (2) hingegen ist als isolierter Satz *inkorrekt* (nicht ein Gegenstand, bzw. Sachverhalt kann einsilbig sein, sondern nur ein Wort), kann jedoch in einem Kontext, der "Wien" beispielsweise als stellvertretend für die österreichische Bundesregierung ausweist, einen (hier politischen) Sachverhalt meinen und damit richtig sein (der Satz wäre denkbar als Schlagzeile einer Zeitung, die über eine Reaktion der österreichischen Regierung berichtet).

Wir haben also in (1) einen Ausdruck *erster* Stufe vor uns, nämlich eine Aussage über einen Sachverhalt und in (3) einen Ausdruck *zweiter* Stufe, in dem eine Aussage über einen Ausdruck erster Stufe gemacht wird (Hilfsmittel zur Anzeige der unterschiedlichen semantischen Stufen: die Anführungszeichen). Die Sprache erster Stufe nun, in der über die Gegenstände und Sachverhalte (die Objekte) gesprochen wird, heißt *Objektsprache*, die Sprache, die man gebraucht, um über die Objektsprache Aussagen zu machen, heißt entsprechend *Metasprache.*

Innerhalb des literaturwissenschaftlichen Sprachverwendungszusammenhanges muß als *Objektsprache* die Sprache der zu untersuchenden Texte selbst, als *Metasprache* hingegen die Begriffssprache der Literaturwissenschaft gelten. Literaturwissenschaftlich über einen literarischen Gegenstand zu reden setzt also voraus, daß dieser Gegenstand im Hinblick auf bestimmte Untersuchungsziele in eine Beschreibungssprache "*übersetzt*" wird, die nicht (wie häufig in Paraphrasen) mit der Objektsprache zusammenfällt und deren zentrale Termini genau definiert sein müssen. Die besondere Schwierigkeit einer solchen literaturwissenschaftlichen Metasprache ist darin zu sehen, daß ihr kein formalisierter Beschreibungsapparat zugrundeliegt, sondern daß sie auf der Basis der natürlichen Sprache oder Umgangssprache funktioniert, ein Moment, das die Gefahr von Begriffsverwirrungen in sich birgt. Ein weiteres gravierendes Problem besteht in der Tatsache, daß es bis heute im Bereich der Literaturwissenschaften keine generell akzeptierte Metasprache gibt, was jeweils *dann* eine babylonische Sprachverwirrung zur Folge hat, wenn der Literaturwissenschaftler darauf verzichtet, seine Tätigkeit durch methodologische Reflexion seiner Analysemethoden (und das heißt auch: seiner Beschreibungssprache) abzusichern.

3.5. Grundregeln für eine literaturwissenschaftliche Metasprache

Daher ist es nicht nur notwendig, sich des prinzipiellen Unterschiedes zwischen der Sprache des zu untersuchenden Objektes und der literaturwissenschaftlichen Metasprache bewußt zu sein, sondern vor allem generelle Regeln zu beachten, die den Anforderungen an wissenschaftliche Begriffsbildung genügen. Wir wollen diese Regeln in zwei Punkten festhalten:

1. Der Literaturwissenschaftler bedarf einer gegenstandsadäquaten und eindeutig definierten Fachsprache ("Metasprache"), deren Ziel es sein muß, die "Regeln der Sprachverwendung" [14] der Objektsprache, wozu besonders die Weise zählt, in der diese Bedeutungen aufbaut, auszudrücken.

2. Für eine literaturwissenschaftliche Metasprache müssen die glei-

chen Leitpunkte gelten wie für jede andere wissenschaftliche Rede, nämlich:

* Angemessenheit (Gegenstandsadäquatheit)
* Systematik
* Schlüssigkeit
* Eindeutigkeit
* Überprüfbarkeit.

Überprüfbarkeit schließt ein die Offenlegung der "Basisentscheidungen, von denen die Untersuchung ausgeht, Explizierung [= Erklärung] der Bedingungen, unter denen eine Untersuchung durchgeführt wird und unter denen ihre Ergebnisse gültig sind, sowie Angabe des Untersuchungsziels".[15]

Zum Schluß sei noch darauf hingewiesen, daß der Unterschied zwischen Metasprache und Objektsprache in der Literaturwissenschaft auch eine *historische* Dimension hat. Denn die Objektsprache beispielsweise eines Briefromans von 1774 (Goethes "Die Leiden des jungen Werthers") enthält Wörter, die – wenn sie unverändert in die Beschreibungssprache übernommen werden – im neuen Kontext in der Regel ihren Sinn verändern. Bei der Kürze lyrischer Texte z. B. muß die Gefahr einer unreflektierten und verzerrenden Übernahme von Ausdrücken der (historisch bedingten) Objektsprache in die (trotz aller Definitionen von Fachtermini z. T. ja ebenfalls historisch bedingte) Beschreibungssprache besonders groß sein. Dies umso mehr, als der Bedeutungs*kern* der meisten Wörter ja konstant bleibt und sich häufig nur weltanschauliche Schattierungen verändern. Ein Bewußtsein der historischen Distanz zwischen der Sprache des Gegenstandes und der Beschreibungssprache ist also unerläßlich.

3.6. Probleme der Übernahme der wissenschaftstheoretischen Unterscheidung zwischen Objektsprache und Metasprache in den Bereich der Literaturwissenschaften

Unsere Ausführungen zum Unterschied von Objektsprache und Metasprache mögen für manche Wissenschaftstheoretiker, zumal diejenigen, die von den spezifischen Problemen der Naturwissenschaften herkommen, rein metaphorisch und wissenschaftstheoretisch unexakt sein. Denn in der Wissenschaftstheorie der Naturwissenschaften ist die Objektsprache eine künstliche Sprache, d. h. ein höchst exaktes, weil explizit geregeltes System, dessen Regeln mit Hilfe einer Metasprache (der natürlichen Sprache) beschrieben werden können. Diese Objektsprache ist zwar in der Wissenschaftstheorie der Naturwissenschaften (als einer den Einzeldisziplinen übergeordneten Disziplin) Gegenstand der Untersuchung, aber nicht in den einzelnen Fachdisziplinen selbst. Fachdisziplinen wie Physik, Chemie usw. *benutzen* Objektsprachen, d. h. künstliche Sprachen, um mit ihrer Hilfe ihre Untersuchungsgegenstände exakter fassen zu können. Offensichtlich meint der Begriff "Objektsprache" in den Natur- und den Geisteswissenschaften etwas ganz anderes; denn das, was wir im Vorangegangenen als Objektsprache gefaßt haben (die Sprache der Dichtung) ist hier Gegenstand der *Einzel*disziplinen. Außerdem ist diese Objektsprache der denkbar extremste Gegensatz zu dem, was in den Naturwissenschaften als Objektsprache gilt. Denn die Sprache der Dichtung ist nicht nur ein nicht explizit geregeltes System, sondern eine Sprache, die noch stärker als die natürliche Sprache von dem *Durchbrechen* von Regeln lebt.

Nichtsdestoweniger ist die von uns skizzierte Unterscheidung zwischen Objektsprache und Metasprache sinnvoll. Die Sprache der Dichtung kann in der Tat als eine spezifische Sprache zur Erfassung von Wirklichkeit gefaßt werden (und sei sie im Extremfall die individuellste Wirklichkeit des Dichters). Daraus folgt, daß die Unterscheidung in den Geisteswissenschaften als *heuristische* absolut notwendig ist. Sie reflektiert ein hermeneutisches Problem, nämlich das für die Literaturwissenschaften konstitutive Problem der Vermittlung zweier Sprachen: der des Objekts und der, in der über dieses Objekt geredet wird. Insofern sind die Literaturwissenschaften nicht mit den naturwissenschaftlichen Einzeldisziplinen vergleichbar, die mit Hilfe einer künstlichen Sprache Wirklichkeit erfassen, sondern mit der Wissenschaftstheorie der Naturwissenschaften. Denn ebenso wie letztere mit Hilfe einer Metasprache eine Objektsprache beschreibt, die Wirklichkeit erfassen soll, ebenso beschreibt die Literaturwissenschaft mit Hilfe einer Metasprache eine Objektsprache (die der Dichtung), die ihrerseits ebenfalls Wirklichkeit erfassen will.

Die Unterscheidung von Objektsprache und Metasprache ist im übrigen relativ, da z. B. die Sprache der Literaturwissenschaft ihrerseits zur Objektsprache werden kann, wenn sie Gegenstand einer wissenschaftstheoretischen Abhandlung wird.

Anmerkungen:

[1] Gerhard Frey: "Möglichkeiten und Grenzen einer wissenschaftlichen Philosophie", in: Zeitschrift für allgemeine Wissenschaftstheorie 2 (1971), S. 18.

[2] Johannes Pfeiffer: Wege zur Dichtung. Eine Einführung in die Kunst des Lesens, Hamburg [6]1963, S. 80.

[3] Die Bedeutung dieser Formel bei Eichendorff wurde ausführlich untersucht bei: Hans-Henrik Krummacher: Das 'als ob' in der Lyrik, Köln und Graz 1965.

[4] Vgl. dazu auch: Oskar Seidlin: Versuche über Eichendorff, Göttingen 1965, S. 45 und S. 47.

[5] Vgl. genauer: Eberhard Lämmert: "Eichendorffs Wandel unter den Deutschen. Überlegungen zur Wirkungsgeschichte seiner Dichtung", in: Die deutsche Romantik, hrsg. von H. Steffen, Göttingen 1967, S. 219–252.

[6] Georg Klaus / Manfred Buhr: Philosophisches Wörterbuch, Leipzig 1970; Bd. 2, S. 1169.

[7] Jens Ihwe: "Literaturwissenschaft als strukturelle Textwissenschaft", in: H. L. Arnold und V. Sinemus (Hrsg.), Grundzüge der Literatur- und Sprachwissenschaft, München 1973, S. 39.

[8] Dietrich Harth: "Annäherung an Grundbegriffe", in: D. Harth (Hrsg.), Propädeutik der Literaturwissenschaft, München 1973, S. 150.

[9] Zur Diskussion vgl. Siegfried J. Schmidt: Literaturwissenschaft als argumentierende Wissenschaft, München 1975.

[10] Vgl. Karl R. Popper: Logik der Forschung, Tübingen [4]1971, S. 18: "Die Objektivität der wissenschaftlichen Sätze liegt darin, daß sie intersubjektiv nachprüfbar sein müssen."

[11] Vgl. Wilhelm Kamlah und Paul Lorenzen: Logische Propädeutik. Vorschule des vernünftigen Redens, Mannheim u. a. 1967, S. 119.

[12] Dietrich Harth: "Begriffsbildung in der Literaturwissenschaft", in: Deutsche Vierteljahrsschrift für Literaturwissenschaft und Geistesgeschichte 45 (1971), S. 399.

[13] Wolfgang Stegmüller: Probleme und Resultate der Wissenschaftstheorie, Berlin u. a. 1969, S. 30.

[14] Vgl. Karl Eimermacher: "Zum Problem einer literaturwissenschaftlichen Metasprache", in: Sprache im technischen Zeitalter H. 48 (1973), S. 260.

[15] Ebd.

4. LEKTION: EINFÜHRUNG IN EINIGE GRUNDBEGRIFFE UND VORSTELLUNGSWEISEN EINER TEXTWISSENSCHAFT ALS KOMMUNIKATIONSWISSENSCHAFT

4.1. Rückschau und Stand der Diskussion

Wir haben in der ersten Lektion die Bedeutungskonstitution eines (visuellen) Zeichens analysiert und sind dabei zu dem Ergebnis gekommen, daß die Bedeutung von Zeichen diesen nicht unveränderlich anhaftet, sondern sich in *funktionalen Zusammenhängen* erstellt. Von dem analysierten Zeichen ausgehend haben wir außerdem eine erste Gegenstandsbestimmung der Literaturwissenschaft versucht und die im Rahmen dieser Disziplin zu untersuchenden Texte (noch vorläufig) als Zeichensysteme zweiter Ordnung charakterisiert (vgl. S. 22).

Im nächsten Schritt wurden dieser ersten Gegenstandsbestimmung unseres Faches traditionelle Überzeugungen gegenübergestellt, die durchweg von dem Grundsatz ausgehen, daß literarische Texte als abgeschlossene Systeme zu gelten haben, die ihre Bedeutung durch alle Zeiten hindurch beibehalten und dementsprechend von funktionalen Zusammenhängen unabhängig sind. Einem solchen Gegenstandsverständnis gegenüber haben wir unsere *erkenntnistheoretisch* und *linguistisch* begründeten Zweifel artikuliert, als im strengen Sinne *widerlegt* kann es zum gegenwärtigen Zeitpunkt unserer Diskussion jedoch noch nicht gelten. Denn dies könnten wir nur durch den *genauen* und *konkreten* Nachweis erreichen, daß literarische Texte ihre Bedeutung in ihre Textgestalt *übersteigenden* funktionalen Zusammenhängen aufbauen. Diesen Nachweis wollen wir z. T. in der 7. (Konnotation), 13. (Text und Kontext I [Marlitt]), 14. (Text und Kontext II [Theorie]) und 15. Lektion (Fontane) anstreben.

In der dritten Lektion schließlich haben wir eine traditionell verfahrende Interpretation kritisch untersucht, die zwar selbst im Rahmen des sogen. “werkimmanenten” Wissenschaftsverständnisses als mißglückt zu betrachten ist, deren methodisches Verfahren und erkenntnistheoretische Voraussetzungen aber nichtsdestoweniger typisch sind. Unser Ergebnis war, daß die Deutung nicht einmal den einfachsten wissenschaftstheoretischen Anforderungen genügt, nämlich denen einer definierten Begrifflichkeit und einer strengen Scheidung zwischen objekt- und metasprachlichen Kategorien bzw. Termini.

An dieser Stelle unseres Kursprogrammes haben wir demnach

a) eine vorläufige Definition unseres Gegenstandsbereiches erreicht und

b) eingesehen, daß wir eine (möglichst) systematisch entwickelte Fachsprache brauchen.

Wir müssen also nun beginnen, in Grundbegriffe dieser Fachsprache einzuführen.

Eine Fachsprache kann jedoch nicht für sich entwickelt werden. D. h. es genügt nicht, Begriffe einzuführen und exakt zu definieren, da es ohne zugrundeliegende *Theorien* und *Modelle* nicht gelingen würde, die Fachtermini einander möglichst systematisch zuzuordnen. Wir können also nicht darauf verzichten, Begriffe im Rahmen von *Theorien* und *Modellen* einzuführen, die die uns jeweils interessierenden Gegenstände erklären und abbilden. Nur im Rahmen von Theorien und Modellen nämlich ist es möglich, *Methoden* zu entwickeln, mit deren Hilfe Forschungsziele adäquat angegangen werden können.

4.2. Was ist "Semiotik"?

Literarische Texte kann man als Bedeutungsträger bezeichnen, die Verständigungsprozesse auslösen. Einer so allgemeinen Formulierung müßten selbst Literaturwissenschaftler wie Pfeiffer zustimmen; denn wenn ein Gedicht "Ausdruck" eines Gefühls ist, dann ist es Bedeutungsträger, wenn ein poetisches Bild die "Tiefe der Unendlichkeit" eröffnet, dann kann es Verständigungsprozesse auslösen. Literaturwissenschaft müßte sich demnach vordringlich über die Begriffe des *Zeichens* (= Bedeutungsträger) und der *Kommunikation* (= Verständigungsprozeß) Klarheit verschaffen und Theorien entwickeln, die die zugrundeliegenden Phänomene erklären können.

Die Literaturwissenschaft fand, als sie sich dieser Notwendigkeit bewußt wurde, zwei Disziplinen vor, in denen Zeichen und Kommunikationsprozesse seit längerem thematisch waren, nämlich Zeichen in der *Semiotik*, Kommunikationsprozesse in der *Kommunikationsforschung* bzw. *-theorie*. In der Auseinandersetzung mit diesen beiden Disziplinen hat sich unter Literaturwissenschaftlern in jüngster Zeit die Überzeugung durchgesetzt, daß auf der Grundlage allgemein-semiotischer Theorien und Begriffe *fachspezifische* Theorien und Begriffe aufgebaut werden können. Wir beginnen deshalb mit einer Einführung in einige Grundbegriffe der Semiotik.

Wenn wir in dem 1973 erschienenen 17. Band der Brockhaus-Enzyklopädie das Stichwort "Semiotik" nachschlagen, dann finden wir dort als Definition dieser Disziplin: "die Lehre von den Zeichen". Der nachfolgende Artikel geht jedoch lediglich auf die Semiotik als Teildisziplin der Logik (die Lehre von dem Aufbau künstlicher Zeichensysteme) und der Medizin (die Lehre von den Krankheitszeichen) ein. Eine Semiotik im Bereich der Geisteswissenschaften scheint es diesem Artikel zufolge nicht zu geben.

Dem widersprechen jedoch schon die Bemühungen des amerikanischen Philosophen Charles William *Morris*, der mit seiner 1938 erschienenen Schrift "Foundations of the Theory of Signs" (dt. "Grundlagen der Zeichentheorie") wesentlichen Anteil an der Begründung und Ausbildung der Semiotik als eigenständiger Disziplin hatte. In dieser Schrift heißt es z. B. bereits, daß auch die Ästhetik, "soweit sie einen bestimmten Zeichenprozeß [. . .] untersucht, eine semiotische Disziplin" ist [1] (Morris selbst hat diesen Gedanken in einer 1939 erschienenen Schrift über "Ästhetik und Zeichentheorie" ausgebaut).

Die in jüngster Zeit sich häufenden Schriften zur Semiotik der Literatur (vgl. etwa Götz *Wienold*: Semiotik der Literatur, Frankfurt/Main 1972 und die entsprechenden Kapitel in Umberto *Eco*: Einführung in die Semiotik, München 1972) stehen jedoch nicht nur in der von Morris sich herleitenden Forschungstradition. Bereits der Genfer Sprachwissenschaftler Ferdinand de *Saussure* hatte in seinem 1916 posthum erschienenen "Cours de linguistique général" (dt. "Grundfragen der allgemeinen Sprachwissenschaft") die Linguistik als zentrale Teildisziplin einer Semiologie (bedeutungsgleich mit Semiotik), d. h. einer Wissenschaft von den Zeichensystemen der menschlichen Gesellschaft verstanden und die Untersuchung auch anderer Zeichensysteme als desjenigen der Sprache angeregt. Im Anschluß an Saussure haben besonders französische und italienische Semiologen (Semiotiker) Reklame, Automobile und Moden als (häufig unbewußt funktionierende) Zeichensysteme analysiert. In all diesen Fällen wurde die Semiotik bzw. Semiologie als die Lehre bzw. Theorie von den (teils sprachlichen, teils nicht-sprachlichen) Zeichen verstanden.

Wir wählen für unsere Zwecke eine etwas weiter gefaßte Definition der Semiotik:

> Semiotik ist die Lehre, die den allgemeinen Bedeutungsaustausch handelnder / miteinander kommunizierender Individuen zum Gegenstand hat.

Eine Begründung für diese Definition werden wir später geben. Hier sei nur erwähnt, daß sie der herkömmlichen Forschungspraxis der

Semiotiker nicht widerspricht, sondern ihr im Gegenteil gerechter wird als das Reden über "Semiotik als Lehre von den Zeichen".

Auch bei der von uns vorgeschlagenen Definition muß das Zeichen im Mittelpunkt des semiotischen Interesses stehen; denn was kommunizierende Individuen austauschen, sind Zeichen bzw. Zeichenreihen. So werden wir in jedem Fall mit der Frage beginnen müssen: was sind Zeichen? wie lassen sie sich beschreiben?

4.2.1. *Exkurs zur Beseitigung eines möglichen Mißverständnisses*

Der semiotisch ausgerichteten Literaturtheorie und -praxis wird von marxistisch-materialistisch orientierten Kritikern mitunter vorgeworfen, sie sei eine formalistische Spielerei und gestatte es nicht, etwa die gesellschaftliche Funktion und Bedeutung der Literatur angemessen zu beschreiben. Mit Jurij M. *Lotman*, der sich seit einigen Jahren bemüht, eine strukturell-semiotische Literaturtheorie zu begründen und dessen Schriften in den letzten vier Jahren eine außergewöhnlich große Wirkung in der BRD erreicht haben (vgl. J. M. Lotman: Die Struktur literarischer Texte, München 1972; Ders.: Die Struktur des künstlerischen Textes, Frankfurt/M. 1973 [inhaltlich identisch mit dem ersten Titel!]; Ders.: Vorlesungen zu einer strukturalen Poetik, München 1972), ist jedoch zu bedenken, daß die "Behauptung, das strukturell-semiotische Studium der Literatur lenke von der Frage des Gehalts, der Bedeutung, des gesellschaftlichen und moralischen Wertes der Kunst und ihrem Zusammenhang mit der Wirklichkeit ab", auf einem Mißverständnis beruht. Denn – so schreibt Lotman weiter: "Schon die Begriffe 'Zeichen' und 'Zeichensystem' allein hängen ja untrennbar mit dem Problem der Bedeutung zusammen. Zeichen erfüllen in der Kultur der Menschheit eine Mittlerfunktion, und Zweck jeder Verwendung von Zeichen ist die Übermittlung eines bestimmten Inhalts. Abwendung von der Bedeutung kann gar nicht das Ergebnis einer Methode sein, die die Erforschung gerade des Zeichenproblems in den Mittelpunkt ihrer Untersuchungen stellt. Denn gerade die Erforschung dessen, was 'Bedeutung haben' bedeute, was der Kommunikationsakt sei und welche gesellschaftliche Rolle er spiele, eben dies macht doch das eigentliche Wesen des semiotischen Ansatzes aus." [2]

4.2.2. *Zeichenmodelle*

Wir wollen uns im folgenden einer Antwort auf die Frage "was sind Zeichen?" dadurch nähern, daß wir einige für die Literaturwissenschaft relevante Zeichenmodelle vorstellen. Zuvor muß jedoch darauf hingewiesen werden, welche Funktion Modelle in der Wissenschaft haben.

Ein Modell ist "eine einfache, übersichtliche künstliche Anordnung (materielle oder gedankliche Konstruktion) [. . .], die durch die Art ihrer Konstruktion in einem Analogieverhältnis zu einem komplexen, unübersichtlichen Sachverhalt (Original) stehen und per Analogie Aufschluß über Verhaltensweisen und Struktur des Originals geben kann." [3] Modelle sind demnach stilisierende Rekonstruktionen; sie geben Zusammenhänge *vereinfacht* wieder und sind keine Theorien, weil sie diese Zusammenhänge nicht *erklären*, sondern nur *abbilden*. Sie dienen rein *deskriptiven* Zwecken und sind insbesondere dann sinnvoll, wenn das Phänomen selbst sich als zu komplex darstellt.

Von allen konkurrierenden Zeichenmodellen interessieren uns lediglich zwei, nämlich das von *Saussure*, auf dem wir in der 7. Lektion die Besprechung der Konnotation aufbauen wollen, und das von Georg *Klaus*, das das umfassendste ist und aus dem verschiedene Analyseebenen eines literarischen Textes abgeleitet werden können.

Eines der bekanntesten Zeichenmodelle ist das triadische Modell, das C. K. Ogden und I. A. Richards 1923 in ihrem Buch "The Meaning of Meaning" entwickelt haben. Wir können, um in die Terminologie de Saussures einzuführen, an dieses Zeichenmodell anknüpfen und die dort verwendeten Begriffe (Name, Sinn, Umweltreferent) durch die bei Saussure verwendeten ersetzen:

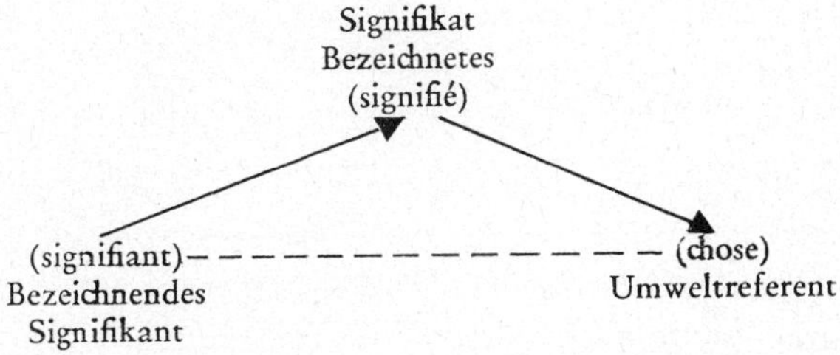

Zeichen im eigentlichen Sinne ist die assoziative Gesamtheit zweier Punkte dieses Dreiecks, nämlich von Signifikant und Signifikat, von

Lautkörper und Bedeutung (wenn wir ein Wort lesen oder hören, nehmen wir, sofern wir die Sprache beherrschen, niemals nur den Lautkörper, eine rein physikalische Größe, wahr, sondern immer jene assoziative Gesamtheit von Signifikant und Signifikat).

Das oben skizzierte triadische Modell ist im strengen Sinne kein Zeichenmodell, da es nicht nur ein Modell des Zeichens, d. h. der Einheit von Signifikant und Signifikat ist, sondern eine Beziehung des Zeichens zu etwas, nämlich seinem Umweltreferenten, miteinbezieht. Ein Zeichenmodell im strengen Sinne müßte nach Saussure folgendermaßen aussehen [wobei allerdings zu fragen wäre, ob Zeichen im strengen Sinne nicht nur der Lautkörper ist; dies vor allem dann, wenn man das Signifikat als Vorstellungsinhalt, d. h. als mentale (gedankliche) Größe deutet]:

Zeichen als assoziative Gesamtheit von Signifikant und Signifikat	
Signifikant	Signifikat

Daß zwischen den beiden Aspekten des Zeichens aus analytischen Gründen streng unterschieden werden muß, mag ein Hinweis auf die Homonyme (Wörter mit einem Signifikanten und mindestens zwei Signifikaten, z. B. Schloß, Reif, Ball, Bank) und Synonyme (Wörter mit einem Signifikat und mindestens zwei Signifikanten; eine seltene totale Synonymie liegt in Samstag und Sonnabend vor, partielle Synonymien sind Aufzug, Fahrstuhl, Lift oder Zug, Bahn) verdeutlichen.

Auch das Modell von Georg Klaus ist im eigentlichen Sinne kein Zeichenmodell, da es nicht nur ein Modell des Zeichens selbst, sondern der Beziehungen (Relationen), die für jedes Zeichen konstitutiv sind, rekonstruiert. Klaus deutet Zeichen funktional, d. h. er sieht sie abhängig von Beziehungen zu anderen Größen; die angegebenen Beziehungen sind für ihn *nicht zufällig*, sondern *konstitutiv* für den Zeichencharakter der Zeichen. In formalisierter Schreibweise heißt das:

$$Z = f(Z_R)$$

wobei f als "Funktion von" und Z_R als "Zeichenrelation" zu lesen ist.

Klaus hat die für den Zeichencharakter eines Zeichens konstitutiven Beziehungen in seiner Schrift "Semiotik und Erkenntnistheorie" (Berlin [Ost] [3]1972) anhand des folgenden Schemas zu rekonstruieren versucht:

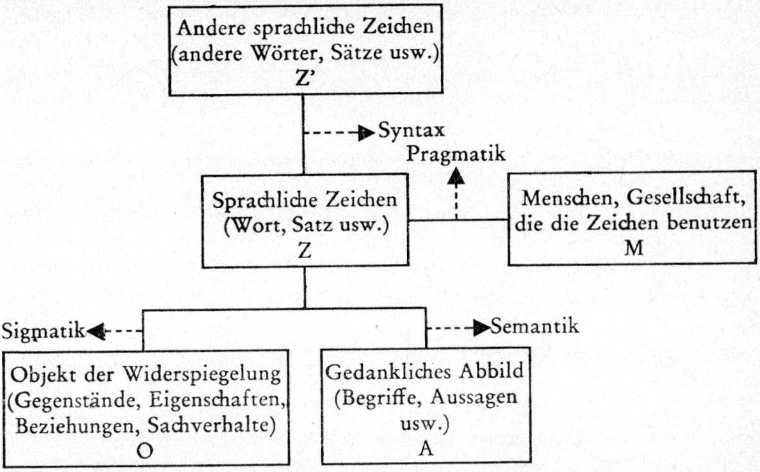

Gegenstand der einzelnen semiotischen Teildisziplinen sind also die folgenden Relationen:

Syntax bzw. Syntaktik:	R_1 (Z, Z')
Semantik:	R_2 (Z, A)
Sigmatik:	R_3 (Z, O)
Pragmatik:	R_4 (Z, M)

Die *Syntaktik* untersucht, wie aus einer bestimmten Menge vorgegebener Grundzeichen "mit Hilfe bestimmter Konstruktionsregeln" Zeichenreihen aufgebaut werden [4]; die *Semantik*, mit Hilfe welcher Regeln Zeichen und Zeichenreihen zu *sinnvollen* Zeichen und Zeichenreihen werden und wie diese inhaltlich interpretierbar sind. Eine solche inhaltliche Interpretierbarkeit ist nach Klaus nur möglich, wenn wir die Zeichen als materielle Hüllen gedanklicher Abbilder deuten ("Zeichen" meint hier also nur den "Signifikanten" im Sinne Saussures). Die Aufgabe der *Semantik* ist es nun, die Relation zwischen den Zeichen (als Zeichenmaterie) und den gedanklichen Abbildern (Begriffen, Aussagen) zu untersuchen. – "Vermittelt über die Abbilder A haben die Zeichen [jedoch] auch eine Beziehung zu den Objekten der Wirklichkeit." [5] 'Tisch' beispielsweise ist nicht nur ein Lautkörper (eine Zeichenmaterie), der auf einen bestimmten Vorstellungsinhalt (als mentale Größe) hinweist; er verweist auch (vermittelt über die mentale Größe) auf einen Gegenstand der Wirklichkeit bzw. eine Klasse von Gegenständen der Wirklichkeit. Solche Beziehungen, die es im übrigen nicht nur zwischen Wortzeichen und einzelnen Gegenständen, sondern auch zwischen Sätzen und Texten auf der einen sowie Eigenschaften, Beziehungen und Sachverhalten in der Wirklichkeit auf der anderen Seite gibt, untersucht die Teildisziplin der *Sigmatik*. Die *Pragmatik* schließlich erforscht die Zeichen in Relation zu den Zeichenbenutzern, zu gesellschaftlich-handelnden Individuen.

Wir wollen uns die Aufgabe der Teildisziplinen an einem Beispiel vergegenwärtigen. Allerdings wollen wir dabei die Sigmatik vorerst übergehen, da hier erkenntnistheoretische Probleme mitreflektiert werden müssen, die wir an dieser Stelle umgehen wollen. Gehen wir von folgender Wortreihe aus:

(1) "Es ist doch und, über diese Pflanze Herzensdinge zu Lauf".

Diese Wortreihe ist nicht nur sinnlos, sondern – als "Satz" gedacht – auch syntaktisch falsch. Der Grund dafür liegt im Verstoß gegen rein syntaktische Regeln wie beispielsweise der, daß zwei Substantive in einem syntaktisch *richtigen* Satz nicht direkt aufeinander folgen dürfen. Beachten wir die entsprechenden Konstruktionsregeln, so läßt sich die Wortreihe z. B. in die folgende, syntaktisch richtige Form überführen:

(2)"Es ist doch gelblich, über diese pflanzlichen Herzensdinge zu laufen"

Diese Zeichenreihe ist zwar immer noch *semantisch* inkorrekt, aber sie verstößt nicht mehr gegen syntaktische Regeln, da jeder Worttyp an derjenigen Stelle steht, an der er auch in einem sinnvollen Satz stehen müßte. Die *Syntaktik* nun untersucht die Regeln, die diese Zeichenreihe unter Abstraktion von semantischen oder gar pragmatischen Zusammenhängen zu einem syntaktisch richtigen Satz macht.

Beispiel (2) läßt sich unter Berücksichtigung von *Sinnregeln* in den folgenden, semantisch korrekten Satz überführen:

(3) "Es ist doch unsinnig, über diese zarten Herzensdinge zu sprechen"

Wir meinen, den Satz nun zu verstehen (und die Semantik untersucht, warum er sinnvoll ist). Aber dennoch ist der *genaue* Aussagewert dieses Satzes in einer konkreten pragmatischen Situation noch nicht angebbar. Er ist es selbst dann nicht, wenn wir den Textzusammenhang erweitern:

(4) "Bitte schweig, Katrin. Du bringst mich in Verlegenheit. Es ist doch unsinnig, über diese zarten Herzensdinge zu sprechen."

Stellen wir uns vor, die drei Sätze fallen in der pragmatischen Situation "Cafeteria einer Universität" zwischen zwei Studentinnen.

Sie wären dann beispielsweise als ironische Reaktion einer der Studentinnen denkbar. Wir könnten uns jedenfalls nur schwer vorstellen, daß sie ernst gemeint sein könnten. Wenn sie es tatsächlich wären, würden wir sofort zu wissen meinen, daß auf diese Weise nur "Blaustrümpfe" reden.

Die drei Sätze wurden jedoch nicht in der Cafeteria aufgeschnappt, sondern einer fiktiven pragmatischen Situation entnommen, nämlich einem Groschenheftroman, der 1973 unter dem Pseudonym "Katja von Seeberg" und unter dem Titel "Die Chronik von Schloß Warenstein. Bringt sie zwei Liebenden das Glück?" publiziert wurde. Erst diese Angabe, d. h. das Wissen um das, was unter einem solchen Pseudonym und Titel an gefühlvollen Situationen zu erwarten ist, grenzt den Aussagewert dieser Sätze einigermaßen genau ein.

Wir wollen uns an diesem Beispiel noch etwas anderes verdeutlichen: Satz (4) ist mit den gegebenen Zusatzinformationen pragmatisch vollständig. Er ist aber gleichzeitig semantisch und syntaktisch korrekt. Es gibt keinen pragmatisch vollständigen Satz bzw. Text, der nicht gleichzeitig semantisch und syntaktisch korrekt wäre (wenn er letzteres nicht ist, wir aber trotzdem auf ihn wie auf einen pragmatisch vollständigen Satz reagieren, dann *ergänzen* wir ihn unbewußt semantisch und/oder syntaktisch). Ein semantisch korrekter Satz hingegen muß zwar gleichzeitig syntaktisch korrekt sein (der Klammerzusatz des letzten Satzes gilt entsprechend), braucht aber nicht pragmatisch vollständig zu sein. Ein syntaktisch korrekter Satz schließlich setzt weder semantische Korrektheit noch pragmatische Vollständigkeit voraus. Mit anderen Worten: die syntaktischen, semantischen und pragmatischen Beziehungen bilden eine Hierarchie, in der die pragmatische die umfassendste ist. Das Modell der Zeichenrelationen von Klaus, das wir oben wiedergegeben haben, abstrahiert von dieser Hierarchie (Klaus ist sich dieser Abstraktion voll und ganz bewußt). Wir wollen auf diese Hierarchie entschieden hinweisen und sie formalisiert wiederzugeben versuchen: Gegenstand der Syntaktik bleibt die einfache Relation

$$R_1 (Z, Z').$$

Die Relation, die Gegenstand der Semantik ist, enthält jedoch die Relation der ersten Ebene als Element:

$$R_2 [R_1 (Z, Z'), A].$$

Die Relation schließlich, die Gegenstand der Pragmatik ist, enthält die (bereits recht komplexe) Relation der zweiten Ebene als Element:

$$R_3 \{R_2 [R_1 (Z, Z'), A], M\}.$$

Bei diesem Versuch einer Formalisierung haben wir allerdings wiederum die sigmatische Relation außer acht gelassen, ein Vorgehen, das dem Klausschen Modell nur bedingt gerecht wird.

Bei der Analyse literarischer Texte werden wir auf Textkonstitutionsverfahren (= Verfahren, mit denen Texte als Bedeutungsträger aufgebaut werden) stoßen, die teilweise als rein syntaktische, teilweise als semantische, teilweise als pragmatische beschrieben werden müssen. Wir werden in Zukunft jeweils angeben müssen, auf welcher Analyseebene wir im Einzelfall argumentieren.

4.2.3. *Syntaktische, semantische, pragmatische und sigmatische Fragestellungen in der Literaturwissenschaft*

Wir haben betont, daß mit den vier Teildisziplinen der Semiotik (der Syntaktik, Semantik, Pragmatik und Sigmatik) alle Aufgabenbereiche einer Semiotik der Literatur abgedeckt sind und daß Analysen innerhalb jeder dieser Teildisziplinen wissenschaftliche Berechtigung haben, wenn sich der Forschende nur bewußt bleibt, daß die Syntaktik oder Semantik als die hierarchieunteren (vgl. S. 55) aus der tatsächlich stattfindenden literarischen Kommunikation einzelne Größen bzw. Zusammenhänge isolieren und es letztlich jeder wissenschaftlichen Analyse darauf ankommen muß, die Art und Weise sowie die historischen Gründe der realiter stattfindenden literarischen Kommunikationen zu erklären.

Wir wollen die Aufgabenstellung der einzelnen Teildisziplinen innerhalb der Literaturwissenschaft im folgenden durch einige Beispiele illustrieren.

4.2.3.1. *Syntaktik*

Der folgende Satzanfang

(1) Ich mag dich schon sehr lange und ich möchte dich zu meiner Freude [. . .]

ist relativ umgangssprachlich. In einer literaturwissenschaftlichen Syntaktik wäre beispielsweise zu diskutieren, welche (metrisch-rhythmischen) Umformungsregeln diesen Satzanfang zu (2) werden lassen:

(2) Lange mag ich dich schon, möchte dich, mir zur Freude [. . .].

Aber auch dieser Hexameter könnte im Einzelfall weiteren poetischen Verfahren unterliegen. So neigen viele Schriftsteller dazu, Wörter aus dem phonologischen Paradigma (vgl. S. 127 f.) eines Wortes in den syntagmatischen Zusammenhang des Verses zu übernehmen. Ein durch Gleichheit des Anlautes definiertes Paradigma zu "lange" könnte beispielsweise "lieben" und "Lust" als Elemente enthalten. Übernehmen wir diese dem Wort "Lange" paradigmatisch zugeordneten Wörter in den syntagmatischen Zusammenhang des Verses, so wird der Hexameter (2) zu:

(3) Lange lieb ich dich schon, möchte dich, mir zur Lust [. . .],

der ersten Zeile von Hölderlins "Heidelberg".

Derartige poetische Textbildungsverfahren zu analysieren, ist selbstverständlich eine der Aufgaben der Literaturwissenschaft, – vorausgesetzt nur, daß diese Untersuchungen nicht zum Selbstzweck werden und d. h. daß (im Rahmen semantischer und pragmatischer Aspekte) immer auch die *Funktion* solcher Verfahren in den Blick kommt.

4.2.3.2. *Semantik*

Die Fragestellungen unter 4.2.3.1. zielen zunächst noch nicht auf den Anteil ab, den solche Textverfahren für den Bedeutungsaufbau poetischer Texte besitzen. Rhythmisierungen könnten beispielsweise die Funktion haben, durch stete Wiederholungen eines Wortes, Themas, Motivs (usw.) an der gleichen metrischen Stelle die Aufmerksamkeit auf dieses Wort, Thema, Motiv (usw.) zu lenken. Eine vergleichbare Wirkung könnte auch anders gearteten Wiederholungsstrukturen zukommen, wie sie z. B. in Dramen, Erzählungen, Romanen usw. erkennbar werden. Die Analyse solcher (semantischer) Textbildungsverfahren muß von pragmatischen Zusammenhängen (zunächst) bewußt abstrahieren. So werden wir u. a. in der fünften Lektion einen Ansatz diskutieren, mit dessen Hilfe man über – jedenfalls im ersten Schritt – rein semantische Operationen den Bedeutungsaufbau von Texten untersuchen kann.

4.2.3.3. *Pragmatik*

Zahlreiche Bedeutungsgrößen eines Textes (Wörter, Handlungsausschnitte etc., häufig bis hin zum Textganzen) sind nicht zu verstehen ohne Bezug auf dessen ursprünglichen Kontext. Literarische Texte sind kommunikative Einheiten, die in ihrem ursprünglichen Kommunikationszusammenhang (d. h. für das Lesepublikum und damit auch für die Gesellschaft, für die sie geschrieben wurden) eine spezifische, wenn auch mitunter sehr komplexe Bedeutung hatten. Um diese spezifische Bedeutung zu rekonstruieren, reichen sehr häufig semantische, d. h. textimmanente Analysen allein nicht aus. Wenn in Goethes "Die Leiden des jungen Werthers" beispielsweise von einer Tanzveranstaltung die Rede ist, auf der Werther mit Lotte einen deutschen Walzer tanzt, dann hat dieser Handlungsausschnitt innerhalb des Kontextes des ausgehenden 18. Jahrhunderts eine Bedeutung, die heute nur noch historisch realisiert werden kann: der deutsche Walzer stand als unfein und nicht salonfähig den französischen Menuetts und den englischen Contretänzen gegenüber. Die preußische Königin soll sich bei einem Hofball noch 1794 angeekelt abgewendet haben, als einige Gäste den "primitiven" deutschen Walzer tanzten. Wenn Lotte und Werther bei Goethe den Walzer ausgerechnet in einer Höhepunktszene des Romans tanzen, dann klingt damit ein Programm an, das sich gegen höfische Konventionen wendet und das im Sinne des 18. Jahrhunderts als bürgerlich-national charakterisiert werden kann. (Der Nationalismus war ursprünglich eine "antiaristokratische, liberale Emanzipationsideologie des aufsteigenden Bürgertums", die durchaus vereinbar war mit dem "Ideal der über die Grenzen hinweggreifenden versöhnenden Freundschaft aller [bürgerlich regierten] Völker" [1].) Für uns ist dieser Handlungsausschnitt ohne Rekonstruktion seines ursprünglichen Bezugsrahmens pragmatisch unvollständig.

4.2.3.4. *Sigmatik*

Wenn wir einen vorgegebenen literarischen Text syntaktisch, semantisch und pragmatisch analysiert haben, dann haben wir die Art und Weise seines Bedeutungsaufbaus beschrieben bzw. (für vergangene Zeiten) rekonstruiert. Damit ist jedoch noch nicht historisch erklärt, wie es zu der Ausbildung spezifisch dieser oder jener kommunikativen Einheit kam. Wenn wir beispielsweise untersuchen wollen, wie sich in einem literarischen Text materielle Bedingungen einer Gesellschaft widerspiegeln (wie beispielsweise das bürgerliche Trauerspiel des 18. Jahrhunderts über mehrere Stufen vermittelt ökonomische Bedürfnisse des sich emanzipierenden Bürgertums und damit u. a. auch historisch überholte Eigentumsverhältnisse reflektiert), dann verlassen wir den bisherigen Argumentationsbereich und wenden uns historischen Erklärungsversuchen zu, die innerhalb einer neuen Teildisziplin, der Sigmatik, abgehandelt werden müssen. Die Sigmatik untersucht, auf welche Weise Zeichen/Bedeutungsgrößen objektive Zusammenhänge der Wirklichkeit (nicht nur platt physische, sondern auch ökonomische und soziale!) widerspiegeln. So fällt unsere Verortung des Bildes aus Lektion 1 im Kontext amerikanischer Gewohnheiten in das Gebiet der Pragmatik, unser Versuch jedoch, das Bild mit Strukturen der spätkapitalistischen Gesellschaft in Zusammenhang zu bringen, in das Gebiet der Sigmatik. Diese Abgrenzung von Pragmatik und Sigmatik mag über die Begriffsverwendung bei Klaus hinausgehen (Klaus bleibt in dieser Beziehung sehr ungenau), sie scheint uns jedoch die einzig angemessene zu sein. Ist die Pragmatik diejenige Teildisziplin, die eine kommunikative Situation bzw. einen Kommunikationsvorgang zwischen Menschen untersucht, dann muß auch diese Disziplin noch fundiert werden in einer übergreifenden Disziplin, die die Abhängigkeit der Kommunikationssituation von ihrer materiellen Basis, d. h. von ökonomie- und sozialgeschichtlichen Vorgängen begreifbar macht. Die Sigmatik wäre also – entgegen Klaus – die hierarchiehöchste, da das materielle Interesse der Handelnden, das sich in gesellschaftlichen Organisationsformen wie den Produktionsverhältnissen kristallisiert, letztlich auch die Kommunikationsstruktur der Handelnden bestimmt.

4.2.4. *Exkurs zur Kommunikationsforschung*

Die amerikanische Soziologie begann in den vierziger Jahren dieses Jahrhunderts, sich mit den Massenmedien zu beschäftigen und danach zu fragen, welche Merkmale den massenmedialen Kommunikationsprozeß bestimmen. Der Politologe Harold D. Lasswell hat hierzu ein als "Lasswell-Formel" berühmt gewordenes Frageschema entwickelt, das die fünf wichtigsten Bestimmungsmerkmale enthält:

"Who says what, how, to whom, with what effect",

ein Frageschema, das sich auch als vereinfachtes Kommunikationsmodell wiedergeben läßt:

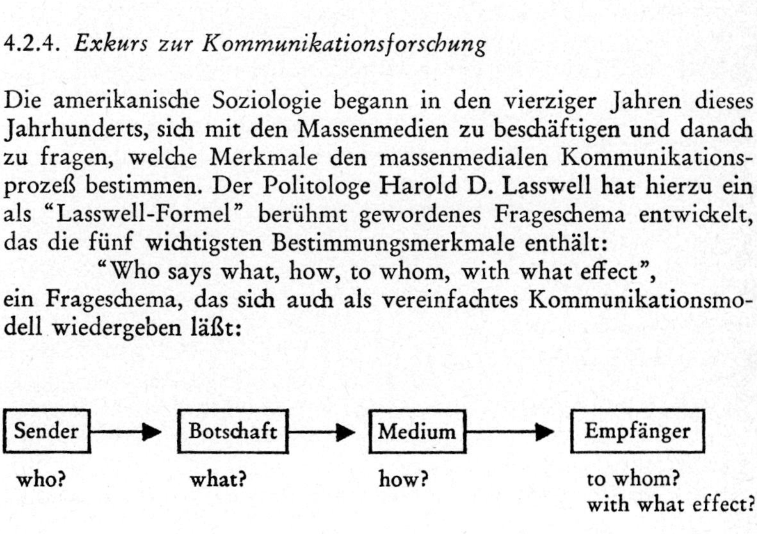

Aus der Fragestellung der Massenkommunikationsforschung und analogen Fragestellungen der Kybernetik heraus ist in der Folgezeit ein Kommunikationsmodell entwickelt worden, das wir hier lediglich in einer sehr einfachen Form wiedergeben wollen (wir werden in der 13. Lektion darauf zurückkommen und dort ein Modell der wesentlich komplizierteren *literarischen* Kommunikation entwickeln):

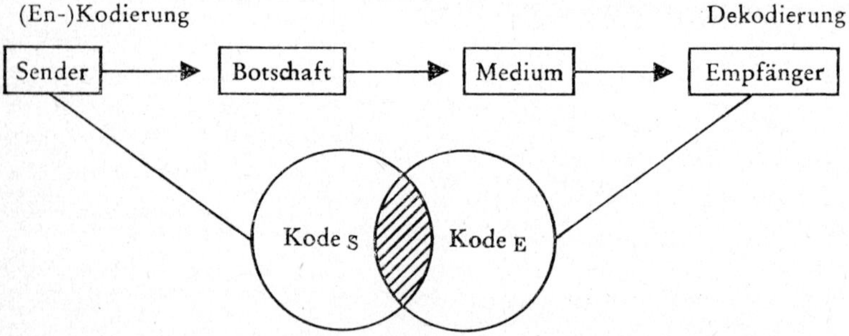

4.2.5. *Semiotik und Kommunikationsforschung*

Dieses einfache Modell wurde an dieser Stelle wiedergegeben, um darauf hinweisen zu können, daß es keine Größe enthält, die nicht auch in der Semiotik behandelt wird bzw. behandelt werden könnte. Die Einbettung eines Textes in kommunikative Situationen, von der das Kommunikationsmodell ausgeht, ist innerhalb der Semiotik Gegenstand der Pragmatik. Wir wollen deshalb vorerst die Kommunikationsforschung und ihre theoretischen Ansätze und Modelle als Spezialfall der semiotischen Pragmatik betrachten.

Zum Schluß dieses in Grundbegriffe der Semiotik einführenden Kapitels soll unsere obige Definition der Semiotik kurz begründet werden. Die herkömmliche Definition der Semiotik als eine Lehre von den Zeichen ist u. E. zu eng, weil eine Definition der Semiotik gleichzeitig eine Definition der umfassendsten und hierarchiehöchsten Teildisziplinen der Semiotik, nämlich der Pragmatik und Sigmatik, sein müßte. Wenn die Semiotik als diejenige Lehre gefaßt wird, die den allgemeinen Bedeutungsaustausch handelnder bzw. miteinander kommunizierender Individuen zum Gegenstand hat, dann bezieht sich diese Definition allerdings nicht *nur* auf die Pragmatik und Sigmatik, sondern ebenso auf Semantik und Syntaktik. Denn wir können ja von einzelnen Größen dieses Bedeutungsaustausches abstrahieren und als höchste Abstrahierungsgröße beispielsweise nur noch die Zeichenmaterialität zum Gegenstand unserer Analyse wählen.

4.3. Zeichen und Text

Wir haben es in der Literaturwissenschaft mit Texten zu tun und haben Texte seit der ersten Lektion stillschweigend als Zeichen gefaßt. Nun ist aber keiner der beiden diskutierten Zeichenbegriffe textorientiert. Der Saussuresche Zeichenbegriff ist eindeutig wortorientiert. Das Klaussche Relationenmodell setzt zwar zu "Zeichen" ergänzend: "Wort, Satz usw.". Aber auch hier ist fraglich, ob der Zeichenbegriff für Klaus so dehnbar ist, daß unter ihn Texte subsumierbar sind.

Wir können das Problem, das sich hier auftut, nicht ausdiskutieren. In unserem *literaturwissenschaftlichen Zusammenhang* muß vorerst der Hinweis genügen, daß der Prager Strukturalismus schon seit den dreißiger Jahren (literarische) Texte als "Zeichen" gefaßt hat (z. B. Jan Mukařovský: L'art comme fait sémiologique / Die Kunst als semiologisches Faktum [1934]) und neuerdings auch eine Reihe von Linguisten – wie z. B. Peter Hartmann – vom *Text* als dem "originäre[n] sprachliche[n] Zeichen" [6] ausgehen und Sätze oder Wörter nur als "Textteile", bzw. "Teile von Textteilen" [7], d. h. als "Teilzeichen" gelten lassen.

Anmerkungen:

[1] Charles W. Morris: Grundlagen der Zeichentheorie. Ästhetik und Zeichentheorie, München 1972 (= Reihe Hanser Band 106), S. 84.

[2] Jurij M. Lotman: Die Struktur literarischer Texte, München 1972 (= UTB Bd. 103), S. 55 f.

[3] Dieter Breuer: "Vorüberlegungen zu einer pragmatischen Textanalyse", in: Wirkendes Wort 22 (1972), S. 5.

[4] Vgl. hierzu und zum folgenden Georg Klaus: Die Macht des Wortes. Ein erkenntnistheoretisches-pragmatisches Traktat, Berlin (Ost) [6]1972, S. 12 ff.

[5] Ebda, S. 14.

[6] Vgl. Peter Hartmann: "Zum Begriff des sprachlichen Zeichens", in: Zeitschrift für Phonetik, Sprachwissenschaft und Kommunikationsforschung 21 (1968); Ders.: "Texte als linguistisches Objekt", in: W.-D. Stempel (Hrsg.), Beiträge zur Textlinguistik, München 1971. Der zitierte Ausdruck findet sich im zweiten Aufsatz auf S. 10.

[7] Peter Hartmann: "Zum Begriff des sprachlichen Zeichens", a. a. O. S. 215.

5. LEKTION: EINFÜHRUNG IN GRUNDBEGRIFFE UND DENKWEISEN DER STRUKTURALEN SEMANTIK

Normal funktionierende Texte durchzieht ein "roter Faden", d. h. sie sind gekennzeichnet durch einen thematischen Zusammenhalt. Einen solchen Zusammenhalt nennt man die *Kohärenz* eines Textes. Aufgabe der Linguistik ist es, die Kohärenz von Texten zu *erklären*. Jedoch wird die Linguistik bei aller möglichen Verfeinerung ihrer Methoden höchstwahrscheinlich niemals in der Lage sein, in *jedem Einzelfalle* entscheiden zu können, *ob* ein Text kohärent ist oder nicht, bzw. *wie* ein Text im Streitfall zu interpretieren ist (hingewiesen sei hier z. B. nur auf die Probleme, die sich etwa bei dadaistischen Texten ergeben [Zufallskompositionen, écriture automatique usw.]). Allerdings muß die Linguistik *generelle* Theorien und Modelle entwickeln, mit deren Hilfe erklärt werden kann, warum ein Text *allgemein* als kohärent (bzw. nicht-kohärent) anzusehen ist.

Einen Beitrag in diesem Sinne leistet die von A. J. Greimas entwickelte strukturale Semantik (Strukturale Semantik. Methodologische Untersuchungen, Braunschweig 1971 [frz. Original: Paris 1966]).

Die Literaturwissenschaft ist an dieser Theorie nicht wie die Linguistik um der Theorie (und ihrer nicht praxisbezogenen Erklärungsfunktion) willen interessiert. Wenn wir im folgenden in Grundbegriffe und Denkweisen der strukturalen Semantik einführen, dann unternehmen wir das in der Überzeugung, daß sich aus der vorgestellten Theorie ein geeignetes Verfahren ableiten läßt, mit dessen Hilfe literarische Texte allgemein und poetische Texte im besonderen, die auf Grund ihrer in der Regel nicht diskursiven semantischen Struktur oft a-logisch, sprunghaft-verkürzt usw. wirken, analysiert und als *spezifisch* kohärent (d. h.: durch besondere bedeutungsmäßige Textbildungsverfahren geprägt) aufgewiesen werden können.

5.1. Heuristische und explizite Theorien

Es gibt im Forschungsprozeß häufig Situationen, in denen man, um weiterzukommen, theoretische Annahmen einführen muß, ohne daß diese Annahmen schon in jeder Hinsicht bewiesen wären. Solche vorläufigen, zum Zwecke des besseren Verständnisses eines Sachverhaltes eingeführten Annahmen nennt man *heuristische Prinzipien* oder *Hypothesen*. Heuristisch in diesem Sinne können nun nicht nur einzelne Annahmen, sondern auch ausführliche Theorien sein, für die eine endgültige wissenschaftliche Absicherung noch aussteht. Gelingt diese Absicherung, so haben wir es nicht mehr mit heuristischen, sondern mit *expliziten Theorien* zu tun.

Heuristische Theorien sind im Forschungsprozeß als erste, korrigierbare Erklärungsversuche unverzichtbar. Die strukturale Semantik will nicht mehr und nicht weniger als einen (heuristischen) Erklärungsversuch geben für die Kohärenz von Texten. Sie arbeitet dabei mit hypothetischen Konstruktionen bzw. Konstrukten, die es ermöglichen, Beobachtungen zur Kohärenz von Texten in einen konsistenten (= widerspruchslosen) Zusammenhang zu bringen.

5.2. Das Sem als minimale Bedeutungseinheit

Greimas geht davon aus, daß wir Bedeutungsgrößen nicht *isoliert* erkennen, sondern jeweils auf dem Hintergrund *anderer* Größen, daß mithin *unterscheidende Operationen* die Grundvoraussetzung dafür sind, daß wir überhaupt etwas wahrnehmen.

'Bedeutung' ist somit ein *funktionaler* bzw. *struktureller* Begriff, wobei 'Struktur' definiert ist durch die Anwesenheit mindestens zweier Elemente/Relata und der Relation zwischen ihnen. Gehen wir zur Erläuterung dieses Ansatzes von einem Beispiel aus: das Lexem "Junge" etwa (Lexem = ein einfaches, nicht in einen Text verflochtenes Wort, so wie es im Lexikon vorkommt) kann Bedeutung auf dem Hintergrund seines Gegensatzes zu "Mädchen" gewinnen. "Mädchen" und "Junge" treten in einem solchen Fall in eine strukturelle Beziehung zueinander ein. Eine solche Relation läßt sich beschreiben als Disjunktion (die den *Gegensatz* zwischen den beiden Relata hervorhebt) und als Konjunktion (die das *Gemeinsame*, die *Ähnlichkeit* zwischen den beiden Relata benennt). Die Beschreibung der Relation als Disjunktion müßte auf den Gegensatz "männlich" versus "weiblich" hinweisen; die Beschreibung der Relation als Konjunktion auf den gemeinsamen semantischen Nenner der beiden Wörter, der sich etwa als "menschlich" angeben ließe.

"Männlich" und "menschlich" sind Bedeutungsaspekte bzw. Bedeutungselemente von "(Der) Junge", "weiblich" und "menschlich" von "Mädchen". Wir wollen solche Bedeutungsaspekte bzw. minimale Bedeutungseinheiten von Wörtern künftig "*Seme*" nennen. Um anzuzeigen, daß diese Seme nicht selbst der zu untersuchenden Objektsprache angehören, sondern metasprachliche Konstrukte sind, werden wir sie in eckige Klammern setzen, z. B. [männlich].

Das Lexem "(Der) Junge" hat natürlich noch eine Fülle anderer Seme. Wir stoßen auf einige dieser Seme, wenn wir "(Der) Junge" in andere Relationen eintreten lassen, beispielsweise in Relation zu "(Das) Junge". Der gemeinsame semantische Nenner von "Junge" und "Mädchen" wird hier zum distinktiven Merkmal der beiden neuen Relata: "(Der) Junge" enthält das Sem [menschlich], "(Das) Junge" [tierisch] oder, wie man der Konvention entsprechend auch schreiben kann, – [menschlich] (lies: minus menschlich). Der gemeinsame semantische Nenner wäre [belebt]. Aber auch dieser gemeinsame semantische Nenner kann in einer weiteren Relation zum distinktiven Merkmal der Relata werden, beispielsweise in "Junge" versus "Ball", für die etwa [konkret] als der neue gemeinsame Nenner anzusehen wäre.

Das Lexem "(Der) Junge" hat demnach die Seme [konkret], [belebt], [menschlich], [männlich], ohne daß damit seine Bedeutung ausgeschöpft wäre. Wir wollen festhalten, daß die distinktiven Merkmale, die die jeweiligen Relata voneinander abgrenzen, recht eindeutig angebbar sind. Leichte Variationsmöglichkeiten im Hinblick auf die Klammerfüllung (bespielsweise statt [belebt] [organisch]) ändern an der grundsätzlichen Eindeutigkeit nichts. Schwieriger wird es jedoch bei dem gemeinsamen semantischen Nenner, den wir festsetzen mußten, ohne daß wir uns an einem Oppositionsbegriff orientieren konnten. Ließe sich der gemeinsame semantische Nenner von "Junge" versus "Mädchen" nicht genauso gut mit [geschlechtlich] angeben? Wir kommen auf die hier anscheinend vorliegende Willkür später zurück.

5.3. Die Monosemierung von Polysemien im Text

Das französische Lexem "chien" kann sowohl "Hund" als auch "Hahn (am Abzug eines Gewehres)" bedeuten. Wenn wir es als ein einziges Lexem auffassen, dann enthält dieses Lexem Seme, die sich gegenseitig ausschließen. "Chien" als "Hund" enthält, je nach der Abstraktionsstufe, auf der wir das Sem ansetzen, die Seme [organisch] bzw. [tierisch]. Für "chien" als "Abzugshahn" wäre [mechanisch] als Sem anzusetzen. Sobald wir das Lexem jedoch in einen Satz bzw. Text integrieren, wird es *eindeutig*; es wird *monosemiert*. So wird in dem Satz

le chien aboie,

den Greimas diskutiert, durch "aboie" (= bellen) in "chien" das Sem [tierisch] aktualisiert wie umgekehrt in "aboie" durch "chien" ebenfalls das Sem [tierisch] aktualisiert wird. Ein solches, durch den Kontext aktualisiertes Sem wollen wir in Zukunft ***kontextuelles Sem*** oder *Klassem* nennen.

Machen wir uns den Prozeß der Monosemierung an einem weiteren Beispiel deutlich. Ein dpa-Artikel vom 12. November 1974 begann mit den Worten: "Mit ungewöhnlich großen Absätzen [. . .]". Bis hierher ist der Ausdruck polysem. Das Lexem "Absatz" enthält die sich ausschließenden Seme [volkswirtschaftsbezogen], [gegenstandsbezogen], [schriftbezogen], das Lexem "groß" die Seme [qualitativ] und [quantitativ] (vgl. die Doppeldeutigkeit von "er ist ein großer Mann"; "groß" scheint jedoch durch "Absatz" bereits monosemiert zu sein). Im konkreten Textzusammenhang kann jeweils nur eines dieser Seme aktualisiert, d. h. zum kontextuellen Sem bzw. Klassem werden; in unserem Beispielsatz wird das Sem [gegenstandsbezogen] bereits durch die Überschrift "Libanesen hatten Hasch im Schuh" zum Klassem.

Wir wollen in Zukunft das durch den Textzusammenhang monosemierte *Wort* Semem nennen. Ein Semem ist deshalb nicht mit einem Lexem identisch, weil letzteres das im Lexikon vorkommende Wort mit seinem umfangreicheren Bedeutungspotential meint. Sobald ein Lexem in einen Text integriert wird, wird es zu einem Semem mit (im Vergleich zum Lexem) *spezifizierter* Bedeutung. Beiden Begriffen ist gemeinsam, daß sie sich auf objektsprachliche Ausdrücke beziehen (wie zum Beispiel auf "Mädchen", "Ball" usw.). Die Begriffe "Sem" und "Klassem" beziehen sich dagegen nicht auf objektsprachliche Ausdrücke, sondern auf metasprachliche Konstrukte wie [männlich], [abstrakt] usw., die ihrerseits dazu dienen, Vorgänge in der Objektsprache zu klären.

5.4. Die Dominantsetzung von Semen

Wir haben den Begriff des kontextuellen Sems bzw. Klassems anhand von Polysemien (bzw. einem Spezialfall der Polysemie, der Homonymie) eingeführt. Obwohl Polysemien häufiger vorkommen, als es uns bewußt ist (wir nehmen sie im Text in der Regel als bereits monosemierte wahr!), sind sie doch nicht der Regelfall. Monosemierung von Polysemien im Text kann also die Kohärenz von Texten nicht hinreichend erklären.

Der oben beschriebene Vorgang der Aktualisierung einzelner Seme im Text findet im Prinzip auch bei nicht polysemen Ausdrücken statt. Gehen wir wiederum von einem Beispiel und zwar von dem bereits eingeführten Lexem-Beispiel "(Der) Junge" aus. Wir hatten oben einige Seme dieses Lexems namhaft gemacht, nämlich [männlich], [menschlich], [belebt], [konkret]. Wir können zu "Junge" nun einzelne Geschichten erfinden, in denen jeweils eines dieser Seme dominant gesetzt wird:

(1) Als der Junge um die Ecke bog, sah er wenige Meter vor sich ein anmutiges Mädchen. Verwirrt blieb er stehen und versuchte zu lächeln ...

(2) Der kleine Junge spielte mit dem Hund Ball: "He, Pollux", rief er ihm zu, "nicht beißen! Schubs ihn mir zu!" Enttäuscht wandte er sich nach einer Weile ab. Er verstand nicht, warum der Hund auch so ein Spielverderber sein mußte!

(3) Der Junge wollte die Puppe seiner Schwester füttern. Doch die öffnete den Mund nicht, so gut er ihr auch zuredete. Enttäuscht warf er sie in die Ecke.

Im Beispiel (1) wird das Sem [geschlechtlich] bzw. [männlich] dominant gesetzt, im Beispiel (2) das Sem [menschlich] und im Beispiel (3) das Sem [belebt]. In all diesen Fällen spielt sich im Prinzip der gleiche Prozeß der Textkonstitution ab wie im Fall polysemer Ausdrücke, nur daß im Falle der Monosemierung polysemer Ausdrücke die nicht aktualisierten Seme im Semem überhaupt nicht mehr vorhanden sind, während im besprochenen Fall der *Dominantsetzung* einzelner Seme die anderen Seme latent vorhanden blieben. Mit anderen Worten: wird das Lexem "(Der) Junge" in einen Text übernommen, so bleiben all seine Seme ([jung], [männlich], [menschlich], [belebt], [konkret] usw.) latent vorhanden, je nach Geschichtenzusammenhang wird aber eines dieser Seme dominant gesetzt. *Wir wollen auch solche dominant gesetzten Seme in Zukunft kontextuelle Seme oder Klasseme nennen.*

Es ist eine in ihrer Bedeutung kaum zu unterschätzende Eigenschaft kohärenter Texte, daß solche einmal dominant gesetzten Seme auch in anderen Wörtern des Textes dominant werden. In unserem Beispiel (1) tritt nicht nur in "Junge" das Sem [geschlechtlich] dominant hervor, sondern ebenso in "anmutig", "Mädchen", "verwirrt" und "lächeln".

All diese Lexeme könnten in Geschichten verwendet werden, in denen jeweils völlig andere Seme dominieren. In unserem Fall bilden sie eine *homogene Bedeutungsebene*, der alle anderen Sememe des Textes widerspruchslos zuordbar sind. Das Phänomen der Wiederholung bzw. des Wiedervorkommens einzelner Elemente im Text nennt man in der Linguistik *Rekurrenz*. Voraussetzung der Kohärenz von Texten ist, daß sie *dominant-rekurrente Seme* enthalten. Im Beispiel (2) etwa ist das Sem [menschlich] ein dominant-rekurrentes Sem, da es nicht nur in "Junge", sondern mindestens noch in "spielen", "zurufen", "verstehen", "Spielverderber" dominant gesetzt ist.

5.5. Der Isotopiebegriff

Wir haben oben davon gesprochen, daß dominant-rekurrente Seme eines Textes in diesem Text durch ihre Rekurrenz eine homogene Bedeutungsebene schaffen. Wir wollen solche homogenen semantischen Ebenen, die Texte durchziehen, in Zukunft Isotopien nennen [Isotopie (gr.) = gleiche Ebene]. Solche Isotopien werden in kohärenten Texten durch Wörter konstituiert, die über ein dominant gesetztes Sem miteinander verbunden sind. Greifen wir, um diesen Sachverhalt ein weiteres Mal zu illustrieren, auf das zitierte Beispiel von Greimas zurück: in "le chien aboie" wird sowohl in "chien" als auch in "aboie" das Sem [tierisch] aktualisiert (es wird zum Klassem). Es begründet, da es rekurrent ist, eine Isotopie. Diese Isotopie ist die Voraussetzung der Kohärenz dieses Satzes.

Im Bd. 1 des "Lektürekollegs zur Textlinguistik" von Kallmeyer, Klein, Meyer-Hermann, Netzer und Siebert * formulieren die Autoren S. 146 die folgende Faustregel: "Willst du einen Text verstehen, dann sortiere seine Lexeme zuerst nach Gruppen, in denen ein (gemeinsames) semantisches Merkmal eindeutig alle übrigen Merkmale dominiert!" ["semantisches Merkmal" ist hier identisch mit "Sem"]. Diese Regel mag auf den ersten Blick überflüssig bzw. trivial erscheinen, da wir Isotopien und die sie begründenden dominant-rekurrenten Seme meist unbewußt erkennen und ein Bewußtwerden ihrer Funktion uns beim Verständnis des Textes kaum helfen würde. Die Regel ist aber im literaturwissenschaftlichen Zusammenhang durchaus beherzigenswert, insbesondere wenn wir es mit dem Verständnis von sog. dunkler Lyrik zu tun haben. Die Dunkelheit von Gedichten ist häufig nur auflösbar, wenn wir der Regel folgen und zunächst einmal nach wiederkehrenden semantischen Merkmalen forschen. Auf diese Weise kann man, wie wir in der nächsten Lektion aufzeigen wollen, auch in zunächst dunkel und inkohärent erscheinenden Texten Isotopien nachweisen, die dem Text einen zunächst nicht entdeckten thematischen Zusammenhalt geben.

5.6. Isotopienbrüche und heterogene Isotopien

Die literarische Kleinform des Witzes gewinnt ihren witzigen Effekt sehr häufig daraus, daß zwei Gesprächspartner in einem Semem unterschiedliche Seme dominant setzen. Schauen wir uns hierzu zwei Beispiele an:

(1) "Herr Apotheker, Sie haben ja meiner Frau Strychnin gegeben, statt ..."
"Oh, entschuldigen Sie, dann bekomme ich noch 1,50 mehr."

(2) Großmutter drückt ihren Enkel zärtlich an sich.
"Liebling, mein Kleiner – ja, ich könnte dich mit Haut und Haaren aufessen!"
"Was, ohne Zähne, Großmutter?"

Im ersten Witz setzt der Kunde im Semem "Strychnin" das Sem [tödlich] dominant, der Apotheker das Sem [kommerziell]. Durch die unterschiedliche Dominantsetzung erstellt sich im Gesprächsganzen keine homogene Bedeutungsebene; es liegt, sofern wir den Dialog als einheitlichen Text betrachten, ein *Isotopienbruch* vor. Zu beachten ist bei diesem Beispiel, daß die Isotopie [tödlich] nur durch "Strychnin" konstituiert wird. Wir dürfen also in diesem Fall im strengen Sinne nicht von Isotopie reden, da nach unserer obigen Definition Isotopien durch die *Rekurrenz* dominanter Seme begründet werden. Doch läßt sich das Problem leicht auflösen, wenn man berücksichtigt, daß hier schon syntaktisch eine *Ellipse* (= Aussparung eines oder mehrerer normalerweise notwendiger Satzbestandteiles/teile) vorliegt. Bei elliptischer Redeweise ergänzt der Hörer oder Leser in der Regel automatisch aus dem Zusammenhang. Wir könnten hier beispielsweise den Satz weiterführen durch: "statt ihres Migränepülverchens" und erhalten dadurch die Opposition Gift versus Heilmittel bzw. ± [tödlich]. Das zweite Beispiel trifft dagegen den Regelfall. Hier wird die erste Isotopieebene durch "drücken", "zärtlich", "Liebling" und "mit Haut und Haaren aufessen" begründet, die zweite durch "aufessen" und "Zähne".

Isotopiebrüche beruhen darauf, daß ein bis zu einem bestimmten Punkt kohärenter Text von diesem Punkt an auf einer anderen Bedeutungsebene weitergeführt wird. Die beiden Bedeutungsebenen bzw. Isotopien sind dabei heterogen. Nun gibt es aber Texte, deren heterogene Isotopien nicht aus Isotopiebrüchen resultieren, sondern aus mehreren möglichen Lesearten hinsichtlich des Textes. So könnte man sich beispielsweise das zweifach zitierte "le chien aboie" auch in einer pragmatischen Situation geäußert denken, in der es verächtlich auf einen aufgeregt schimpfenden Menschen bezogen ist. Oder, um keine Metapher zu nehmen: der Satz "Der Star muß operiert werden" läßt sich sowohl auf ein Tier als auch eine Augenkrankheit beziehen. In der Regel sind solche heterogenen Isotopien jedoch nicht echt; d. h. ihre Heterogeneität wird im allgemeinen in konkreten Gesprächssituationen, in denen solche Sätze ja nur vorkommen, aufgelöst.

Fiktionale Texte allerdings (und deshalb ist das Phänomen der heterogenen Isotopie für die Literaturwissenschaft so interessant) enthalten häufig *nicht auflösbare* heterogene Isotopien. Wir werden auf dieses Phänomen in der nächsten Lektion ausführlicher zu sprechen kommen. An dieser Stelle wollen wir das Gemeinte durch einen Hinweis auf eine Handlungssequenz aus François Truffauts Film "Jules et Jim" auf eine vorläufige und noch recht vage Art illustrieren. In dieser Handlungssequenz fahren drei Männer (Jules, Jim und Robert) und eine Frau (Catherine) auf ihren Fahrrädern über eine Landstraße, und zwar in der folgenden Formation: Catherine und Robert bilden, nebeneinander fahrend, die Spitze; zehn Meter zurück fährt Jim, weitere zehn Meter zurück folgt Jules, der Ehemann von Catherine. An einer Wegegabelung wählt Robert, zum Abschied winkend, den linken Weg, die anderen den rechten. Der zurückhängende Jim schließt nunmehr zu Catherine auf, während ihr Ehemann Jules auch weiterhin das Schlußlicht bildet. Diese Handlungssequenz hat im syntagmatischen Zusammenhang der Filmerzählung zwei mögliche Leseweisen. Die erste ist die oben wiedergegebene, nämlich die so und so zu beschreibende Fahrradtour von vier Personen. Die zweite ist die aus dem erzählerischen Zusammenhang sich ergebende: daß nämlich bis zu diesem Moment der Handlung (der sich verabschiedende) Robert der Liebhaber von Catherine ist, daß von diesem Moment an (der aufschließende) Jim es sein wird und daß (der zurückhängende) Jules auch weiterhin das Nachsehen haben wird. Wir werden diskutieren müssen, ob Schriftsteller nicht ganz bewußt einer einzigen Zeichenebene mehrere Bedeutungsebenen zuordnen.

5.7. Zur Verbindlichkeit des vorgestellten Sem-Suchverfahrens

Auf den ersten Blick scheint es mitunter recht willkürlich und der Intuition des Forschenden überlassen, welche gemeinsamen Seme er in einer Reihe von Lexemen bzw. Sememen enthalten sieht. Wenn bei semantischen Beschreibungen auch absolute Intersubjektivität aus der Natur des Gegenstandes heraus nicht erreichbar ist, da die Kodes verschiedener Sprachteilnehmer niemals volle Identität erreichen (vgl. das Kommunikationsmodell auf S. 60), so könnte man im Hinblick auf den bei der Festlegung gemeinsamer semantischer Merkmale von Lexemen zuzulassenen Spielraum doch kritisch fragen, ob eine mit den vorgestellten Mitteln der strukturalen Semantik durchgeführte semantische Beschreibung von Texten wissenschaftlich nicht zu intuitiv und unverbindlich ist. Siegfried J. Schmidt hat solchen kritischen Fragen entgegengehalten, daß sie trotz ihrer Berechtigung nicht die "operationale Effizienz dieses Analyseverfahrens" beeinträchtigen: "denn wissenschaftstheoretisch entscheidend ist nicht, ob bei der Findung semantischer Merkmale subjektive Faktoren mitspielen, sondern ob die hypothetisch eingeführten semantischen Merkmale im Rahmen eines Forschungsprogramms Ergebnisse bringen (d. h. eine Forschungsabsicht realisieren), die intersubjektiv überprüfbar sind, und ob sie systematisch und konsistent verwendet werden." [2] Wir werden in der nächsten Lektion nachzuweisen versuchen, daß mit dem vorgestellten Ansatz tatsächlich Forschungsabsichten zu realisieren sind.

Anmerkungen:

[1] Hans-Ulrich Wehler: Das Deutsche Kaiserreich 1871-1918, Göttingen 1973 (= Deutsche Geschichte, hrsg. von J. Leuschner, Bd. 9), S. 107 f.

[2] Siegfried J. Schmidt: Texttheorie. Probleme einer Linguistik der sprachlichen Kommunikation, München 1973, S. 70.

* Die genaue bibliographische Angabe zu dem erwähnten "Lektürekolleg zur Textlinguistik" lautet:

W. Kallmeyer / W. Klein / R. Meyer-Hermann / K. Netzer / H. J. Siebert: Lektürekolleg zur Textlinguistik. Bd. 1: Einführung, Bd. 2: Reader, Frankfurt/Main 1974 (= Fischer Athenäum Taschenbücher Bd. 2050/51). Vor allem der erste Band sei wegen seiner didaktischen Vorzüge und klaren Diktion jedem Studenten zur Anschaffung empfohlen.

6. LEKTION: HETEROGENE BZW. KOMPLEXE ISOTOPIEN IN LITERARISCHEN TEXTEN (BEISPIELTEXT: BENNS "UNTERGRUNDBAHN")

6.1. Stand der Diskussion

Wir haben in der vorangegangenen Lektion in Grundbegriffe der literarischen Semantik A. J. Greimas' eingeführt, die es ermöglichen, die semantische Kohärenz (= Zusammenhalt) von Texten zu beschreiben. Als von zentraler Bedeutung erwies sich dabei der Begriff der Isotopie: wir verstanden mit Greimas darunter homogene Bedeutungsebenen, die in einem gegebenen Text durch Rekurrenz (= Wiederholung) von kontextuellen Semen (bzw. Klassemen) entstehen. Es ist denkbar, daß ein Text lediglich eine einzige Isotopie besitzt (alle vorkommenden Sememe aktualisieren ein Klassem, bzw. eine Klasse von Klassemen); in der Regel wird man jedoch davon ausgehen müssen, daß ein Text mehrere Isotopien aufweist, die ihrerseits zu einer einheitlichen Gesamtstruktur geordnet sind, d. h. so gegliedert sind, daß eine dominierende Bedeutungsebene erkennbar hervortritt und damit ein eindeutiges Textverständnis garantiert. Nun gibt es allerdings Texte, die keine auf den ersten Blick erkennbare homogene Gesamtstruktur aufweisen. Sie ermöglichen im Gegenteil unterschiedliche Lesarten, weil sie – sei es beabsichtigt, sei es unbeabsichtigt – auf das Auflösen von Mehrdeutigkeiten verzichten, bzw. weil sie solche Mehrdeutigkeiten durch besondere Verfahren (z. B. durch Neologismen [= Neuschöpfungen] in der Wortbildung oder spezielle syntaktische Konstruktionen) bewußt herstellen. Wir haben am Ende der letzten Lektion in aller Kürze auf ein in dieser Weise doppeldeutiges Beispiel verwiesen (vgl. die Sequenz aus Truffauts "Jules et Jim"), müssen uns diesem Phänomen im folgenden aber noch ausführlicher zuwenden.

6.2. Heterogene bzw. komplexe Isotopien. Zwei einleitende Beispiele

Zunächst ein einfaches Beispiel: Kleists Lustspiel "Der zerbrochene Krug" beginnt mit der folgenden kleinen Szene:

Erster Auftritt

Adam sitzt und verbindet sich ein Bein. Licht tritt auf.
Licht. Ei, was zum Henker, sagt, Gevatter Adam!
Was ist mit Euch geschehn? Wie seht Ihr aus?
Adam. Ja, seht, zum Straucheln brauchts doch nichts, als Füße.
Auf diesem glatten Boden, ist ein Strauch hier?
Gestrauchelt bin ich hier; denn jeder trägt
Den leidgen Stein zum Anstoß in sich selbst.
Licht. Nein sagt mir, Freund! Den Stein trüg jeglicher —?
Adam. Ja, in sich selbst!
Licht. Verflucht das!
Adam. Was beliebt?
Licht. Ihr stammt von einem lockern Ältervater,
Der so beim Anbeginn der Dinge fiel,
Und wegen seines Falls berühmt geworden;
Ihr seid doch nicht –?
Adam. Nun?
Licht. Gleichfalls–?
Adam. Ob ich-? Ich glaube-!
Hier bin ich hingefallen, sag ich Euch.[1]

Die komischen Effekte dieser Dramaneröffnung entstehen durch das doppelbödige Wortspiel mit "straucheln", "anstoßen" und "fallen", die entweder "stolpern und zu Boden gehen" oder "sich ethisch-moralisch vergehen" meinen können. Dabei besteht der Witz darin, daß *beide* Dialogpartner sich in jedem Gesprächsaugenblick der Doppelsinnigkeit ihrer Rede bewußt sind: Adam, der 'gestrauchelt' ist und etwas zu verbergen hat, und Licht, der den 'Fall' des anderen durchschaut und diesem zu verstehen gibt, daß er ihn durchschaut. – Auch die Namen "Adam" und "Licht" bilden in diesem Textstück eine zusätzliche Pointe: denn sie sind hintergründig natürlich gleichfalls auf die Bedeutungsebene [ethisch-moralisches Vergehen] bezogen.

In dieser Szene ist beinahe jedes Wort auf zwei Isotopien ansiedelbar, d.h. in jedem Wort überlagern sich zwei "isotope Pläne"[2]. Für diese Art der Textstruktur haben wir in der letzten Lektion bereits den Begriff der heterogenen bzw. *komplexen Isotopie* eingeführt. Komplexe Isotopien ermöglichen unterschiedliche Lesarten eines Textes.

Unser Kleist-Beispiel ist nun relativ einfach strukturiert: nicht nur deshalb, weil sich hier lediglich zwei Isotopien überlagern; sondern vor allem weil der Text selbst durch Anspielung auf den Sündenfall (Licht zu Adam [!]: "Ihr stammt von einem lockern Ältervater, / Der so beim Anbeginn der Dinge fiel") den Schlüssel präsentiert, der das Textverständnis des Lesers bzw. Zuschauers *steuert* und die 'eindeutige' Auflösung der Doppelsinnigkeiten garantiert. In der Regel kann man jedoch *nicht* davon ausgehen, daß Texte mit komplexen Isotopien ihren Schlüssel automatisch mitliefern: sie wirken im Gegenteil oft unverständlich-mehrdeutig oder gar 'dunkel'. Auch hierfür wollen wir zunächst ein einfaches Beispiel erörtern: J. von Eichendorff veröffentlichte 1839 ein zweistrophiges Gedicht (ohne Titel), aus dem die folgende (erste) Strophe stammt [3]:

(1) Hörst du die Gründe rufen
In Träumen halb verwacht?
O, von des Schlosses Stufen
Steig nieder in die Nacht.

Der Versuch, eine erste Lesart dieser vier Zeilen zu erstellen, könnte etwa zu folgendem Ergebnis führen:

(2) Des Nachts hörte er halb im Traum tief unten im Abgrund eine Stimme rufen. Vom Schlaf noch benommen, wandte er sich zur Treppe, die vom Schloß ins Tal führte, und stieg hinab.

In (2) ist ein klarer *syntagmatischer* Zusammenhang erkennbar: die einzelnen Sätze und die syntaktischen Glieder (Teilsätze) sind eindeutig aufeinander bezogen. In semantischer Hinsicht liegen korrekte Kontiguitätsbeziehungen (Kontiguität = Berührung) vor; es läßt sich ein Netz semantischer Bezüge in Form von Rekurrenzen ausmachen (Rekurrenz des Geschichtssubjekts "er"; Rekurrenz des Klassems [verschlafen] in "halb im Traum" und "vom Schlaf noch benommen"; semantische Kontiguität in "tief unten im Abgrund" und "ins Tal" usw.). Der Text ist auflösbar in einen (relativ) eindeutigen referentiellen Zusammenhang, d. h. alle sprachlichen Elemente beziehen sich – wie immer auch vermittelt – auf Wirklichkeitselemente. Wir könnten uns diese beiden Sätze als Textstück z. B. eines Schauerromans des 18. Jahrhunderts denken.

Ein solcher eindeutiger referentieller Zusammenhang *fehlt* hingegen bei Eichendorff selbst. (Unsere Lesart (2) ist daher willkürlich, schon allein deshalb, weil sie die Frageform außer Acht läßt.) Es fehlen bei ihm klare syntaktische Beziehungen (es bleibt unklar, ob sich die Zeile "In Träumen halb verwacht" auf das "Du" oder die "Gründe" bezieht), es wird auf eine Monosemierung von "Gründe" verzichtet. Sind die "Gründe" räumlich zu deuten als "Abgründe" oder "Täler", wie

z. B. in Eichendorffs Gedicht "Lockung" ("Lockt's dich nicht, hinabzulauschen / Von dem Söller in den Grund, / Wo die vielen Bäche gehen"), oder ist – weniger konkret – nur das Sem [tief] zu aktualisieren und wird damit auf den gesamten Komplex der romantischen Innerlichkeitsthematik hingezielt? Ähnliche Schwierigkeiten ergeben sich auch bei der Auflösung der letzten Zeile "Steig nieder in die Nacht". Wie ist hier die räumliche Dimension zu verstehen? "Nacht" erscheint zunächst ja als Ortsbestimmung zu 'niedersteigen' und könnte so den 'Abgründen' entsprechen. Doch sind (siehe oben) diese überhaupt gemeint? Zielt "Nacht" nicht auch in diesem Falle auf etwas anderes: auf das romantisch-mythische Verständnis der Nacht als "hohe Verkündigerin heiliger Welten" (Novalis) oder als Raum des Geheimnisvollen, Wunderbaren, Traumerfüllten? Und wie steht es – um ein weiteres Problem dieses kurzen Textes anzusprechen – mit dem ungewöhnlichen Verb "verwachen" (offenbar eine Neubildung Eichendorffs)? Wie ist das Präfix zu deuten? Wollten wir diese Fragen beantworten, müßten wir komplizierte Untersuchungen vornehmen, um den Stellenwert solcher Bilder wie "Gründe" oder "Nacht" im poetischen System der Eichendorffschen Lyrik und dessen pragmatisch-sigmatische Dimensionen festzustellen. Diese Untersuchungen brauchen hier nicht ausgeführt zu werden: denn bereits unsere *Fragen* reichen aus, um die These zu begründen, daß der kurze Eichendorff-Text offenbar bewußt auf Mehrdeutigkeit hin angelegt ist, und zwar ohne daß dem Leser im Gedicht selbst ein Indikator an die Hand gegeben würde, der es ihm erlaubte, die Polyvalenzen aufzulösen.

6.3. Hinweise zum Begriff "Mehrdeutigkeit"

Der eben verwendete Begriff "Mehrdeutigkeit" ist in der Literaturwissenschaft vorbelastet; denn hinter seinem Gebrauch verbirgt sich in der traditionellen Literaturwissenschaft eine recht verschwommene *Wertvorstellung*. Diese Wertvorstellung läßt sich ungefähr folgendermaßen beschreiben: je wertvoller ein künstlerischer Text ist, desto weniger eindeutig beziehbar ist er auf abgrenzbare Erfahrungssegmente, d. h. desto "vielschichtiger", desto rätselhafter ist er (vgl. z. B. den in der zweiten Lektion analysierten Artikel "Dichtung" des Wilpertschen Sachwörterbuches, in dem von "vielschichtiger Sinnfülle" die Rede war). Der Begriff "Mehrdeutigkeit" dient so in der traditionellen Literaturwissenschaft dazu, Dichtung zu einem "unerschöpflichen Ganzen" zu mythisieren, dem jeder begrifflich umschreibbare Bezug auf die historisch-konkrete Wirklichkeit abgehen soll.

In *diesem* Sinne haben wir nicht von Mehrdeutigkeit gesprochen. Denn die Mehrdeutigkeit des Kleistschen Textes liefert diesen ja offensichtlich nicht interpretatorischer Beliebigkeit aus. Sie ist eine diskursiv-begrifflich faßbare, d. h. in der Form des Sowohl-Alsauch umschreibbare Mehrdeutigkeit; sie beruht auf der Existenz zweier Isotopien, die sich eigentlich gegeneinander ausschließen und dennoch durch dieselben Wörter konstituiert werden.

Dies ist der eine Typ von Mehrdeutigkeit – eine Mehrdeutigkeit, zu deren Beschreibung die Kenntnis des Textes selbst hinreicht. Da literarische Texte sehr häufig und bewußt heterogene Isotopien aufbauen (die in der Regel allerdings weit komplizierter und weniger leicht erkennbar sind als in unserem Kleist-Beispiel), kann man mit einigem Recht sagen, daß der Aufbau heterogener Isotopien und die dadurch erzielte Mehrdeutigkeit ein typisches und in manchen Epochen bevorzugtes poetisches Textbildungsverfahren ist.

Auch der Eichendorff-Text enthält Mehrdeutigkeiten dieses Typs; denn "Gründe" und "Nacht" setzen sowohl das Sem [räumlich] als auch das Sem [tief] bzw. [metaphysisch] dominant. Beide Wörter sind also auf zwei sich gegenseitig ausschließenden Ebenen zu lesen. Gleichzeitig enthält der Eichendorff-Text jedoch noch eine andere, d. h. nicht auf der immanent auflösbaren Doppeldeutigkeit einzelner Wörter beruhende Mehrdeutigkeit. Denn das, worauf wir mit dem Sem [metaphysisch] hingewiesen haben, wird ja durch den Text allein nicht hinreichend deutlich. Was meinen hier "Gründe" und "Nacht" in metaphysischer Hinsicht genau? Diese Frage läßt sich nur durch Rückgriffe auf das historische Umfeld des Textes beantworten, d. h. durch Rückgriffe auf 1. das übrige Werk Eichendorffs, 2. den Kontext der romantischen Literatur und 3. den allgemeinhistorischen Kontext. Die zweite Art von Mehrdeutigkeit läßt sich durch eine Einbettung des Textes in seine ursprüngliche Kommunikationssituation, also durch eine pragmatische Analyse, relativ eindeutig auflösen, ja, sie bestand für die ursprüngliche Zielgruppe des Textes wahrscheinlich gar nicht und ist u. a. eine Folge historischer Veränderungen des Kommunikationssystems. Die erste Art hingegen läßt sich zwar in der Form des Sowohl-Alsauch begrifflich genau umschreiben, sie bleibt jedoch als Mehrdeutigkeit erhalten.

Wir wollen beide Arten von Mehrdeutigkeit – die durch Einbezug des pragmatischen Kontextes auflösbare und die als heterogenes Isotopienbündel beschreibbare – im folgenden durch die genaue Analyse eines poetischen Beispiels zu verdeutlichen suchen.

6.4. Komplexe Isotopien. Beispielanalyse von Benns Gedicht "Untergrundbahn"

(0) *Untergrundbahn*

(1) Die weichen Schauer. Blütenfrühe. Wie
(2) aus warmen Fellen kommt es aus den Wäldern.
(3) Ein Rot schwärmt auf. Das große Blut steigt an.

(4) Durch all den Frühling kommt die fremde Frau.
(5) Der Strumpf am Spann ist da. Doch, wo er endet,
(6) ist weit von mir. Ich schluchze auf der Schwelle:
(7) laues Geblühe, fremde Feuchtigkeiten.

(8) Oh, wie ihr Mund die laue Luft verpraßt!
(9) Du Rosenhirn, Meer-Blut, du Götter-Zwielicht,
(10) du Erdenbeet, wie strömen deine Hüften
(11) so kühl den Gang hervor, in dem du gehst!

(12) Dunkel: nun lebt es unter ihren Kleidern:
(13) nur weißes Tier, gelöst und stummer Duft.

(14) Ein armer Hirnhund, schwer mit Gott behangen.
(15) Ich bin der Stirn so satt. Oh, ein Gerüste
(16) von Blütenkolben löste sanft sie ab
(17) und schwölle mit und schauerte und triefte.

(18) So losgelöst. So müde. Ich will wandern.
(19) Blutlos die Wege. Lieder aus den Gärten.
(20) Schatten und Sintflut. Fernes Glück: ein Sterben
(21) hin in des Meeres erlösend tiefes Blau.[4]

Dieses Gedicht Gottfried Benns – es erschien 1913 in Benns zweiter Gedichtsammlung "Söhne. Neue Gedichte" – wirkt, zumindest auf den ersten Blick, schwer verständlich, wenn nicht gar zusammenhanglos und sperrt sich gegen eine unmittelbare Rezeption. Ziel unserer Analyse muß es also sein, seinen 'Kode' zu brechen. Wir bedienen uns dabei als praxisanleitender Methode des Sem-Suchverfahrens, das wir in der vorangegangenen Lektion eingeführt haben und nun in seinen Möglichkeiten und Grenzen überprüfen wollen.

Unsere Überlegungen, den roten (Thema-)Faden des Textes aufzuspüren, könnten mit der Überschrift beginnen: wir könnten fragen, ob mit "Untergrundbahn" das Themawort vorweggenommen wird, das die Textkohärenz bestimmt. Doch bleibt die denkbare referentielle Bezugnahme auf eine reale Geschichte (Fahrt mit der Untergrundbahn) ziemlich unbestimmt. Im Sinne unserer Suchanweisung (vgl. S. 68) könnten wir zunächst folgende Sememe zusammenstellen:

(I)	*Sememe*		*Kommentar*
(0)	Untergrundbahn	:	Ort des Geschehens
(4)	Frau	:	Personenrolle
(6)	Ich	:	Personenrolle
(6)	Schwelle	:	Standort des Ich
(11)	Gang	:	Standort der Frau

Es wird sofort erkennbar, daß diese Lesart – schon rein quantitativ – nicht sehr weit trägt. Wir sind also gezwungen, Sememe des Textes, die über ein gemeinsames semantisches Merkmal miteinander verbunden sind und dadurch Isotopien dieses Textes begründen können, zu Gruppen zusammenzustellen. Wählen wir "Frühling" als Ausgangswort einer zweiten Gruppe, so müßten dem sememischen Feld dieses Wortes folgende Ausdrücke zugerechnet werden:

II) Kontextuelles Sem	Semem-Reihe bzw. Reihe der Semem-Kombinationen		Kommentierende Paraphrase
	(1) weiche Schauer	:	warmer Frühlingsregen
	(1) Blütenfrühe	:	gerade geöffnete Blüten; früher Morgen — im weiteren Sinne: die ersten Frühlingstage, an denen sich Blüten zeigen
	(2) wie aus warmen Fellen kommt es aus den Wäldern	:	warme Luft, die sich in den Wäldern gestaut hat
	(3) Ansteigen des Blutes	:	Aufsteigen der Frühlingssäfte

[frühlingshaft]	(4)	durch all den Frühling	: Totalität aller Eindrücke, die den Frühling ausmachen
	(7)	laues Geblühe	: Frühlingshafte Atmosphäre von Wärme und Blütenduft
	(8)	laue Luft	: warme Frühlingsluft
	(16)	Gerüst von Blütenkolben	: Trauben von Blüten
	(19)	Lieder aus den Gärten	: Menschen, die in den Gärten Lieder singen

In Verbindung mit unserer ersten Lesart (Fahrt mit der Untergrundbahn) erhalten wir durch die Isotopie "Frühling" einen weiteren referentiellen Bezug auf Elemente eines Wirklichkeitszusammenhanges.

Eine dritte Isotopie kann mit Hilfe des kontextuellen Sems [erotisch] aufgefunden werden. Ihr sind zuzurechnen die Sememe:

III) Kontextuelles Sem		Semem-Reihe, bzw. Reihe der Sememkombinationen	Kommentierende Paraphrase
[erotisch/ sinnlich/ sexuell]	(3)	Ansteigen des Blutes	: erotische Erregung
	(4)	die fremde Frau	: Objekt der erotischen Sehnsucht
	(5)	der Strumpf am Spann	: erotisierendes Detail, zumal in puritanischen Zeiten (1913!)
	(7)	fremde Feuchtigkeiten	: ohne Kommentar
	(11)	wie strömen deine Hüften den Gang hervor	: erotisierendes Detail (Gang der Frau, Bewegung der Hüften)
	(12/13)	nun lebt es unter ihren Kleidern: nur weißes Tier	: elementare Sinnlichkeit

(16) Blütenkolben	:	"Kolben" = nach E. Borneman, Sex im Volksmund, Hamburg 1971 vulgärsprachl. für 'Penis'
(17) schwellen, schauern, triefen	:	ohne Kommentar
(18) müde	:	ohne Kommentar
(19) blutlos	:	ohne Kommentar

Wir können also unsere beiden ersten Lesarten erweitern um das Thema "Begegnung mit der Frau / erotisch-sexuelle Wunschvorstellungen".

Wenn wir uns nun – im vierten Schritt – die Einsicht Greimas' zu eigen machen, daß Bedeutungsgrößen nicht isoliert, sondern mit Hilfe unterscheidender gedanklicher Operationen (d. h. mit Hilfe von Disjunktionen bzw. Konjunktionen; vgl. S. 64 f.) *stets relational* wahrgenommen werden und uns fragen, welche Relationen in diesem Gedicht aufgebaut werden, so stoßen wir auf eine den gesamten Text strukturierende Grundopposition (IV), die durch die Opposition der Sememe "Ich" ('Mann') und "Frau" begründet wird (s. Schema S. 82).

Es läßt sich nun bei genauerer Analyse feststellen, daß eine Reihe von Sememen *mehrfach* anschließbar sind, d. h. sie können auf verschiedenen Bedeutungsebenen gelesen werden: so z. B. (16) "Blütenkolben" auf der Ebene "Frühling", aber auch auf der Ebene "Erotik/Sexualität", das Gleiche gilt für (1) "Schauer" und (17) "schauern"; für (0) "Untergrundbahn", für (11) "Gang" (transitiver und intransitiver Gebrauch von "hervorströmen"!) [installierbar auf der Ebene "Untergrundbahn" und der Ebene "Erotik/Sexualität"]; für (3) 'Ansteigen des Blutes' (zu lesen auf der Ebene "Frühling" und auf der Ebene "Erotik/Sexualität") usw. Wir können also feststellen, daß dieser Text auf der einen Seite zwar sehr stark mit den Möglichkeiten semantischer Kombinatorik spielt, daß sich auf der anderen Seite aber trotz aller Interferenzen eine relativ einheitliche Bedeutungsstruktur herauskristallisiert. Dies hat seine Ursache darin, daß sich die Grundopposition "Mann" vs. "Frau" (bzw. [männlich] und [intellektuell] vs. [weiblich] und [sinnlich/sexuell]) als vergleichsweise dominierend herausschält (sie bildet die hierarchiehöchste Ebene). Ohne allzu große

Kontextuelles Sem	Semem-Reihe, bzw. Reihe der Semem-Kombinationen	Kommentierende Paraphrase	versus	kontextuelles Sem	Semem-Reihe, bzw. Reihe der Semem-Kombinationen	Kommentierende Paraphrase
	(6) Ich :	Personenrolle			(4) Frau :	Personenrolle
	(14) ein armer Hirnhund :	— unter seiner Intellektualität leidend			(5) Strumpf am Spann :	
[männlich/ intellektuell]	(14) schwer mit Gott behangen :	— durch metaphysische Reflexionen belastet			(8) ihr Mund :	
	(15) Ich bin der Stirn so satt :	— Wunsch nach Aufhebung des permanenten Reflexionszwanges			(10) Hüften :	erotisierende Details
					(11) Gang :	
					(12) Kleider :	
					(13) Duft (usw.) :	
				[weiblich/ sinnlich/ sexuell]	(9) Rosenhirn :	in offensichtlicher Opposition zu "Hirnhund" [vorläufig nicht weiter kommentierbar]
					(9) Meer-Blut :	vorläufig nicht kommentierbar
					(9) Götter-Zwielicht :	vorläufig nicht kommentierbar
					(10) Erdenbeet :	vorläufig nicht kommentierbar

Gewaltsamkeit könnten wir im Hinblick auf diese Opposition den gesamten Text folgendermaßen referentiell auflösen: "Fahrt mit der Untergrundbahn an einem Frühlingstag; Begegnung des Mannes mit der Frau; erotisch-sexuelle Wunschvorstellungen des Mannes, die ausgehen von der Sinnlichkeit der Frau einerseits, der eigenen Intellektualität andererseits."

Allerdings läßt diese Lesart Fragen offen; sie betreffen insbesondere:

1. die Farb-Abwandlung (9) "Meer-Blut" zu (21) "Meeres ... Blau". Wir könnten "Meer-Blut" (zumal als Anrede an die Frau) problemlos auf der Bedeutungsebene IV (bzw. III) installieren, "Meeres ... Blau" – einen nicht rein privaten Kode vorausgesetzt – jedoch nicht.
2. die Anreden an die Frau: (9) "Rosenhirn", "Meer-Blut", "Götter-Zwielicht", "Erdenbeet". Im Vergleich zu den übrigen Attributen, die der Frau zugewiesen werden (Mund, Hüften, Gang usw.), wirken diese Anreden unverständlich, in jedem Falle hochgradig verschlüsselt. Allerdings enthält der Text auf Grund der Opposition "Hirnhund" vs. "Rosenhirn", die auf der Bedeutungsebene IV anschließbar ist, möglicherweise einen Indikator für die Entschlüsselung.
3. den Gedichtschluß. Zwar ist eine teilweise Lektüre auf den Ebenen II und III möglich, doch bleiben – wiederum einen nicht rein privaten Kode vorausgesetzt – die Semem-Kombinationen "Schatten und Sintflut", 'Hinsterben' "in des Meeres erlösend tiefes Blau" nicht anschließbar.

6.5. Zwischenergebnis

Es ist uns bisher mit Hilfe des Sem-Suchverfahrens gelungen, den Text hinsichtlich seiner Isotopien systematisch zu gliedern, wobei man die Isotopien 1–4 [die sich zu einem (relativ) homogenen Isotopienbündel zusammenfügen lassen] als Lektüren eines normal sprachkompetenten (d. h. nicht direkt durch literarhistorisch-kontextuelles Vorwissen beeinflußten) Lesers bezeichnen kann. Wir können darüber hinaus Aussagen machen über das kombinatorische Textbildungsverfahren, das wir bislang lediglich auf der semantischen Ebene beobachtet haben und bei genauerer Untersuchung in jedem Falle erweitern müßten um die Analyse formaler Textbildungselemente (phonolog. Ebene, syntakt.

Ebene, metrisch-rhythm. Ebene usw. Diese Aspekte klammern wir hier noch bewußt aus; vgl. dazu die 9. Lektion). Wir müssen jedoch zugestehen, daß wir mit dem bislang angewandten textimmanenten Verfahren sehr viel weiter nicht kommen werden, d. h. die zuletzt angesprochenen Fragen im Rahmen unserer bisherigen Analyseverfahren sehr wahrscheinlich nicht lösen können. Solche Zweifel scheinen indessen manche Interpreten, wie z. B. W. Killy, der Benns "Untergrundbahn" einer kurzen Analyse unterworfen hat [5], nicht anzuwandeln. Killy schreibt:

"Hier [in Benns Gedicht] wird Gebrauch gemacht von der Möglichkeit, die aus ihrem Zusammenhang abstrahierten Dinge, lyrische Potenzen, im Kunstzusammenhang ihre eigene Sprache sprechen zu lassen, welche umschreibend einkreist, nicht verständig darlegt. Dabei erläutert das Gedicht sich aus sich selbst, nach einem variablen System, in dem die zusammenfassenden Chiffren sich wechselseitig bestimmende Stellenwerte erhalten. So wie das Gedicht selbst ein System von Kombinationen lyrischer Potenzen darstellt, so gipfelt es in deren lakonischster Kombinationsweise, den nomina composita der an die *fremde Frau* gerichteten Anrufung

Du Rosenhirn, Meer-Blut, du Götter-Zwielicht,
Du Erdenbeet . . .

[. . .]. In der die Frau preisenden incantatio [. . .], in deren lakonischer Einheit, ist die Summe aller sonst unvereinbaren sinnlichen Fülle, aller im gelebten Leben widersprüchlichen Bereiche enthalten."

Wollen wir es hingegen mit der Beschreibung der rein semantischen Textkombinatorik, d. h. der im "Intext" "zirkulierenden" Bedeutung [6] nicht bewenden lassen und schöngeistige Platitüden von der Art etwa des letzten Satzes der zitierten Passage vermeiden, sind wir gezwungen, weitere gedankliche und methodische Operationen vorzunehmen. Greimas hat darauf hingewiesen, daß es eine objektive semantische Analyse von Lexemen oder Sememen, die für alle Zeiten gültig wäre, nicht geben kann, weil "Lexeme trotz [ihres] erstarrten Charakters der Ordnung des Ereignisses [angehören] und [. . .] insofern der Geschichte unterworfen [sind]. Das besagt, daß sich die Lexeme im Verlaufe der Geschichte mit neuen Semen anreichern, daß aber die gleiche Geschichte, d. h. im Extremfall der Abstand, der einen Kommunikationsprozeß vom andern trennt, [. . .] die Lexeme von bestimmten ihrer Seme entleeren kann." [7] Wenn nun Lexeme zwar "relativ beständige, aber nicht unwandelbare Kommunikationseinheiten" [8] sind, dann folgt daraus die Notwendigkeit, Texte mit Hilfe eines zur Zeit der

Niederschrift des Gedichtes gültigen Bedeutungsrasters zu erschließen. (Greimas spricht hier von einem "kulturellen Gitter" [9].)

Wir müssen deshalb bei unserer Analyse in Rechnung stellen, daß uns Bedeutungsaspekte dieses Benn-Textes schon allein deswegen entgangen sein können, weil einzelne seiner Lexeme im Verlaufe der Geschichte (der letzten 60 Jahre) möglicherweise Seme 'verloren' haben. Anders gesagt: wir müssen damit rechnen, daß der geschichtliche Kontext, in dem Benn stand, Lexeme mit Bedeutungen angereichert hat, die nur innerhalb eines damals gültigen (heute allenfalls rekonstruierbaren) Bezugssystems von Bedeutungen auflösbar sind, nicht aber innerhalb des Bezugssystems heutiger Interpreten.

6.6. Hinweise zur Rekonstruktion des "kulturellen Rasters"

Unsere Überlegungen haben uns bis zu dem Punkt geführt, an dem wir, um die Bedeutungsaspekte dieses Gedichtes vollständig zu beschreiben, mit der Rekonstruktion des "kulturellen Rasters" beginnen können (und müssen). Diese Rekonstruktion soll in zwei Arbeitsschritten vorgenommen werden: a) durch Rückgriffe auf das Werk Benns selbst und b) durch Hinweise auf den literarischen und außerliterarischen Zeitkontext, der das Bezugssystem und den Fundierungsrahmen für dieses Gedicht bildet. Unsere bislang rein textsemantische Analyse muß also um eine pragmatische Dimension erweitert werden, weil nur so jene Aspekte des Textes hervortreten können, die ihm als einem bedeutungshaltigen Kommunikationsgegenstand einer vergangenen Zeit anhaften.

1. Es ist besonders auffällig (und auch schon mehrfach nachgewiesen worden) [10], daß im Werkzusammenhang des Gedichtwerkes Benns (bis etwa 1920) Sememe wie "Blut" / "bluten", "Meer", "blühen" / "zerblühen", "entstirnen", "enthirnen", "die Schläfe zerschmelzen", "weich", "schwellen", "schwärmen", ferner "Mittag", "Sonne", "Süden", "Blau" (u. a.) erstens in ungewöhnlicher Häufigkeit und zweitens fast immer zusammen vorkommen (Beispiele sind etwa die Gedichte "D-Zug", "Reise", "Karyatide", "Ikarus"). Sie bilden ein semantisches Feld, das in bildhaften Abbreviaturen den Vorstellungskomplex einer rauschhaft-sinnlichen, mittelmeerisch-südlichen Welt, die Sehnsucht

nach einem Einsinken ins Vor- und Unterbewußte und nach einer Rückkehr in eine archaisch-mythische Zeit signifiziert. Benn selbst hat dieses semantische Feld als "ligurischen Komplex" [11] bezeichnet. Seine Bedeutung im Sinne einer Absage an die bürgerliche Zivilisation, an geschichtlichen Fortschritt und rationale Weltdurchdringung ist von ihm eindeutig festgelegt und immer wieder variiert worden. Benns programmatische Formel für diesen radikalen Antirationalismus lautet: "Das Gehirn ist ein Irrweg. Ein Bluff für den Mittelstand", und die entsprechende weltanschauliche Oppositionsparole gegen den Intellekt gipfelt in dem Satz: "Wir wollen den Traum. Wir wollen den Rausch. Wir rufen Dionysos und Ithaka!" ("Ithaka", 1914) [12]. 'Traum' und 'Rausch', 'Dionysos' und 'Griechische Welt' ("Ithaka") ihrerseits sind Zentralformeln der Kunstphilosophie Friedrich Nietzsches und von dessen Neuwertung des Mythos als Triumph über alle rationale Erkenntnis. (Wir kommen auf diesen Aspekt im folgenden noch zurück.)

Wenn nun in unserem Textbeispiel über den Gegensatz "Ich" ('Mann') vs. "Frau" die Opposition 'Intellektualität' vs. 'Sinnlichkeit' / 'Sexualität' aufgebaut wird, so ist zu vermuten, daß diese im Werkzusammenhang des frühen Benn an die (hier in aller Kürze umrissene) weltanschauliche Grundopposition angeschlossen werden muß. Freilich ist noch nicht eindeutig bewiesen, inwiefern die Isotopie 'Sinnlichkeit' / 'Sexualität' tatsächlich mit der Vorstellung eines Aufgehens in einer archaisch-mythischen Welt verbunden werden kann. Immerhin ist – auch für den heutigen normal-sprachkompetenten Rezipienten – erkennbar, daß mit den Anreden an die Frau (insbesondere in "Götter-Zwielicht" [Opposition zu: "Hirnhund . . . mit Gott behangen"] und in "Erdenbeet") eine mythische Dimension angesprochen ist.

2. An dieser Stelle ergibt sich also die Notwendigkeit einer genauen pragmatischen Rekonstruktionsarbeit. Wir versuchen, diese an einem Beispiel zu verdeutlichen, das eine (relativ) lückenlose Rekonstruktion zuläßt. Es ist nämlich keineswegs ein Zufall, daß die Reihe der Anreden an die Frau mit der Anrufung "du Erdenbeet" schließt. Die Befremdlichkeit dieser Wendung kann durch eine einfache Information zum sozio-kulturellen Kontext des Gedichtes für den gegenwärtigen Leser zwar nicht wirklich aufgehoben, aber doch (weil historisch erklärbar gemacht) eingeschränkt werden. 1899 hatten Alfred *Schuler*, Ludwig *Klages* und Karl *Wolfskehl* (Münchner Kreis der sogenannten 'Kosmiker') ein religionsgeschichtliches Buch über den antiken Mutterkult wiederentdeckt, das bereits 1861 erschienen, dann jedoch außerhalb der Fachwelt der Altphilologen und Mythenforscher weitgehend

in Vergessenheit geraten war: Johann Jakob Bachofens "Das Mutterrecht, eine Untersuchung über die Gynäkokratie der alten Welt nach ihrer religiösen und rechtlichen Natur" (1861; ²1897) [13]. Schuler, Klages und Wolfskehl (und mit ihnen auch andere Schriftsteller der Zeit um 1900) beuteten Bachofens mythengeschichtliche Theorien im Sinne damals aktueller Tendenzen aus, indem sie den Mythos als Gegenwelt zur zivilisatorischen Moderne und mythisches Denken als Gegenkonzept zu wissenschaftlich-rationalem und historischem Denken zu restaurieren suchten. Wenn z. B. Schuler und Klages in der "Erdmutter" die "chthonischen" (= erdhaften) Tiefen priesen und proklamierten ("zur mutter flüchten wir mit weinlaub und roten tänzergewanden – zur mutter eilen wir mit fackeln und den rosen der wonne" [14]), dann beriefen sie sich u. a. auf Bachofen. Wie das letzte Zitat bereits deutlich zeigt ("weinlaub" und "rote tänzergewande" verweisen auf den Dionysoskult), vollzog sich dieser Kult des Chthonischen wiederum in dem allgemeineren Rahmen der von Friedrich *Nietzsche* inspirierten Lebensphilosophie und der bei Nietzsche vorgegebenen Kultur- und Zivilisationskritik, die im "Verlust der mythischen Heimat, des mythischen Mutterschoßes" [15] den Krebsschaden der Moderne erkannt zu haben glaubte. Derartige Remythisierungstendenzen sind in historischer Perspektive Teil jener vernunftfeindlichen Regressionssehnsüchte, wie sie um die Jahrhundertwende in vielen Spielarten und unterschiedlichen politischen Perspektivierungen im Schwange waren – vom Appell an die irrationalen Kräfte des "Volks" und an nationale Mythen bis hin zum anarchistischen Protest gegen eine bürgerlich-zivilisierte Gesellschaft. Dieser allgemeine weltanschaulich-ideologische Zeithintergrund kann in seinen Differenzierungen hier selbstverständlich nicht dargestellt werden. Aber es dürfte doch deutlich geworden sein, daß die Anrufung der Frau als "du Erdenbeet" in Benns Gedicht "Untergrundbahn" auf der entworfenen Folie in ihrer Bedeutung sofort erschließbar wird. Das gilt auch für die übrigen Anreden an die Frau: "Rosenhirn", "Meer-Blut" und "Götter-Zwielicht". Alle diese Wendungen sind in ihren einzelnen Wortbestandteilen Teil des semantischen Feldes, das den "ligurischen Komplex" bildet, und begegnen in den Gedichten der Periode zwischen 1913 und 1920 in den unterschiedlichsten Varianten und Sememkombinationen (Kombinationen mit "Rosen" z. B.: "Sonne, rosenschößig, und die Haine blau durchrauscht" ["Ithaka"]; "O sängest du aus Götterweiten / einmal dies Rosenmöwenlied" ["O Geist"]; "Du, die Lippe voll Weingeruch, / blauer Ton-Zaun, Rosen-Rotte / um den Zug mykenischen Lichts" ["Kretische Vase"]; Kombinationen mit "Blut" / "Meer" z. B.: "Zermalmungsschauer / blaut küstenhaft wie Bucht das Blut" ["Aufblick"]; "Die Insel kränzt sternblaues Wasser um sich her / [. . .] und sättigt täglich sich am Meer / [. . .] Schon schwindet der Verknüpfungsdrang, / schon löst sich das Bezugssystem / und unter dunklem Hautgesang / erhebt sich Blut-Methusalem." ["Reise"] u. v. a.). Diese Sememe sind innerhalb des Feldes relativ frei kombinierbar, insgesamt aber in ihrer Bedeutung festgelegt und daher leicht zu entschlüsseln. Freilich verbietet es das ideologische Bezugssystem, auf das wir bei unserer bisherigen Analyse gestoßen sind, naiv davon zu sprechen, das Gedicht Benns erläutere sich "aus sich selbst nach einem variablen System" (Killy). Das ist zwar (mit gewissen Einschränkungen) im Hinblick auf den textinternen Aufbau richtig. Doch wer "Untergrundbahn" lediglich als "System von Kombinationen lyrischer Potenzen" deutet, unterschlägt jenes antimodernistische Irrationalismus-Syndrom, das der Text reproduziert und dessen Ausdruck er selbst ist. Denn wenn hier Intellektualität gegen rauschhafte Sinnlichkeit, Rationalität gegen das Vor- und Unterbewußte ausgespielt werden, dann ist es nicht möglich, von den eindeutigen und im Text systematisch aufgebauten Bezügen zu jenen Remythisierungstendenzen der Jahrhundertwende abzusehen, die im Gefolge Nietzsches (allerdings in dessen teilweisem Mißverständnis) Wissenschaftsfeindlichkeit, Anti-Gesellschaftlichkeit und Anti-Historismus predigten und das Prinzip rationalen Denkens zugunsten einer Hochwertung irrationaler Kräfte negierten. (Ein berühmtes Werk von Ludwig Klages trägt den bezeichnenden Titel: "Der Geist als Widersacher der Seele.") In diesem Kontext läßt sich im übrigen auch der Schluß des Gedichtes auflösen: sowohl (20) "Schatten und Sintflut" (vgl. zu "Schatten" die semantische Kontiguität zu "Zwielicht" in (9) "Götter-Zwielicht") als auch "Meer" und "Meeres . . . Blau" lassen sich eindeutig auf den skizzierten mythischen Komplex beziehen. Denn das Bild des Meeres wird im Kontext der Literatur um und nach 1900 sehr häufig als Symbol für ein mythisch verstandenes All-Leben eingesetzt, und "Blau" verbindet sich nicht nur 'automatisch' mit "Meer", es erscheint darüber hinaus auch bei Nietzsche (und u. a. im französischen Symbolismus) als Chiffre (= formelhaft verkürztes Zeichen bzw. Symbol) für einen mythischen (bzw. metaphysischen) Bereich. Bei Benn selbst signifiziert es außerdem den gesamten Vorstellungsbereich des 'Südens' [16].

Bei unserer Analyse sind wir zwar in systematisch aufeinander folgenden Schritten vorgegangen, doch ist bislang nicht genau geklärt, welcher Status dem von uns rekonstruierten kulturellen Raster im Hinblick auf den Textaufbau zukommt. Deutlich geworden sein dürfte allerdings wohl, daß eine adäquate Beschreibung der Bedeutungsschichten dieses Gedichtes nur auf der Basis von Zusatzoperationen möglich ist, die über die reine Textsemantik hinausgehen. Für sie werden wir in der nächsten Sitzung ein Modell entwickeln müssen.

Anmerkungen:

1 H. von Kleist: Sämtliche Werke und Briefe, hrsg. von Helmut Sembdner, Bd. 1. 2., Darmstadt 1962; Bd. 1, S. 177.

2 A. J. Greimas: Strukturale Semantik, Braunschweig 1971, S. 87.

3 1839 in der Novelle "Die Entführung" veröffentlicht; 1841 in der ersten Ausgabe der "Werke" mit weiteren Einzelgedichten bzw. -strophen zu einem Zyklus unter dem Titel "Nacht" zusammengefaßt. Hier zitiert nach J. v. Eichendorff: Werke, hrsg. von W. Rasch, Darmstadt 1966, S. 170.

4 G. Benn: Gesammelte Werke in acht Bänden, hrsg. von D. Wellershoff, Wiesbaden o. J.; Bd. 1, S. 31.

5 Walther Killy: Elemente der Lyrik, München 1972, S. 37-39; Zitat: S. 38 f.

6 Vgl. dazu: Siegfried J. Schmidt: Alltagssprache und Gedichtsprache. Versuch einer Bestimmung von Differenzqualitäten, in: Poetica 2 (1968), S. 298.

7 A. J. Greimas: Strukturale Semantik, a. a. O. S. 31.

8 Ebd. S. 32.

9 Ebd. S. 81.

10 Z. B. von R. Grimm: Gottfried Benn. Die farbliche Chiffre in der Dichtung, Nürnberg 1962. – Im übrigen sei hier auf das wichtige Hilfsmittel des Wortindex zu den Gedichten Gottfried Benns verwiesen: Index zu Gottfried Benn. Gedichte, bearb. von H. O. Horch, Frankfurt 1971.

11 Gottfried Benn: Ges. Werke, a. a. O. Bd. 4, S. 1076.

12 Gottfried Benn: Ithaka, in: G. B., Ges. Werke, a. a. O. Bd. 6, S. 1469-1479.

13 Den Nachweis hat erbracht: Hansjürgen Linke: Das Kultische in der Dichtung Stefan Georges und seiner Schule, München und Düsseldorf 1960, Bd. 1, S. 60 f.

14 Karl Wolfskehl: "Über die Dunkelheit", in: Blätter für die Kunst 3/5 (1896), S. 143.

15 Friedrich Nietzsche: Die Geburt der Tragödie, in: F. N., Werke in drei Bänden, hrsg. von K. Schlechta, München [2]1962; Bd. 1, S. 125.

16 Vgl. dazu z. B. die Dionysos-Dithyramben Nietzsches, a. a. O. Bd. 2, S. 1255. Zu Benn vgl. Reinhold Grimm, a. a. O.

7. LEKTION: DIE KONNOTATION

7.1. Stand der Diskussion

Wir haben uns seit der 5. Lektion mit dem Problem beschäftigt, wie literarische Texte Bedeutung aufbauen und welche analytischen Schritte der Literaturwissenschaftler vornehmen muß, um deren Bedeutungskonstitution zu untersuchen. Unser Ergebnis war, daß es in der Regel nicht ausreicht, mit Hilfe des textsemantischen Verfahrens der Sem-Analyse Isotopien eines Textes aufzufinden und zu fragen, wie diese sich zu einem Bedeutungsganzen ordnen. So mußten wir im Fall des als Beispiel gewählten Benn-Gedichtes ("Untergrundbahn") erkennen, daß dessen globale Bedeutung erst durch zusätzliche Operationen hervortrat, die wir vorläufig als Rekonstruktion eines 'kulturellen Rasters' beschrieben. Verstanden seien darunter fürs erste alle diejenigen Bedeutungsfaktoren, die als aus der literarhistorischen, allgemeinhistorischen, sozialen (usw.) Kommunikationswirklichkeit des Textes resultierende Interpretamente in die Bedeutungsanalyse einbezogen werden müssen, weil der Text offenbar auf sie Bezug nimmt und ohne ihre Kenntnis in wesentlichen Aspekten unverständlich bleibt. Dabei kann es (diese Voraussetzung sei sofort gemacht) nicht darum gehen, mehr oder weniger beliebige *allgemeine* geistes- und kulturgeschichtliche, historische, soziale (usw.) Fakten an die Texte anzuschließen: wir wollen vielmehr zur Bedingung erheben, daß der Text selbst verifizierbare, d. h. intersubjektiv erkennbare Indikatoren und Steuerungsmechanismen enthalten muß, die es bewirken, daß die Leser der ursprünglichen Bezugsgruppe ohne weiteres bestimmte Vorstellungen, Sachverhalte (usw.) realisieren, die ihnen den Text verständlich machen und die daher auch die verstehende Rekonstruktionsarbeit des Interpreten ermöglichen. Wir müssen uns also fragen, welcher Status solchen Indikatoren und Interpretamenten zukommt und wie die Rekonstruktionsarbeit des Interpreten sich näher beschreiben läßt.

7.2. Fünf Beispiele als Ausgangspunkt

Wir wollen uns diesen Fragen zunächst durch die Analyse von einigen kleineren Textbeispielen nähern, die unterschiedliche Indikationsweisen repräsentieren und zugleich erweisen, daß es sich hier nicht nur um ein Problem 'poetischer' Texte handelt.

1. Beispiel

Am 30. 4. 1974 brachte die WESTDEUTSCHE ALLGEMEINE ZEITUNG auf ihrer Seite "Aus aller Welt" die folgende Notiz:

> "AUCH DAS NOCH
> New York (ddp.). Schon im kommenden Sommer werden die ersten berittenen weiblichen Polizisten auf den Straßen von New York zu sehen sein. Insgesamt hatten sich für diesen Sicherheitsdienst hoch zu Roß 60 Frauen beworben. Bisher wurden nur fünf eingestellt."

Befragt, wie sie diesen Text läsen, konstatierten mehrere Versuchspersonen als wichtigsten Lektürefaktor *Ironie* (griech. = Verstellung); gebeten, anzugeben, worauf der Eindruck des Ironischen sich gründe, benannte man die *Überschrift* sowie die Wendung vom "*Sicherheitsdienst*" berittener weiblicher Polizei "*hoch zu Roß*". Offenbar wirkten hier der leichte Archaismus von "Roß" ("Roß" ist im gegenwärtigen Sprachgebrauch Ausdruck einer "gewählten" Stillage, es entsteht also ein leichter Stilbruch), vor allem aber der Anklang an die Redensart "Er sitzt auf dem hohen Roß" (für "Er ist stolz" oder auch "Er macht sich wichtig") als Indikatoren eines leicht ironischen Untertons, der in Verbindung mit der Überschrift "Auch das noch" ungefähr die Bedeutungsassoziation auslöste: 'Berittene Polizei = Männersache. Jetzt macht die Frauenemanzipation nicht einmal davor halt!' [oder ähnlich]. *Als Hintergrund dieser Bedeutungsassoziation können also relativ eindeutig sozial-kulturell fixierte geschlechterrollenspezifische Denkschemata ausgemacht werden.*

2. Beispiel

Eine 1974 im ZEIT-Magazin mehrfach veröffentlichte Reklame für einen Korn hatte folgenden Wortlaut:

Es gibt Spiele
und Schach,
es gibt Klare
und es gibt die 'Alte Ernte'.
EDLER FEINBRAND 'ALTE ERNTE'.

Der Anzeigentext (er ist durch den medialen Ort als auf eine relativ gehobene soziale Leserschicht abzielend ausgewiesen) fesselt die Aufmerksamkeit durch den besonders eindringlichen Einsatz formaler Mittel (Wiederholungsmuster wie z. B. syntaktischer Parallelismus,

Wiederaufnahmen des gleichen Wortes am Satzanfang [Anaphora] usw.), die wir an dieser Stelle jedoch nur am Rande erwähnen wollen (vgl. dazu genauer die 9. Lektion). Wichtiger für unsere gegenwärtigen Überlegungen ist, mit welchen Bedeutungsassoziationen der Text arbeitet und wie sie zustandekommen. Auffällig ist nämlich die Technik der inhaltlichen Analogiebildung, die sich bei näherer Analyse als ein Schein-Syllogismus (Syllogismus = logischer Schluß) erweist, der mit unterschwelligen Assoziationen spielt. Zunächst findet ein semantischer Verengungsprozeß vom Allgemeinen (Spiele) zum Speziellen (Schach) statt, der gleichzeitig als qualitative Steigerung angelegt ist, da der Rezipient zum Semem "Schach" automatisch "königliches Spiel" assoziiert. Die auf diese Weise aufgebaute qualitative Opposition zwischen "Spiele" und "Schach" überträgt der Leser – angeregt durch einen syntaktischen Parallelismus – mittels Analogieschluß auf die nachfolgende Relation zwischen "Klare" und "Alte Ernte". Der Text zwingt den Leser auf Grund syntagmatischer Verfahren, eine kodifizierte Assoziation auf ein anderes Satzglied zu übertragen. Er soll assoziieren: "Alte Ernte – der königliche Klare".
Das bleibt jedoch nicht der einzige Suggestivschluß, zu dem der Text verleiten will. Denn der Neologismus "Feinbrand" läßt automatisch (von den Werbetextern natürlich kalkuliert!) "Weinbrand" assoziieren bzw. schlußfolgern (vgl. auch die Verstärkung durch das Adjektiv "edel"): dieser Klare ist so "fein" wie Weinbrand. *Die Assoziation verläuft dabei offensichtlich über die phonologische Teilidentität von "Feinbrand" und "Weinbrand".*

Im *3. und 4. Beispiel* wollen wir nach den beiden Gebrauchstexten zwei einfach strukturierte literarische Texte analysieren, und zwar gleichfalls im Hinblick auf ihre Verfahren, Bedeutungsassoziationen auszulösen. Unser *dritter Text* stammt von F. C. Delius und wurde 1969 in der Gedichtsammlung "Wenn wir bei Rot" (Berlin 1969, S. 12) veröffentlicht:

Hofgeschrei

Wo ist der Ball?
Such sofort den Ball!
Du sollst den Ball suchen!
Such den Ball!
Wenn du den Ball nicht hast,
brauchst du gar nicht rauf zu kommen.
Du sollst den Ball suchen!
hab ich dir gesagt.

Da links in der Ecke.
Wo ist der Ball?
Komm ja nicht rauf ohne Ball!
Sofort sollst du den Ball suchen!
hab ich dir gesagt.
Wenn du den Ball nicht suchst,
brauchst du gar nicht rauf zu kommen.
Du sollst sofort
mit dem Ball raufkommen!
hab ich dir gesagt.
Wo ist der Ball?
Such sofort den Ball!
Du kriegst Dresche,
wenn du ohne Ball rauf kommst!
Komm sofort rauf!
Du sollst den Ball suchen!
hab ich dir gesagt!

Für unsere Zwecke ist es nicht notwendig, dieses Gedicht in allen Einzelheiten zu untersuchen. Es reicht aus, auf sein auffälligstes Merkmal zu verweisen: permanente Wiederholungen der immer gleichen Frage, des immer gleichen Befehls und der immer gleichen Drohung, die allenfalls leicht variiert werden (z. B. "Such den Ball!" – "Such sofort den Ball!" – "Du sollst den Ball suchen!" – "Sofort sollst du den Ball suchen!" usw.). Die Penetranz der Wiederholung von Befehl und Drohung (auf die einleitende und dann noch zweimal wiederholte Frage "Wo ist der Ball?" wird offensichtlich nicht einmal eine Antwort erwartet – ein Symptom gestörter Kommunikation) läßt automatisch das Vokabular der 'autoritären Erziehung' assoziieren und löst in Verbindung mit der Überschrift ("Hofgeschrei") Vermutungen über den sozialen Status des Sprechers aus (Mietskasernen- oder Wohnblock-Umgebung; Kleinbürger- bzw. Arbeitermilieu). Wir brauchen uns nur zu vergegenwärtigen, daß dieser Text 1969, also auf dem Höhepunkt der Studentenbewegung und der Diskussion um die antiautoritäre Erziehung veröffentlicht wurde, um erkennen zu können, auf welchen Kontext unsere Assoziationen bezogen sind. Ausgelöst werden sie hier durch eine vollkommene *Funktionalisierung formaler Strukturen: Rekurrenz (+ Variation) gleicher oder gleichartiger Textelemente.*

Unser *viertes Beispiel* schließlich haben wir Heinrich Manns Roman "Der Untertan" (1914) entnommen. Diederich Heßling, der Protagonist des Romans, übernimmt nach dem Tode seines Vaters als Erbe eine kleine Papierfabrik mit 12 Arbeitern, 3 Kontoristinnen und 1 Buchhalter und hält an seine "Untergebenen" die folgende 'Ansprache':

"Jetzt habe ich das Steuer selbst in die Hand genommen. Mein Kurs ist der richtige, ich führe euch herrlichen Tagen entgegen. Diejenigen, welche mir dabei behilflich sein wollen, sind mir von Herzen willkommen; diejenigen jedoch, welche sich mir bei dieser Arbeit entgegenstellen, zerschmettere ich."

Er versuchte, seine Augen blitzen zu lassen, sein Schnurrbart sträubte sich noch höher.

"Einer ist hier der Herr, und das bin ich. Gott und meinem Gewissen allein schulde ich Rechenschaft. Ich werde euch stets mein väterliches Wohlwollen entgegenbringen. Umsturzgelüste aber scheitern an meinem unbeugsamen Willen. [...]"

Droben legte Diederich vor Mutter und Schwestern seine Pläne dar. Die Fabrik war zu vergrößern, das hintere Nachbarhaus anzukaufen. Man mußte konkurrenzfähig werden. Der Platz an der Sonne!

Der Text zielt offensichtlich auf Parodie und Satire ab. Doch wodurch wird dieser Eindruck des Satirischen ausgelöst? Liegt der Grund nur in der Diskrepanz zwischen Anspruch und Wirklichkeit, Redepathos und Nichtigkeit des Gegenstandes, beliebten Techniken satirischen Stils? Die zeitgenössischen Leser haben zweifellos anders reagiert. Denn sie lasen diese Passage nicht nur als Ausdruck individueller Großmannssucht, sondern rezipierten sie auf ihrem Zeithintergrund. Die 'Ansprache' Heßlings nämlich parodiert Reden Wilhelms II. in Form von Schlagworten, Anspielungen und Zitaten. Wir zählen zunächst die wichtigsten dieser Anspielungen auf:

1. "Jetzt habe ich das Steuer selbst in die Hand genommen."	Vgl. die berühmte Karikatur der Londoner satirischen Zeitschrift "Punch" beim Sturz Bismarcks (1890) mit der Unterschrift: "Der Lotse geht von Bord" sowie die nicht minder berühmten Worte Wilhelms II. beim Regierungsantritt: "Der Kurs bleibt der alte. Volldampf voraus."
2. "selbst in die Hand genommen"	vgl. das von Wilhelm II. verkündete *"persönliche Regiment"*
3. "Mein Kurs ist der Richtige".	vgl. das in der Zeit nach 1890 geläufige Schlagwort vom *"Neuen Kurs"*
4. "Umsturzgelüste"	vgl. das 1878 gegen die SPD erlassene "Gesetz gegen die gemeingefährlichen

	Bestrebungen der Sozialdemokratie". "Umsturz" bedeutete für das konservative Bürgertum dieser Zeit nicht mehr und nicht weniger als "SPD". (Vgl. zur Gängigkeit des Schlagworts die gegen die SPD gerichtete (allerdings gescheiterte) sogenannte "Umsturzvorlage" von 1894/5.)
5. "Der Platz an der Sonne!"	Schlagwort der imperialistischen deutschen Kolonialpolitik.
6. der sich "noch höher" sträubende Schnurrbart	vgl. Abbildungen Wilhelms II. (Schnurrbart mit langen, nach oben gezwirbelten Spitzen)

Entscheidend für unsere Überlegungen ist nun, daß dieser Zeithintergrund nicht etwa durch den Erzählerbericht oder -kommentar aufgebaut wird (einzige Ausnahme: Nr. 6), sondern durch das Medium der Rede Heßlings selbst, die durch Schlagwort-Zitate und Anspielungen automatisch das gesamte Syndrom der Großmannssucht des wilhelminischen Kaiserreichs wachruft: Diederich Heßlings Firmen-Übernahme parodiert den Regierungsantritt Wilhelms II. Seine Produktionserweiterungspläne persiflieren nicht nur den imperialistischen Expansionsdrang der späten achtziger und der neunziger Jahre; sie lassen unterschwellig vor allem historische Zusammenhänge zwischen dem Wirtschaftsimperialismus und der imperialistischen Kolonialpolitik des Kaiserreichs aufblitzen, ohne sie natürlich explizit zu machen: Die *Reflexion* wird dem Leser überlassen. *Des Lesers Assoziationen, dies sei noch einmal festgehalten, werden gelenkt durch eindeutig wiedererkennbare Schlagworte, Zitate (usw.), die die satirische bzw. parodistische Bedeutungsfestlegung steuern und den Text im historischen Kontext verankern.*

Unser *letztes Beispiel* soll ein visueller 'Text' sein, dessen Bedeutung gleichfalls durch Interpretamente zu erschließen ist, die auf ein spezielles, beim Leser vorausgesetztes Wissen abheben, und zwar (interessanterweise) auf ein literarisches Wissen.

Im Oktober 1972 stellte die damals neu gegründete Zeitschrift "Essen und Trinken" ihr erstes Heft mit einer Anzeige vor, die in anderen Blättern des Verlagshauses Gruner + Jahr erschien. (Wir beschränken unsere Wiedergabe hier auf einen Ausschnitt).

Die Anzeige wendet sich an ein spezielles Zielpublikum: das einer kaufkräftigen oberen Mittelschicht, und hier wiederum speziell an den Typ der intelligenten jungen (Haus)frau mit Sinn für eine gepflegte, modernen ernährungsphysiologischen Erkenntnissen entsprechende und kulinarischen Ansprüchen genügende Eßkultur. Ihr soll unter anderem suggeriert werden, wie man "schlemmen" und dennoch "schlank bleiben" kann. Der Text "schlemmen und schlank bleiben" interpretiert das Bild von der schönen Nackten im 'schlank' machenden Apfel. Aber es ist klar, daß diese interpretierende Bildunterschrift das semantische 'Überschußpotential' des Bildes nicht trifft: denn das Bild vermittelt assoziativ zunächst nicht so sehr die Bedeutung 'schlank sein', als vielmehr die Bedeutung 'erotisch anziehend' sein. Dieser Bedeutungsaspekt kommt (auf einer ersten Ebene) natürlich durch den weiblichen Reiz der nackten Hübschen zustande, er zielt zugleich aber – und das ist dominant – auf ein kulturell verfügbares Wissen. Denn daß die verführerische Frau im Evaskostüm den Leser aus einem Apfel heraus anlächelt, ist natürlich kein Zufall und nicht etwa der 'schlank' machenden Wirkung dieses Obstes zuzuschreiben. Hier wird in eindeutiger Weise etwas 'zitiert': die biblische Geschichte nämlich von der Verführung Adams durch die ihm von Eva dargebotenen verbotenen Früchte vom Baume der Erkenntnis (1. Mose, 3), die traditionell in bildender Kunst und Literatur als Äpfel dargestellt werden. Auf Grund seiner religiös-kulturellen Erziehung und literarischen Kenntnis kann (und soll) hier jeder Leser die reduzierte Variante der Sündenfallgeschichte wahrnehmen: Eva verführt Adam. Bild und interpretierende Unterschrift sind zu einer Bedeutungskomplexion verbunden, die in der durch das 'Zitat' automatisch realisierten Bedeutungseinheit 'Verführung' gipfelt. Diese Bedeutungseinheit ist assoziativ sowohl mit der Bedeutungseinheit "schlemmen" verbunden, als auch mit den Bedeutungseinheiten "schlank sein" / "erotische Wirkung". Es ergibt sich ein Bündel von Bedeutungen, die sich um das Bild-Zitat gruppieren und die zu einem auf den ersten (?) Blick widersprüchlichen, aber umso anreizenderen Gebrauchswertversprechen führen: wenn Sie unsere Zeitschrift kaufen, können Sie sowohl schlemmen als auch schlank und verführerisch bleiben (werden?)".

7.3. Das Phänomen der Konnotation I

Wir müssen uns im Anschluß an unsere Beispielkette fragen, welcher Stellenwert unseren Bedeutungsassoziationen zukommt: waren sie zufällig, beliebig, subjektiv oder waren sie notwendig für die vollständige Rezeption der Texte? Wodurch wurden sie überhaupt ausgelöst? Wie verhalten sie sich zum Ausgangstext und wie lassen sie sich beschreiben? – Rekapitulieren wir zunächst die von uns analysierten Auslösefaktoren und Assoziationseinheiten. Im ersten Beispiel verlief die Assoziation über Ironie-Indikatoren des Textes. Assoziiert wurden sozial-kulturell fixierte Denkschemata. Beispiel 2 operierte mit einer

Redensart-Reminiszenz bzw. mit einer über phonologische Teilidentitäten laufenden Assoziation. Auslösefaktor im dritten Beispiel war die Funktionalisierung der Form, die durch Wiederholungsverfahren eine Bedeutungsassoziation im Hinblick auf einen bestimmten Kontext auslöste. Das vierte Beispiel schließlich verwies durch Zitate usw. auf einen historischen Hintergrund, auf dem der Text wahrgenommen wurde: die Rede Heßlings erhielt dadurch gleichsam eine zweite Dimension. Ähnlich verhielt es sich auch mit unserem letzten Bildbeispiel: es zielte auf ein durch kulturell bzw. literarisch verfügbares Wissen erweitertes Bedeutungssystem ab. In jedem einzelnen Falle ging unsere Bedeutungsassoziation vom Text aus, aber gleichsam über den Text hinaus.

Dieses Phänomen, dem wir uns hier recht allgemein und umschreibend genähert haben, wird in der literarischen Semantik als *Konnotation* (= Mit-Bedeutung) bezeichnet. Der Begriff wurde von dem dänischen Sprachwissenschaftler Louis *Hjelmslev* (in: Prolegomena to a Theory of Language [1943], vgl. S. 22) in die Sprachwissenschaft eingeführt (Hjelmslev seinerseits übernahm ihn von dem engl. Philosophen John Stuart Mill [1806-1873]: Konnotativ ist für Mill ein Wort dann, "wenn es außer einem Gegenstand auch eine seiner Eigenschaften bezeichnet" [1]). Hjelmslev unterschied zwischen einem denotativ genannten Zeichensystem erster Ebene und einem das erste System überlagernden konnotativ genannten Zeichensystem zweiter Ebene (vgl. dazu das Schema) [2]. Wir übergehen für unsere weiteren Überlegungen Hjelmslev selbst (da dessen Zeichenbegriff für unsere praktischen Bedürfnisse etwas zu kompliziert ist [3]) und orientieren uns am Begriff der Konnotation, wie er 1964 in Anlehnung an Hjelmslev von dem französischen Semiologen *Roland Barthes* als systematischer Begriff der Semiotik entwickelt worden ist.[4]

Ausgehend vom Zeichenbegriff de Saussures unterschied Barthes eine erste (denotative) Ebene der Relation von Signifikant und Signifikat, über der und mit deren Hilfe sich eine zweite (konnotative) Ebene bildet, und zwar derart, daß die erste Ebene zum Signifikanten der zweiten wird. Graphisch läßt sich dieser Sachverhalt folgendermaßen darstellen: (s. das Schema auf S. 99)

Wir wollen versuchen, uns das Schema am Beispiel eines einzelnen Semems zu verdeutlichen. Stellen wir uns vor, ein Ur-Bayer sagt zu einem norddeutschen Touristen, dessen Verhalten und Redeweise ihm nicht gefallen, "Du Praiß!". Dieser Ausdruck denotiert "Preuße", konnotiert auf einer ersten Stufe "Norddeutscher" [5] und auf einer zweiten Stufe

(2) Zeichen

Ebene d. Konn.	2	Signifikant		Signifikat
Ebene d. Den.	1	Signifikant	Signifikat	

(1) Zeichen

"Depp" oder "Idiot". Oder nehmen wir – um bei den bereits diskutierten Beispielen zu bleiben – das Semem "Umsturz" in Diederich Heßlings Rede, dann *denotiert* dieses Semem die lexikalische Bedeutung und *konnotiert* "SPD". In beiden Fällen handelt es sich um Konnotate, die in einem gegebenen Kontext dem Ausgangswort substituiert (= unterschoben) werden. Insbesondere das letzte Beispiel ("Umsturz"/"SPD") macht das Funktionieren der Konnotation deutlich: dem Zeichen / umsturz / wird ein neues Signifikat zugeordnet, das im bürgerlich-kollektiven Kode der Bismarckzeit und der Zeit des Wilhelminismus verankert ist und nur als ein komplexes Bündel von Bedeutungen faßbar wird (global um das semantische Feld 'bürgerliche Revolutionsfurcht' zentriert.) Wir wollen daher mit Umberto Eco Konnotation definieren als "die Summe aller kulturellen Einheiten, die ein Signifikans [= Signifikant] dem Empfänger institutionell ins Gedächtnis rufen kann. Dieses 'kann' spielt nicht auf psychische Möglichkeit an, sondern auf eine kulturelle Verfügbarkeit." [6]

Konnotationen sind nicht selten an einzelne Wörter oder formelhafte Wendungen gebunden (vgl. konnotationsbesetzte Wörter vom Typus 'Stalingrad', 'Auschwitz', 'Watergate' usw., bzw. formelhafte Wendungen von der Art 'Ruhe und Ordnung', 'Freiheit oder Sozialismus' usw.). Doch kann man nicht davon ausgehen, daß dies der Regelfall ist. Zurückerinnert sei in diesem Zusammenhang daran, daß wir bei unserer Diskussion des Zeichenbegriffs vom Text als dem originären sprachlichen Zeichen ausgegangen sind. Der Text als Zeichen aber muß als komplexe Einheit gedacht werden [7], in der ein denotatives und ein konnotatives System zusammenwirken. Konnotative Bedeutungen können hier durch spezielle Verfahren aufgebaut werden (formale Effekte, Topoi, Klischees, Zitate, kulturspezifische Sinneinheiten usw.; vgl. unsere Beispielreihe). Es können so ganze Passagen, Handlungssequenzen oder auch ein ganzes Werk Träger einer Konnotation sein [8] (vgl. z. B. die Passage aus dem "Untertan" oder das Delius-Gedicht).

Denkbar ist ferner, daß Texte (dies ist insbesondere bei poetischen Texten sehr häufig der Fall) derart konnotativ überlagert werden, daß die denotative Bedeutung fast völlig hinter die konnotative zurücktritt.

Ein etwas komplizierteres Beispiel als die bislang erörterten mag diesen Sachverhalt verdeutlichen.

7.3.1. *Konnotative Überlagerungen in poetischen Texten. Benns Gedicht "Wir gerieten in ein Mohnfeld" als Beispiel*

Unser Beispieltext (wir haben ihn wegen der leichteren gedanklichen Anschließbarkeit an schon Bekanntes wiederum dem Frühwerk Gottfried Benns entnommen) wurde erstmals im Jahre 1913 veröffentlicht, und zwar in der expressionistischen Zeitschrift "Die Aktion" vom 26. II. 1913. Ein Titel fehlt, im Erstdruck (in dem das Gedicht allerdings innerhalb des Zyklus "Alaska" erschien) ebenso wie in allen weiteren Drucken des Gedichts.

(1) Wir gerieten in ein Mohnfeld,
(2) überall schrien Ziegelsteine herum:
(3) Baut uns mit in den Turm des Feuers
(4) für alles, was vor Göttern kniet.

(5) Zehn nackte, rote Heiden tanzten um den Bau und blökten
(6) dem Tod ein Affenlied:
(7) Du zerspritzt nur den Dreck deiner Pfütze
(8) und trittst einen Wurmhügel nieder, wenn du uns zertrittst.
(9) wir sind und wollen nichts sein als Dreck.
(10) Man hat uns belogen und betrogen
(11) mit Gotteskindschaft, Sinn und Zweck
(12) und dich der Sünde Sold genannt.
(13) Uns bist du der lockende Regenbogen
(14) über die Gipfel der Glücke gespannt.

Ausgehend von der These Greimas' [9], daß unterscheidende gedankliche Operationen, nämlich Disjunktionen (= Entgegensetzungen auf der Basis von Oppositionen) und Konjunktionen (= Verbindungen auf der Basis von Entsprechungen) die Strukturierung von Texten sowohl in der Produktion als auch in der Rezeption steuern, lassen sich in diesem Gedicht folgende Oppositionen erkennen:

1. die Grundopposition (1) “Wir” vs. (10) “Man”
2. die Opposition positiv / Wert vs. negativ / Unwert innerhalb einer Isotopie, die durch das kontextuelle Sem [religiös/christlich] zusammengehalten wird.

Die Opposition “Wir” vs. “Man” ist dabei innerhalb der Gesamtstruktur dominierend, bildet also die hierarchiehöchste Ebene. Wir können nun versuchen, die entsprechenden Sememe des Textes schematisch zu ordnen und kommen zu folgendem (vorläufigem) Ergebnis:

I. “Wir”	“Man”	
	[religiös / christlich]	
	Unwert	Wert
“Dreck”/“Wurmhügel”		“Gotteskindschaft”
		“Sinn und Zweck”
“zehn nackte rote Heiden”		
“um den Bau tanzen”		
	“vor Göttern knien”	
“dem Tod ein Affenlied blöken”		
Tod = “Gipfel der Glücke”	Tod = “der Sünde Sold”	
Tod = “lockender Regenbogen”		

Erkennbar ist, daß dieser Text nicht mit semantisch mehrfach kombinierbaren Semem-Reihen operiert, die unterschiedliche Lesarten ermöglichen, sondern mit oppositionellen Entsprechungen, die im Rezipienten einen gewissen Konnotationsautomatismus auslösen: denn er wird – sofern er als ‘Bildungsbürger’ die Sozialisationsinstitutionen Schule und Kirche durchlaufen hat – wahrscheinlich soziokulturell kodifizierte Bedeutungseinheiten wiedererkennen bzw. konnotieren. So wird er in (12) ein Zitat der Luther-Bibel identifizieren (Römer 6, 23: “Denn der Tod ist der Sünde Sold”), er wird zu dem (unter den

geistigen Voraussetzungen des "Man" negativen, des "Wir" aber positiven) Heilszeichen "Tod" (= "lockender Regenbogen") möglicherweise die positive Variante konnotieren (Regenbogen als Zeichen des Bundes Jehovas mit Noah; vgl. 1. Mose 9, 12 ff.). Außerdem wird er die "Heiden", die um den "Bau tanzen", höchstwahrscheinlich mit dem Konnotat "Turmbau zu Babel" verbinden. Auch dann, wenn er diese zitativen Hinweise *nicht* ohne weiteres erkennt, wird er vermutlich aufgrund des Wert/Unwert-Schemas zu einzelnen Begriffen bzw. Bildern automatisch die entsprechenden Antonyme (= gegensätzl. Begriffe) bzw. antonymischen Bilder ergänzen, so etwa zu "dem Tod ein Affenlied blöken" die antonymische Entsprechung "Gott ein Loblied singen", zu "vor *Göttern* knien" "vor *Gott* knien" usw.
Wir können daher unseren ersten Versuch einer systematischen Strukturierung der Bedeutungsebenen dieses Textes ergänzen um die entsprechenden Konnotate (Klammerzusätze):

II. "Wir"	"Man"	
	[religiös / christlich]	
	Unwert	Wert
"Dreck"/"Wurmhügel"	(Mensch = von Erde genommen)	"Gotteskindschaft"
	(Zwecklosigkeit)	"Sinn und Zweck"
"zehn nackte rote Heiden"	(Heidentum)	(Christentum)
"Um den Bau tanzen"	(babylonischer Turm)	
	"vor Göttern knien"	(vor Gott knien)
"dem Tod ein Affenlied blöken"		(Gott ein Loblied singen)
Tod = "Gipfel der Glücke"	Tod = "der Sünde Sold"	
Tod = "lockender Regenbogen"		(Regenbogen)

Nicht den sememischen Feldern der antonymischen Entsprechungen zuzuordnen ist vorläufig eine Gruppe von Sememen, in der das kontextuelle Sem 'rot' dominiert. Dazu gehören:

[rot] {
- Mohnfeld
- Ziegelsteine
- Turm des Feuers
- rote Heiden

Wir müssen uns jedoch fragen, ob nicht aufgrund der auffälligen Oppositionsstruktur auch diese Sememe sich dem Grundmuster des Textes einfügen lassen. Ein erster Hinweis auf diese Möglichkeit besteht darin, daß die Genetiv-Metapher (vgl. dazu genauer die 8. Lektion) (3) "Turm des Feuers" vorbereitet wird durch (2) "Ziegelsteine" und mit (5) "Bau" eine semantische Erweiterung erfährt. In Verbindung mit (5) "Heiden" läßt sich das anfänglich nur relativ vag ins Spiel gebrachte Konnotat "Turmbau zu Babel" eindeutig verifizieren, wie ein Blick auf die relevanten Passagen des ersten Buches Mose zeigt. Dort nämlich heißt es: "Und sie sprachen untereinander: Wohlan, laßt uns *Ziegel* streichen und hart brennen! [. . .] Wohlan, laßt uns eine Stadt bauen und einen *Turm*, dessen Spitze bis in den Himmel reicht; so wollen wir uns ein Denkmal schaffen." (1. Mose 11, 3-4)

Ein im Sinne unserer Konnotationsdefinition (vgl. S. 99: Konnotation = die "Summe aller kulturellen Einheiten, die ein Signifikans dem Empfänger institutionell ins Gedächtnis rufen kann") *erweitertes Konnotat müßte mithin lauten: Aufruhr, Aufstand gegen Gott.* Eine lockere assoziative Verbindung mit dem Farbwert "rot" ist möglich. Wir können also ohne Schwierigkeiten unser Schema um die bisher erarbeiteten Konnotate erweitern: (s. Schema S. 104)

Nicht aufgelöst ist bislang allein "Mohnfeld". Wir stellen dieses Problem noch etwas zurück und ziehen zunächst eine kurze Zwischenbilanz. Wir müssen uns fragen, welche Funktion in diesem Gedicht dem 'Konnotationsautomatismus' zukommt und wodurch er ausgelöst wird.

Bei unseren bisherigen Überlegungen ist deutlich geworden, daß der Text Schlüsselwörter und zitative Hinweise enthält, die den Leser zusätzliche Bedeutungseinheiten konnotieren lassen und die sich außerdem ohne Schwierigkeiten der Gesamtstruktur einfügen. Diese wiederum läßt sich als ein System von Oppositionen beschreiben, das durch permanente Umpolungen gebildet wird: was auf der Seite des "Man" als positiver Wert gilt, gilt auf der Seite des "Wir" als Un-Wert (z. B.

III. "Wir"	"Man"	
	[religiös / christlich]	
	Unwert	Wert
"Dreck"/"Wurmhügel"	(Mensch = von Erde genommen)	"Gotteskindschaft"
	(Zwecklosigkeit)	"Sinn und Zweck"
"zehn nackte rote Heiden"	(Heidentum)	(Christentum)
"Ziegelsteine" "Turm des Feuers" "Bau"	(Turmbau zu Babel)	
	"vor Göttern knien"	(vor Gott knien)
"dem Tod ein Affenlied blöken"		(Gott ein Loblied singen)
Tod = "Gipfel der Glücke"	Tod = "der Sünde Sold"	
Tod = "lockender Regenbogen"		(Regenbogen)

"Gotteskindschaft" vs. "Dreck" bzw. "Wurmhügel"), was auf der Seite des "Man" als negativer Wert gilt, gilt auf der Seite des "Wir" als positiver (z. B. Tod = "der Sünde Sold" vs. Tod = "Gipfel der Glücke") usw. Das formale Raster des Textes ist damit zwar annähernd ausreichend rekonstruiert, doch für seine Bedeutungsanalyse noch relativ wenig geleistet. Eine zusätzliche Schwierigkeit besteht darin, daß bei einem Text, der offenkundig so stark auf Konnotationen hin angelegt ist, die einfache Sem-Analyse nicht sehr weit trägt. Zudem steht zu vermuten, daß das Gedicht weitere versteckte Hinweise enthält, die der Leser realisieren muß, um den Text überhaupt verstehen zu können.

Wir greifen für die hier notwendig werdende Rekonstruktion eines "kulturellen Gitters" (vgl. S. 85) noch einmal auf das formal bereits analysierte Oppositionssystem zurück und versuchen, es inhaltlich etwas genauer zu fassen. Wir können dann sagen: auf der einen Seite

("Man") wird durch direkte zitatähnliche Hinweise die traditionelle christliche Metaphysik mit ihrem Wert- und Unwertsystem konnotiert, auf der anderen Seite ("Wir") dessen *Destruktion durch genaue Umkehrung*. Dies Verkehrungsprinzip, das wir zunächst als ein rein formales Verfahren des Textes ausgemacht hatten, ist darauf angelegt, selbst wiederum als ein zitativer Hinweis zu wirken, den die von Benn intendierten Leser automatisch rezipieren konnten. Wichtig in diesem Zusammenhang ist der Publikationsort: "Die Aktion" kann als die bedeutendste expressionistische Zeitschrift gelten. Es war also ein genau bestimmtes Lesepublikum angesprochen: die literarische Intelligenz der expressionistischen Generation. Innerhalb dieses Kontextes war das von Benn gemeinte Konnotat sofort erschließbar: das in den Jahren vor und um die Jahrhundertwende gängige und auf Nietzsches überaus wirkungsmächtige Schriften "Jenseits von Gut und Böse" und vor allem "Also sprach Zarathustra" zurückgehende Schlagwort von der "Umwertung aller Werte", das die Expressionisten aufgriffen, wenn sie zur Revolutionierung der bestehenden gesellschaftlichen und kulturellen Verhältnisse aufriefen.

7.3.2. *Exkurs zur Erschließung des "kulturellen Rasters"*

Aus der Art, wie Benn Nietzsche 'zitiert', läßt sich ziemlich genau auf das Denkverfahren in Nietzsches "Zarathustra" schließen: Nietzsche denkt gegen die traditionelle abendländische Metaphysik, und zwar so, daß die traditionellen Wertpositionen durch Umwertung verkehrt werden; sie bilden sozusagen das Negativraster seines Denkens (wie im übrigen auch seiner Sprache). Mit der Vision eines "Übermenschen" proklamiert er in "Also sprach Zarathustra" (1883-85) ein neues metaphysisches Ideal, als dessen Vorläufer und Prophet Zarathustra erscheint: Zarathustra ist der Denker, der allen Jenseitsträumen abgesagt und sich dem Diesseits zugewandt hat; er denkt die 'wahre Welt' nicht mehr als eine metaphysische "Hinterwelt", sondern als einen ewigen "Zusammenhang der Dinge". Zarathustra predigt die Vernichtung der überlieferten Philosophie, Religion und Moral, die Erhebung über den "alten" Menschen, den "Pöbel", der noch in metaphysischen Ideologien und daraus abgeleiteten moralischen und sozialen Zwängen befangen ist. Er negiert den Staat als "Pöbelherrschaft" der "Viel-zu-Vielen" und verkündet Freiheit und geistigen "Aristokratismus".

Was Nietzsche unter dem "Übermenschen" verstanden wissen wollte, bleibt unklar und zweideutig, hat aber gerade deshalb zu den vielfältigsten Interpretationen herausgefordert (bis hin zu faschistisch-rassistischen Deutungen).

Charakteristisch für die "Zarathustra"-Rezeption der Expressionisten (wie für deren Nietzsche-Rezeption überhaupt) war die irrationalistische Grundkomponente dieses Werkes: faszinierend erschienen vor allem der (schein-)revolutionäre Gestus der radikalen Negation der zeitgenössischen Gesellschaft und die Verherrlichung einer individualistisch-anarchistischen Aristokratie des "Geistes", die Formel von der "Umwertung aller Werte" und der Kult des Vitalistisch-Dynamischen als Ausdruck einer Opposition gegen die rationalen Zwänge der bürgerlichen Zivilisation.

So ist es kein Zufall, daß bereits im Jahre 1912, also ein Jahr vor der Publikation dieses Gedichtes, die Zeitschrift "Die Aktion" einen längeren Abschnitt aus dem III. Teil des "Zarathustra" abdruckte, und zwar den 8. Teil seiner Rede "Von alten und neuen Tafeln", in der zur Zerstörung des Erstarrten und Bestehenden aufgefordert wird.[10]

7.3.3. *Weiterführung der Analyse*

Es ist auf dem Hintergrund, den wir bis jetzt erarbeitet haben, zu vermuten, daß ebenso, wie auf der Seite des "Man" zitative Hinweise auf das traditionelle christliche Wertesystem zu finden waren, sich auch auf der Seite des "Wir" entsprechende Nietzsche-Hinweise aufdecken lassen (Hilfsmittel: Wortindex der "Werke"; im übrigen: Lektüre). Nachweisbar sind in der Tat u. a. die folgenden Entsprechungen:

1. *der "Regenbogen" als das neue Heilszeichen:*
   vgl. "Dort, wo der Staat aufhört, da beginnt erst der Mensch, der nicht überflüssig ist [...]. Dort, wo der Staat *aufhört* — so seht mir doch hin, meine Brüder! Seht ihr ihn nicht, den *Regenbogen* und die Brücken des Übermenschen?" [11]
   oder:
   "Den Schaffenden, den Erntenden, den Feiernden will ich mich zugesellen: den *Regenbogen* will ich ihnen zeigen und alle die Treppen des Übermenschen." [12]
2. *der Wunsch nach dem Tod des alten Menschen, damit der Weg für den "Übermenschen" frei werde:*
   vgl. "Möchten *Prediger* kommen *des schnellen Todes.* Das wären mir die rechten Stürme und Schüttler an Lebensbäumen!" [13]

3. *die Geste der Ich-Verachtung* ("Dem Tod ein Affenlied blöken"; "Du zerspritzt nur den Dreck deiner Pfütze / und trittst einen Wurmhügel nieder, wenn du uns zertrittst" usw.)
   vgl. "Was ist der *Affe* für den Menschen? Ein Gelächter und eine schmerzliche Scham. Und ebendas soll der Mensch für den Übermenschen sein: ein Gelächter oder eine schmerzliche Scham.
   Ihr habt den *Weg vom Wurme zum Affen* gemacht, und vieles ist in euch noch Wurm. Einst wart ihr Affen, und *auch jetzt noch ist der Mensch mehr Affe, als irgendein Affe.*" [14]
4. *der antizivilisatorische Affekt:*
   vgl. u. a. das Ausspielen eines *neuen "Heidentums"*: "Heidnisch ist das Jasagen zum Natürlichen, das Unschuldsgefühl im Natürlichen" [15].
5. Schließlich wird auf dem entwickelten Hintergrund auch das einzige bislang noch nicht dekodierte Bild vom "Mohnfeld" (vgl. S. 104) eindeutig erschließbar als konnotativer Hinweis auf die irrationale Welt des Rausches ("Mohn" [Rohstoff für die Opiumgewinnung] ist ein traditionell-literarisches Bild für Vision, Traum und Rausch).[16]

Aus unserer Analyse der Konnotationsstruktur des Gedichtes ergibt sich deutlich, daß die in der 6. Lektion gegebenen Hinweise auf das Irrationalismus-Syndrom der Zeit um 1900 auch an dieser Stelle anzuschließen sind. Eine weiterführende Erörterung hätte im nächsten Schritt die sozialgeschichtlichen Voraussetzungen dieses Phänomens zu klären und seine ideologiegeschichtliche Einordnung zu versuchen. Sie kann im Rahmen des Konnotationskapitels nicht geleistet werden. Doch werden wir im Zusammenhang der 12. und 14. Lektion auf dieses Problem allgemein zurückkommen.

Unsere bisherigen Ergebnisse, d. h. die Aufdeckung eines äußerst dichten konnotativen Verweisungssystems, lassen den Schluß zu, daß dieses Gedicht überhaupt nur konnotativ dekodierbar ist. Der Text selbst verweist durch einzelne seiner Elemente auf ein kodifiziertes (und textuell gebundenes) Kontextsystem, das somit als Element der Bedeutung mit in das Werk eingegangen ist. Als globale, nur kontextuell zu realisierende Bedeutungsebenen lassen sich also etwa die Konnotate "Destruktion" und "Umwertung aller Werte" festlegen.

7.3.4. *Das Phänomen der Konnotation II: die Konnotatoren.*

Abschließend müssen wir die Frage diskutieren, welcher Intersubjektivitätsgrad den von uns an den Beispielen 1-6 erarbeiteten Konnotationen zukommt und welchen Status sie haben. Die Lösung dieser

Frage ist umso wichtiger, als Konnotationsphänomene offenbar (vgl. besonders die Beispiele 3, 4 und 6) Gelenkstellen für die Interrelation von Texten und Kontexten darstellen können (vgl. dazu genauer die 13. Lektion). Feststellbar war für jedes der von uns diskutierten Beispiele, daß Konnotationen nicht auf emotionsgesteuerten subjektiven Assoziationen beruhen, sondern auf der [durch Zeitgenossenschaft und Zugehörigkeit zu sozialen Gruppen bzw. Klassen automatisch gegebenen oder historisch rekonstruierten] Verfügbarkeit eines sozialen oder kulturellen Kodes, der als wesentlicher Bedeutungsfaktor mit in den Text eingegangen ist. In jedem Einzelfalle sind in unseren Beispieltexten Verweisungselemente bzw. Indikatoren – wenn auch unterschiedlicher Art – nachweisbar. Ihnen kommt eine Steuerungsfunktion im Hinblick auf die Textrezeption oder historische Texterschließung zu. *Derartige Indikatoren im Text, die gleichzeitig die (bzw. den) Signifikanten der konnotativen Ebene bilden, bezeichnen Hjelmslev und Roland Barthes als Konnotatoren.* Hjelmslev definiert: "Connotator – Konnotator: Indicator which is found, under certain conditions, in both planes of the semiotic." [17] Konnotatoren sind also sprachliche Indikatoren, die die Konnotation lenken und auf beiden Ebenen, der denotativen wie der konnotativen (dort als Signifikanten), angesetzt werden müssen. In den Beispielen 4, 5 und 6 fungieren Zitate, Schlagwörter und Anspielungen als Konnotatoren. Konnotatoren können aber auch Stilistika oder phonologische Strukturen sein (vgl. für Fall 1 das erste Beispiel, für Fall 2 das zweite Beispiel). In jedem Falle aber muß es sich um kodifizierte (und damit erkennbare bzw. wiedererkennbare) Einheiten (Zeichen) handeln. Denn allein Kodifikation garantiert die Möglichkeit einer Textrezeption, die konnotative Elemente als intersubjektiv wahrnehmbare einschließt.[18]

Im übrigen läßt sich auch die Bedeutung einer Geschichte, d. h. komplexer narrativer Texte (vgl. oben S. 22 u. 70 sowie die 10.-12. Lektion), als Konnotation beschreiben. Denn dem (denotativen) Zeichensystem erster Ordnung ist hier jeweils ein (konnotatives) Zeichensystem zweiter Ordnung zugeordnet.

Anmerkungen:

1 Georg Klaus / Manfred Buhr: Philosophisches Wörterbuch, Leipzig [7]1970, Bd. II, S. 594.

[2] Louis Hjelmslev: Prolegomena to a Theory of Language, Madison [2]1963, S. 115.

[3] Vgl. dazu am besten: W. Busse: Das literarische Zeichen. Zur glossematischen Theorie der Literatur, in: J. Ihwe (Hrsg.), Literaturwissenschaft und Linguistik Bd. II, 2, Frankfurt 1971, S. 437, 454; theoretisch weiterführende, aber für die Bedürfnisse dieser praxisanleitenden Einführung gleichfalls zu komplizierte Überlegungen hat Karlheinz Stierle angestellt: K. Stierle: "Versuch zur Semiotik der Konnotation". in: K. S., Text als Handlung, Müncher 1975, S. 131-151.

[4] Vgl. dazu: Elements of Semiology, London [2]1969, S. 89 f, sowie: Mythen des Alltags, Frankfurt [2]1970, S. 93 f.

[5] Wir können uns fragen, ob wir diese erste konnotative Stufe überhaupt ansetzen müssen, d. h. ob sie idiomatisch nicht bereits so lexikalisiert ist, daß sie denotativ gelesen wird. Entscheidend ist das Problem aber nicht.

[6] U. Eco: Einführung in die Semiotik, München 1972, S. 108.

[7] Vgl. dazu Roland Barthes: Elements of Semiology, London [2]1969, S. 90: "[. . .] the common case of connotation will of course consist of complex systems of which language forms the first system (this is for instance, the case with literature)".

[8] Vgl. dazu: W. Busse, a. a. O. S. 451.

[9] A. J. Greimas: Strukturale Semantik, Braunschweig 1971, S. 14.

[10] Vgl. dazu u. a. Gunter Martens: "Im Aufbruch das Ziel. Nietzsches Wirkung im Expressionismus", in: Nietzsche. Werk und Wirkungen, hrsg. von Hans Steffen, Göttingen 1974, S. 115-166.

[11] Friedr. Nietzsche: Werke, hrsg. von K. Schlechta, München [3]1962, Bd. 2, S. 315.

[12] Ebd. S. 290.

[13] Ebd. S. 335.

[14] Ebd. S. 279.

[15] Friedr. Nietzsche: Werke, hrsg. vom Nietzsche-Archiv, Leipzig 1899 ff, Bd. 15, S. 254.

[16] Vgl. z. B. Novalis: Hymnen an die Nacht (1): "Köstlicher Balsam träuft aus deiner Hand, aus dem Bündel Mohn. Die schweren Flügel des Gemüts hebst du empor." (Novalis: Schriften, hrsg. von P. Kluckhohn und Richard Samuel, Bd. 1, Darmstadt 1960, S. 131).

[17] Hjelmslev, a. a. O. S. 138.

[18] Zum Phänomen der Konnotation vgl. im übrigen auch Frithjof Rodi: "Anspielungen. Zur Theorie der kulturellen Kommunikationseinheiten", in: Poetica 7 (1975), S. 115-134.

8. LEKTION: METAPHERN UND METONYMIEN

Wir sind im Laufe unserer Lektionen mehrfach auf Textbildungsverfahren gestoßen, die offenbar für sogenannte 'poetische' Texte von besonderer Bedeutung sind (vgl. unsere wiederholten Hinweise auf Wiederholungsstrukturen, auf komplexe Isotopien und konnotative Überlagerungen). Allerdings war es im Rahmen unserer *bisherigen* Lernziele nicht möglich, solche Verfahren in einem geschlossenen Zusammenhang darzustellen. Aufgabe der folgenden Lerneinheiten unseres Kursprogrammes wird es daher sein, einige wichtige Verfahren sekundärer Textbildung zu erörtern, die traditionellerweise als 'Poesie'-Signale gelten. Damit ist zugleich gesagt, daß diese Verfahren nicht 'poetisch' an sich sind, sondern literarischen Konventionalisierungen unterliegen, die es bewirken, daß ein Leser sie als 'poetisch' rezipiert.

8.1. Metaphorische und metonymische Prozesse

Aus praktischen Erwägungen wollen wir mit solchen Phänomenen beginnen, die man auf der Ebene der Semantik beschreiben kann (vgl. die Grundlegungen der 5. Lektion) und die seit der Rhetorik-Tradition der Antike als ein besonderes Merkmal poetischer Sprache gelten: den *Tropen* (Tropus = 'Wendung', 'Vertauschung'). Tropen beruhen auf semantischen Verschiebungsprozessen, auf der "'Wendung' des semantischen Zeichenpfeiles eines Wortkörpers vom ursprünglichen Wortinhalt weg zu einem anderen Wortinhalt" (Lausberg) [1]; sie sind also uneigentliche, bildliche Ausdrücke, in denen das Gemeinte nicht direkt ausgesprochen wird. Als Beispiel mag eine *Metapher* dienen: "Des Gerüchtes tönende Posaune". Die Metapher kann man als den Grundtropus schlechthin ansehen. Sie hat nicht zufällig immer wieder das Interesse der Poeten, Rhetoriker, Linguisten und Literaturwissenschaftler auf sich gezogen. Den Poeten galt sie als die "Königin der Wort-Figuren", die "geistvollste" und "scharfsinnigste", die "wunderbarste" und "fruchtbarste" [2], den Rhetorikern als Übungsfeld geistreicher Klassifizierungen, den Linguisten und Literaturwissenschaftlern schlicht als Problem [3]. Die Literatur zur Metaphorik ist heute nur noch für

Spezialisten überschaubar. Angesichts dieser Tatsache suchen wir uns auf das unumgänglich Notwendige zu beschränken und verzichten auch darauf, die traditionell-unterschiedenen Tropen-Typen einzuführen [4].

Unsere Überlegungen können zunächst an eine grundlegende Theorie Roman Jakobsons [5] über die bipolare Struktur der Sprache anknüpfen. Jakobson meint, daß es zwei prinzipiell unterschiedliche Weisen gibt, in denen Wörter in sprachlichen Verständigungsprozessen Beziehungen miteinander eingehen, nämlich: 1. *Similaritätsbeziehungen* und 2. *Kontiguitätsbeziehungen.* Wenn wir uns auf den Bereich der *Semantik* beschränken, so beruhen Similaritätsbeziehungen auf semantischer Ähnlichkeit (etwa "sprechen" und "sagen" im Gegensatz zu "sprechen" und "laufen"), Kontiguitätsbeziehungen auf semantischer "Berührung" (etwa "Lehrer", "unterrichten" und "in der Schule", woraus sich der Satz bilden läßt "Der Lehrer unterrichtet in der Schule", im Gegensatz zu "Blume", "bellen", "auf dem Mond"). Similaritätsbeziehungen gestatten es beispielsweise, aus einem Paradigma [= Beispielsklasse] etwa derjenigen Verben, die Bewegungsvorgänge ausdrücken (z. B. gehen, laufen, rennen, eilen, wandern, *schlendern* usw.), ein spezielles Verb auszuwählen (= Selektion), um es in eine aktuelle Rede einzufügen. In der aktuellen Rede erscheint es in linearer syntagmatischer Verkettung (= Kombination) mit anderen Bestandteilen der Äußerung, z. B. "Hans *schlenderte* langsam die Straße hinunter." *Similaritätsbeziehungen* gestatten es aber auch, Wörter miteinander zu kombinieren (oder auch: gegeneinander auszutauschen), die bestimmte *gemeinsame semantische Merkmale haben*: so führten etwa Ähnlichkeiten zwischen dem menschlichen Hals, dem oberen Ende einer Flasche und Engpässen im Verkehr zur Bildung und heutigen Bedeutung von engl. "bottleneck" [= Flaschenhals] [6]. Vergleichbare Ausdrücke im Deutschen sind etwa: Fuß des Berges, Augapfel, Buchrücken, Flußarm usw. *Kontiguitätsbeziehungen* ermöglichen die semantisch korrekte Verknüpfung von Wörtern zu einem Satz oder Text. So kann ich z. B. eine Satzfolge (einen Text) etwa der Art bilden:

(1) "Hans fuhr in seinem neuen Auto über Land.
Es regnete, und er mußte sich konzentrieren.
Plötzlich tauchte ein Schatten vor ihm auf.
Er trat sofort scharf auf die Bremse",

nicht aber den folgenden Text:

(2) "Hans fuhr in seinem neuen Auto über Land.

Meine Mutter hatte heute ein Kaffeekränzchen,
und er mußte sich konzentrieren. Plötzlich sagte
Tante Frieda ..."

Text (2) gilt als inkorrekt, weil in ihm die Kontiguitätsbeziehungen gestört sind[7].

Kontiguitätsbeziehungen ermöglichen ferner den assoziativen Austausch von Wörtern, die zwar *semantisch* keine gemeinsamen Merkmale haben (zwischen denen also keine Ähnlichkeitsbeziehungen bestehen), die aber wohl in einem realen, pragmatischen Zusammenhang stehen. So wird z. B. in dem Ausdruck "the english tongue" (wörtl.: die englische Zunge) / Die englische Sprache / eine assoziative Beziehung hergestellt zwischen dem Sprechorgan und der von ihm erzeugten Sprache. Andere Beispiele: "Er las im Schiller, als ich ihn traf" (Autor für das Buch); "Komm, trink noch ein Glas mit uns!" (Gefäß für den Inhalt); "Das Stadion tobte: 'Tor'!" (Ort für die an diesem Ort Anwesenden) usw. In der Rhetoriktradition werden nun solche sprachlichen Ausdrücke, in denen ein Semem durch ein anderes von *partieller Ähnlichkeit* ersetzt worden ist, als *Metaphern* geführt. Ausdrücke hingegen, in denen ein Semem durch ein anderes aufgrund einer *semantischen Kontiguität* der beiden Wörter ersetzt wird (vgl. die letzte Beispielreihe), werden als *Metonymien* bezeichnet.

8.2. Beschreibungsmöglichkeiten metaphorischer Prozesse I

Daß Metaphern auf Ähnlichkeitsbeziehungen beruhen, hat bereits die antike Rhetorik erkannt. Deren klassische Metapherndefinition lautet: "Metaphora brevior est similitudo" ("Die Metapher ist ein abgekürzter Vergleich", Quintilian, Institutio Oratoria 8, 6, 8). An einem konkreten Beispiel aufgelöst, besagt diese Definition: Werden in einem gewöhnlichen *Vergleich*, wie dem folgenden 'klassisch' gewordenen Beispiel: (1) "Achill war im Kampf stark wie ein Löwe" Sachbestandteil des Ausdrucks ("Achill war stark") und Vergleichsbestandteil ("wie ein Löwe") durch ein gemeinsames "tertium comparationis" (wörtl.: das Dritte des Vergleichs, also: der Vergleichspunkt, in dem zwei Dinge übereinstimmen) miteinander in Beziehung gesetzt (über die

Vergleichspartikel "wie"), so wird in der Metapher das 'tertium' nicht mehr ausdrücklich benannt. Vielmehr wird der verglichene Bereich mit dem Vergleichsbereich *identisch* gesetzt: (2) "Achill war ein Löwe im Kampf". Grundannahme dieser prädikativen Metapher ist, daß "Achill" und "Löwe" in einem gemeinsamen semantischen Merkmal übereinstimmen. Oder anders ausgedrückt: zwischen dem Wort (A) und dem Wort (Z) vollzieht sich der Übergang mittels eines "intermediären Wortes (I) [. . .], das in der Rede nie vorkommt"[8]:

$$A \longrightarrow (I) \longrightarrow Z$$

Mengentheoretisch läßt sich der Vorgang auch so verdeutlichen, daß man sagt: die Metapher "gründet sich auf eine wirkliche, mittels des Durchschnitts zweier Wörter manifestierte Identität."[9]

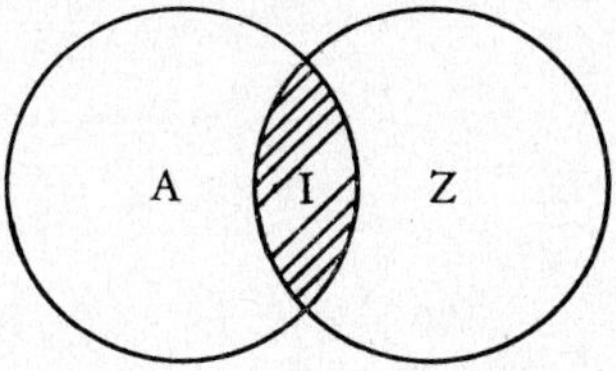

8.3. Formale Beschreibung des metonymischen Prozesses

Wir haben uns bei der formalen Beschreibung der Metapher zuletzt auf die "Allgemeine Rhetorik" von Jacques Dubois u. a. (Paris 1970/ München 1974) bezogen und übernehmen von ihm auch die entsprechende formale Darstellung der Metonymie. Metonymien entstehen, wie wir gezeigt haben (vgl. S. 112), durch den Austausch von Wörtern, die keine gemeinsamen Seme besitzen, sich aber doch innerhalb eines realen 'Bezugsrahmens' 'berühren'. In dem (im übrigen durchgängig metaphorischen) Satz

"Nicht so sehr das Abfüllen, sondern das Dosieren der Bonner Konjunkturspritze war ein dramatisches Geschäft" (Frankfurter Rundschau vom 13. XII. 74)

erscheint "Bonn" metonymisch für "die Bundesregierung". Anders ausgedrückt: Dem Ausgangswort (A) [die Bundesregierung] wird ein Zielwort (Z) [Bonn] substituiert. Der intermediäre Term (I) ist "Bonn" in seiner räumlichen und zeitlichen Gesamtheit (von der Bonn als Sitz der Bundesregierung ein Teil ist). (A) und (Z) sind also in einer größeren Ganzheit eingeschlossen [10]:

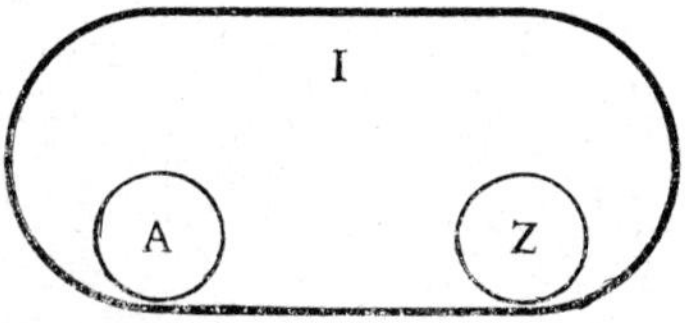

8.4. Beschreibungsmöglichkeiten metaphorischer Prozesse II

Unser bisheriger Versuch, Metaphern als um das 'tertium comparationis' verkürzte Vergleiche zu verstehen, reicht allerdings nicht aus, um *erstens* alle metaphorischen Prozesse hinreichend zu erklären und *zweitens* die tatsächliche Wirkung von Metaphern zu bestimmen. Nicht ohne weiteres mit Hilfe dieses Modells erklärbar sind z. B. Verbalmetaphern wie die folgenden:

(1) "Der Felder gelbe Winde schlafen still" (G. Heym, Ophelia)
(2) "Und die Segel blühen in dem Hauche" (Goethe, Seefahrt)
(3) "Der Abend wiegte schon die Erde
Und an den Bergen hing die Nacht" (Goethe, Willkommen und Abschied)

In diesen Beispielen wird Unbelebtes belebt [(1) und (2)], Abstraktes konkretisiert oder personifiziert (3). Es entstehen dabei eigentümliche Überlagerungen: denn natürlich sind die "Winde" und "Segel" keine belebten Wesen, die "Nacht" ist keine physikalische Größe, "Abend" und "Erde" sind keine Personen. Der Rezipient realisiert eine Spannung zwischen der ursprünglichen Bedeutung dieser Lexeme und ihrer sekundären metaphorischen Bedeutung, eine Spannung, die dadurch zustandekommt, daß die primäre Bedeutung im Bewußtsein erhalten bleibt. Ähnliches müssen wir natürlich auch für die (zunächst so einfach erscheinende) Metapher "Achill war ein Löwe im Kampf" konstatieren. Denn die Wirkung dieses Ausdrucks entsteht offenbar dadurch, daß erstens Achill kein "Löwe" ist und zweitens das Semem "Löwe" mit allen seinen Semen auf das Empfängerwort zurückwirkt, also nicht nur mit dem Sem [stark], sondern auch mit den Semen [wild], [mutig], [raubtierhaft] usw.

Um solche Übertragungsprozesse und Überlagerungsphänomene zu erklären, kann man sich als eines heuristischen Erklärungsversuches (vgl. zur Funktion heuristischer Annahmen S. 64) der sogenannten "Ummarkierungstheorie" Uriel Weinreichs bedienen, die von Klaus Baumgärtner erstmals explizit auf Probleme poetischer Textbildung angewandt worden ist.[11] Diese Theorie versucht, (in Erweiterung des Grammatikmodells N. Chomskys) solche Sätze zu erklären, die in semantischer Hinsicht als irregulär erscheinen. So verstoßen beispielsweise die Sätze (1) "Die Steine schreien" oder (2) "Die Segel blühen" gegen Selektionsbeschränkungen ("schreien" und "blühen" erfordern als Kontext ein Subjekt mit dem semantischen Merkmal [+ belebt]), sie können aber offenbar in entsprechenden Kontexten als *regulär* verstanden werden, wie etwa das Beispiel (2) erweist. Es entstammt einem Gedicht des jungen Goethe und bereitet im Textzusammenhang keinerlei Verständnisschwierigkeiten:

> [...]
> Alles wimmelt, alles lebet, webet,
> Mit dem ersten Segenshauch zu schiffen.
>
> Und die Segel blühen in dem Hauche,
> Und die Sonne lockt mit Feuerliebe;
> Ziehn die Segel, ziehn die hohen Wolken,
> Jauchzen an dem Ufer alle Freunde [...]. (Goethe: Seefahrt)

Weinreich und Baumgärtner erklären nun solche Ausdrücke wie "die Segel blühen" mit Hilfe des Modells der Merkmalübertragung. D. h. in metaphorischen Prozessen werden Bedeutungsmerkmale (Seme) von einer Bedeutungseinheit auf die andere übertragen, wobei normalerweise das Verb oder die verbale Komponente Ausgangspunkt des Übertragungsprozesses ist. Als Ergebnis des Übertragungsvorganges vom Bildspender zum Bildempfänger läßt sich festhalten, daß

a) bei Übereinstimmung des übertragenen Merkmals mit dem ursprünglichen Merkmal dieses als uninteressant reduziert wird,
b) bei Nichtübereinstimmung das übertragene Merkmal das ursprüngliche Merkmal 'ummarkiert', d. h. dominiert, ohne es dabei jedoch auszulöschen. Dieser *zweite* Übertragungsvorgang ist für den metaphorischen Prozeß entscheidend.

Aus dieser 'Ummarkierung' folgt
c) das Entstehen von Widersprüchlichkeiten [12].

Wir versuchen, diesen Prozeß an unserem Goethe-Beispiel etwas näher zu erläutern: der Ausdruck "die Segel blühen" ist darstellbar als ein Satz, der in eine Nominalphrase und eine Verbalphrase zerfällt. Das Nomen "Segel" besitzt u. a. die folgenden Merkmale: das kategoriale Merkmal [+ N] [= + Nomen] sowie die semantischen Merkmale [+ konkret] [–organisch] [–pflanzlich] [+ zum Schiff gehörig] usw., das Verb "blühen" ist darstellbar durch das kategoriale Merkmal [+V] und erfordert als Kontext ein Subjekt mit den semantischen Merkmalen [+ konkret] [+ organisch] [+ pflanzlich] usw. Für den Ummarkierungsprozeß ergibt sich, daß vom Verb aus bestimmte Merkmale übertragen werden: in erster Linie das Merkmal [+ organisch], das folglich das Merkmal [-organisch] im Nomen "Segel" ummarkiert, ohne es dabei auszulöschen. Des weiteren wird z. B. auch [+ pflanzlich] übertragen (das Merkmal [+ konkret] erscheint nach dem Übertragungsvorgang doppelt und wird daher reduziert). Formal läßt sich dieser Vorgang folgendermaßen darstellen:

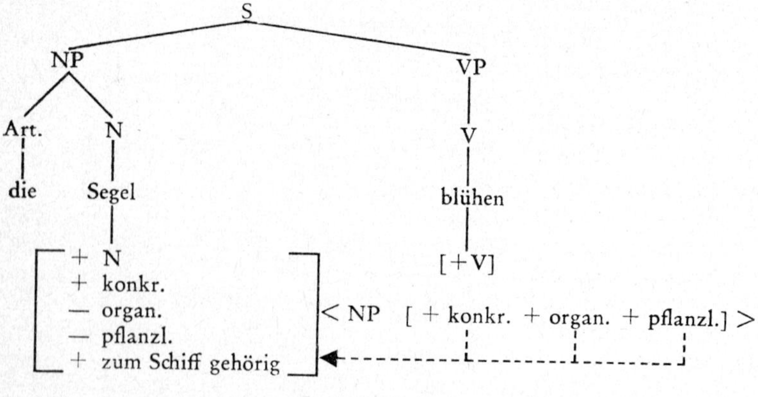

Nach dem Ummarkierungsvorgang ergibt sich folglich für "Segel" diese Merkmalkette:

Segel
[+ N
+ konkr.
+ organ.
+ pflanzl.
―――――
— organ.
— pflanzl.
+ zum Schiff gehörig]

Wir können also mit Hilfe dieser Theorie ablesen, wie bei der Realisation einer Metapher durch den Leser der Eindruck des Widersprüchlichen, Unvereinbaren, Paradoxen, Fremdartigen usw. entstehen kann: das Oszillieren zwischen Widersprüchlichkeiten gehört zu den zentralen Wirkungsmechanismen der Metapher.

8.5. Der metaphorische Kontext

Ob nun ein Ausdruck wie "Die Steine schreien" oder "Die Segel blühen" als regulär und verständlich angesehen wird oder nicht, hängt offensichtlich davon ab, ob in einem konkreten Text die Unvereinbarkeiten aufgelöst werden können, d. h. ob mit Hilfe einzelner Seme Isotopien des Textes begründet werden bzw. ob die metaphorisch aufeinander bezogenen Sememe auf bestehenden Bedeutungsebenen des Textes installierbar sind. Erinnern wir uns für einen Augenblick zurück an die Metapher "Turm des Feuers" in Benns "Wir gerieten in ein Mohnfeld". In dieser Metapher werden von dem Semem "Turm" (mit den Merkmalen [+ konkret], [+ hoch], [+ Bauwerk], [+ aus Stein] usw.) auf das Semem "Feuer" (mit den semantischen Merkmalen [+ konkret], [+ Verbrennungsvorgang], [+ Hitze] usw.) gewisse Merkmale übertragen, nämlich u. a. [+ Bauwerk]. Ergebnis ist auch hier das Entstehen einer Widersprüchlichkeit. Im *Kontext* allerdings hat der Autor das übertragene Sem [+ Bauwerk] bereits vorbereitet ("überall schrien *Ziegelsteine* herum: / *Baut* uns mit in den *Turm* des Feuers"). Er baut auf diese Weise jene Indikatoren auf, die zu dem von uns analysierten Konnotat "Turmbau zu Babel" führen. Mit Harald Weinrich [13] und Ulrich Suerbaum [14] wollen wir daher akzentuieren, "daß Metaphern, im Unterschied zu Normalwörtern, unter keinen Umständen von den Kontextbedingungen entbunden werden können. Ein beliebiges Wort *kann* isoliert gebraucht werden, z. B. in einer wortgeschichtlichen Untersuchung, also metasprachlich. Wer jedoch eine Metapher von jeglichem Kontext (und dazu ist natürlich immer auch ein Situationskontext zu rechnen) zu entblößen versucht, zerstört damit die Metapher. Eine Metapher ist folglich nie ein einfaches Wort, immer ein – wenn auch kleines – Stück Text. Man darf sich freilich nicht von der ewigen Feindin der linguistischen Analyse, der Orthographie täuschen lassen: 'Windrose', obwohl nach der deutschen Orthographie in einem Wort geschrieben, ist ein Stück Text, in dem das Element 'Wind' dem Element 'Rose' Kontext gibt und es zur Metapher hin determiniert." [15]

8.6. "Bildspender" und "Bildempfänger"

Wir haben in Abschnitt 8.3. u. a. eine Möglichkeit aufzuweisen versucht, verbale Metaphern zu erklären, da diese mit Hilfe des Similaritätsprinzips *allein* nicht ohne weiteres auflösbar waren. Dabei erwies sich, daß der Übertragungsprozeß – einen metaphorischen Gesamtkontext vorausgesetzt – vom Verb ausging: das Verb "blühen" fungierte in unserem Beispiel als "Bildspender", das Lexem in der Subjektposition (Segel) als "Bildempfänger", wie wir in Anlehnung an Harald Weinrich [16] sagen wollen. Doch wie ist die Übertragung bei Metaphern zu denken, die *kein* verbales Prädikat aufweisen? Gehen wir zunächst von den folgenden Genetivkonstruktionen aus:

"der Turm des Feuers" (G. Benn, Wir gerieten in ein Mohnfeld)
"der Sturm der Qualen" (G. Heym, Infernalisches Abendmahl)
"des Wahnsinns sanfte Flügel" (G. Trakl, In den Nachmittag geflüstert)

Für diese Metaphern kann man annehmen, daß sie auflösbar sind in einen prädikativen Ausdruck von der Art "das Feuer ist ein Turm", bzw. "der Wahnsinn hat sanfte Flügel". Es ist in diesen Fällen also möglich, Bildspender und Bildempfänger gleichfalls mit Hilfe der verbalen Satzkomponente zu bestimmen [17]. Als Faustregel kann man sich merken, daß bei sogen. Genetivmetaphern der Teil des Ausdrucks, der im Nominativ steht, als Bildspender fungiert, der genetivische Teil hingegen als Bildempfänger [18], also:

Bildspender	*Bildempfänger*
der Turm	des Feuers
der Sturm	der Qualen
sanfte Flügel	des Wahnsinns

Ähnliche Operationen können auch für andere metaphorische Ausdrücke vorgenommen werden, z. B. für weitere Genetivkonstruktionen (z. B. "schwarze Himmel von Metall" [G. Trakl, Winterdämmerung]), für *Appositionen* (z. B. "die Sonne tost, ein Purpurdrachen", [G. Heym, kata] und für *adjektivische Ausdrücke* (z. B. "Nachhallen die purpurnen Flüche / Des Hungers in faulendem Dunkel" [G. Trakl, Vorhölle]).[19]

Schwieriger hingegen liegt der Fall bei sogenannten Kompositionsmetaphern, wie z. B.

(1) Lilienfinger (Heine, Bergidylle)
(2) Feuerliebe (Goethe, Seefahrt)
(3) Herzstein (Celan, Sibirisch)
(4) Stundenholz (Celan, Eine Hand)

In (1) und (2) sind zwar Auflösungen möglich, wie wir sie für das triviale Beispiel "bottleneck" / Flaschenhals (vgl. S. 111) vorgenommen haben (Similaritätsbeziehungen; hier zwischen den Fingern [sc.: des Mädchens] und der Lilie über das Sem [weiß], zwischen der Liebe und dem Feuer über das Sem [brennend] bzw. [heiß]; vgl. aber auch hier Überlagerungsphänomene!). Doch lassen sich solche Similaritätsbeziehungen für die Beispiele (3) und (4) nicht mehr ohne weiteres entdecken. Diese Metaphern bleiben multivalent und komplex: ist z. B. in (3) gemeint 'das Herz des Steins' oder ist zu lesen 'der Stein des Herzens'; ist zu dekodieren 'der Stein ist wie ein Herz' oder 'das Herz ist wie ein Stein'? Welcher Teil der Metapher ist in "Stundenholz" Bildspender, welcher Bildempfänger? – Läßt sich keine unmittelbar sinnfällige Ähnlichkeitsrelation mehr auffinden, ist also der (kategoriale) Abstand zwischen den Metapherngliedern extrem weit [20] bzw. weisen die in der Metapher einander zugeordneten Glieder überhaupt keine semantischen Überschneidungen mehr auf, so spricht man von kühnen Metaphern (extrem weiter Abstand zwischen den Gliedern) oder von absoluten Metaphern[21] (Fortfall semantischer Überschneidungen). Allerdings läßt sich im Falle der absoluten Metaphorik mit Recht fragen, ob es überhaupt noch sinnvoll ist, eine derartige Stilfigur als Metapher zu bezeichnen. (Vgl. hierzu die ausführlicheren Hinweise in Anmerkung 20).

8.7. Konventionelle Metaphern – poetische Metaphern

Metaphorisches Sprechen kann generell nicht als etwas von 'normaler' Sprache Abweichendes, 'Irreguläres' angesehen werden: jedermann bedient sich in den alltäglichsten Situationen metaphorischer Redewendungen. Man vgl. nur die folgenden umgangssprachlichen Beispiele:

"Er hat 'nen Dachschaden"
"Er tickt nicht sauber"
"Die Uhr ist im Eimer"
"Sie ist eine alberne Ziege"
"Die Klausur ging in die Binsen"
"Er gießt sich einen hinter die Binde" (usw.)

Jedermann versteht ohne weiteres, wenn der Sportreporter eine Fußballmannschaft feiert, weil sie "ein Superspiel auf den Rasen gelegt" und damit ihren Gegner "aufs Kreuz gelegt" hat. Niemand nimmt Anstoß, wenn er liest, daß eine "Elf" (Metonymie!) "merklich einen Gang zurückschaltet", der Spieler x "Sturmspitze" spielt und der Spieler y das Spiel "im Mittelfeld ankurbelt" (sämtliche Beispiele aus einem Bericht der Frankfurter Rundschau vom 27. 5. 74 über das Spiel 1. FC Nürnberg – Wacker 04 Berlin). Derartige Ausdrücke sind offensichtlich bereits derartig lexikalisiert, daß sie nicht mehr überraschend oder ungewöhnlich wirken, genausowenig wie man andere lexikalisierte Metaphern wie z. B. Brückenkopf, Flußarm, Wolkenkratzer, Fuß des Berges (usw.) noch als Metaphern realisiert. Allenfalls dann, wenn ein Sprecher oder Schreiber in alltagssprachlicher Rede oder in Gebrauchstexten metaphorische Redeweise bewußt ausspielt, wird er Aufmerksamkeit erzielen. So mag der Leser (je nach Lese- und Informationsbedürfnis) ärgerlich oder schmunzelnd reagieren, wenn er in einem Kommentar der Frankfurter Rundschau vom 13. 12. 74 liest: "Nicht so sehr das Abfüllen, sondern das Dosieren der Bonner Konjunkturspritze war ein dramatisches Geschäft. Zu eifrig war der kleine Koalitionspartner darum bemüht, seinen Daumen der Wirtschaft zu leihen, um noch in allerletzter Minute einen größeren Strahl des wachstumsfördernden Saftes auf ihre Mühlen umzulenken" – Verständnisschwierigkeiten jedenfalls hat er nicht.

Anders jedoch in poetischen Texten, zumal solcher literarhistorischen Epochen, in denen die Vereinigung des Gegensätzlichen mit dem Ziel, Überraschung, Erstaunen, Befremden zu erregen, als besonderes Stilideal galt. Ein ästhetisches Programm der "*kühnen Metaphorik*", die das Disparateste zusammenzwingt, ist im 20. Jahrhundert insbesondere von den Surrealisten vertreten worden, so z. B. von André Breton, der die Forderung aufgestellt hat, "zwei Dinge miteinander [zu] vergleichen, die voneinander so weit entfernt sind wie möglich oder – ganz andere Methode – sie in überraschender Manier gegenüber[zu]stellen." [22] Texte, deren Bedeutungsaufbau diesem (oder einem ähnlichen) semantischen Konstruktionsprinzip folgt, setzen in der Regel einen speziellen ästhetischen Kode voraus. Sie durchbrechen bewußt konventionelle Sprachnormen und wirken 'verfremdend': sie hindern den Rezipienten an einer automatischen Dekodierung. In Verbindung mit anderen poetischen Textbildungsverfahren können sie die "ästhetische Funktion" der Sprache realisieren. Ein Werturteil ist damit freilich nicht impliziert: es gibt literarische Gattungen und Epochen, die diese Funktion in durchaus anderer Weise zu verwirklichen suchten.

Anmerkungen:

1 Heinrich Lausberg: Elemente der literarischen Rhetorik, München ^{3}1967, § 174.

2 Emanuele Tesauro: Il Cannocchiale Aristotelico . . . (1654); zitiert nach: G. R. Hocke, Manierismus in der Literatur, Hamburg 1959, S. 69.

3 Vgl. dazu insbesondere: Die Metapher (Bochumer Diskussion), in: Poetica 2 (1968), S. 100-130.

4 Vgl. dazu Lausberg, a. a. O. § 174-236; vgl. dazu die Neuinterpretation bei Jürgen Link: Literaturwissenschaftliche Grundbegriffe, München 1974 (Lektion 6).

5 Roman Jakobson: "Der Doppelcharakter der Sprache. Die Polarität zwischen Metaphorik und Metonymik", in: Literaturwissenschaft und Linguistik. Ergebnisse und Perspektiven, hrsg. von Jens Ihwe, Bd. 1, Frankfurt 1971, S. 323-333.

[6] Beispiel nach St. Ullmann: Grundzüge der Semantik, Berlin 1967, S. 74.

[7] Vgl. dazu näher: Wolfgang Dressler: Einführung in die Textlinguistik, Tübingen 1973, S. 38 f.

[8] Jacques Dubois (u. a.): Allgemeine Rhetorik, München 1974, S. 179.

[9] Ebd.

[10] Ebd. S. 196.

[11] Uriel Weinreich: Explorations of Semantic Theory (1966); dt.: Erkundungen zur Theorie der Semantik, Tübingen 1970.

[12] Vgl. dazu Klaus Baumgärtner: "Der methodische Stand einer linguistischen Poetik", in: Jahrbuch für internationale Germanistik 1 (1969), S. 37 f. – Baumgärtner schreibt: "Es scheint heute keine angemessenere Abbildung der Metaphorik zu geben" (sc.: als Weinreichs Ummarkierungstheorie) (S. 38). Hierzu vgl. auch die Modifikationen bei Werner Abraham und Kurt Braunmüller: "Stil, Metapher und Pragmatik", in: Lingua 28 (1971), S. 1-47. Zum Selbststudium sehr geeignet ist: Ursula Oomen, Linguistische Grundlagen poetischer Texte, Tübingen 1973 (bes.: S. 8-28).

[13] Harald Weinrich: "Semantik der Metapher", in: Folia Linguistica 1 (1967), S. 3—17.

[14] Ulrich Suerbaum: "Thesen", in: Die Metapher, a. a. O. (Anm. 3) S. 101. Suerbaum schreibt: "Im Gegensatz zum normalen Bedeutungsspektrum wird die metaphorische Funktion eines Wortes erst durch den Kontext geschaffen und ausschließlich durch ihn determiniert. Das Wort "Löwe" ohne Kontext hat eine gewisse eigentliche Bedeutung, aber keine metaphorische. Auch im Kontext sind besondere Metaphernindizien (oder -signale) erforderlich, um eine Aussage als metaphorisch zu determinieren."

[15] Harald Weinrich: Semantik der Metapher, a. a. O. (Anm. 13) S. 5.

[16] H. Weinrich: "Semantik der kühnen Metapher" in: Deutsche Vierteljahrsschrift für Literaturwissenschaft und Geistesgeschichte 37 (1963), S. 325-344; hier: S. 344.

[17] Vgl. dazu Klaus Baumgärtner, a. a. O. (Anm. 12) S. 38, und U. Oomen a. a. O. (Anm. 12) S. 17.

[18] Vgl. W. Kallmeyer (et. al.), Lektürekolleg zur Textlinguistik, Bd. 1, Frankfurt 1974, S. 166.

[19] Zu einer noch genaueren Grammatik der Metapher vgl. man: H. Plett: Einführung in die rhetorische Textanalyse, Hamburg [2]1973, S. 83-87 und U. Oomen, a. a. O. (Anm. 12) S. 21 f.

[20] Harald Weinrich ("Semantik der kühnen Metapher", a. a. O.) hat – entgegen der in unserem Text gegebenen Bestimmung die sich am gängigen Gebrauch in der Rhetoriktradition orientiert – am Spezialfall oxymorontischer Metaphern [Oxymoron = griech. 'scharfsinniger Unsinn' = widersprüchliche Verbindung von Wörtern; Beispiel: "schwarze Milch der Frühe" (Celan)] die These vertreten, kühn sei eine Metapher dann, wenn sie eine *geringe* Bildspanne habe, die infolge begrifflicher (kategorialer) Nähe zwischen Bildspender und Bildempfänger die Aufmerksamkeit in besonderer

Weise auf Widersprüchliches lenke ("schwarze Milch"). Doch scheint dies keine Erklärung für die "Kühnheit" von Metaphern zu sein, da der Wirkungsmechanismus aller Metaphern offensichtlich an zwei Bedingungen gebunden ist: 1. muß zwischen Bildspender (Löwe) und Bildempfänger (Achill) eine kategoriale Distanz bestehen (die etwa zwischen Tiger und Löwe nicht besteht, so daß die Metapher "Der Tiger war ein Löwe im Kampf" sinnlos scheint), 2. muß bei aller kategorialen Distanz hinsichtlich einiger weniger Eigenschaften eine exklusive Gemeinsamkeit zwischen den beiden Metapherngliedern bestehen (vgl. zur genauen Analyse dieser Struktur Karlheinz Stierle: "Aspekte der Metapher", in: Ders., Text als Handlung, München 1975, S. 154 ff.). Kühne Metaphern scheinen in aller Regel hinreichend beschrieben zu sein, wenn man bei ihnen eine geringere Gemeinsamkeit von Eigenschaften annimmt; oxymorontische Metaphern vom Typ "schwarze Milch" sind ein Grenzfall, bei dem tatsächlich zusätzlich die kategoriale Distanz zwischen Bildspender und Bildempfänger verringert wird.

21 Der Begriff stammt von Hugo Friedrich, der ihn in seiner Untersuchung "Die Struktur der modernen Lyrik" (Hamburg [4]1960) eingeführt hat.

22 André Breton, zitiert bei: G. R. Hocke, a. a. O. (Anm. 2) S. 69 f.

9. LEKTION: WIEDERHOLUNGSSTRUKTUREN

9.1. Vorbemerkung

Die seit den zwanziger Jahren unseres Jahrhunderts und insbesondere im letzten Jahrzehnt intensiv geführte Diskussion um die Neubegründung einer literaturwissenschaftlichen Poetik (= Wissenschaft von den ästhetischen Möglichkeiten sprachlicher Kommunikation) hat sich zentral mit der Frage beschäftigt, welche spezifischen Merkmale poetische Texte von anderen Texten unterscheiden. Als gesichert kann heute die Annahme gelten, daß es keine rein linguistischen Kriterien gibt, mit deren Hilfe poetische Texte von nicht-poetischen abzugrenzen sind. 'Poetizität' ist vielmehr eine Texteigenschaft [1], die dem Hörer oder Leser während des Rezeptionsvorgangs zunächst durch spezielle, nicht rein linguistische Signale zu erkennen gegeben wird. So signalisiert z. B. der Textanfang "Es war einmal ...", daß der Hörer oder Leser es nicht mit einem Sachtext, sondern mit einem bestimmten Typus erzählender Texte (Märchen) zu tun haben wird; der Textanfang steuert so von vornherein rezeptive Einstellung und Erwartung. Einen vergleichbaren Signalcharakter besitzen auch Metrisierung und Rhythmisierung, Reim, Versifikation und Strophenbildung, die automatisch bewirken, daß der Rezipient den Text als eine Äußerungsform besonderer Art auffaßt. Solche 'Anfangssignale' gehen in der Regel auf komplexe Zusatzstrukturen zurück, die poetische Texte organisieren. Diese Zusatzstrukturen beruhen auf kulturspezifischen Konventionen und Regeln; d. h. sie haben sich in der literarischen Tradition herausgebildet und sind deshalb als historische Variablen anzusehen. Durch sie stellt sich der Rezipient auf einen Wahrnehmungsmodus ein, der es ihm gestattet, die speziellen Textbildungsverfahren von Texten, die das sozialer Konvention unterliegende Merkmal [+ Poesie] tragen [2], als ästhetische aufzufassen. – Die wichtigsten dieser poetischen Textbildungsverfahren sollen uns im folgenden beschäftigen.

9.2. Brechts "Ballade vom Weib und dem Soldaten" als Einstieg

BALLADE VOM WEIB UND DEM SOLDATEN

1 Das Schießgewehr schießt, und das Spießmesser spießt
2 Und das Wasser frißt auf, die drin waten.

Was könnt ihr gegen Eis? Bleibt weg, s' ist nicht weis'!
Sagte das Weib zum Soldaten.

Doch der Soldat mit der Kugel im Lauf
Hörte die Trommel und lachte darauf:
Marschieren kann nimmermehr schaden!
Hinab nach dem Süden, nach dem Norden hinauf
Und das Messer fängt er mit Händen auf!
Sagten zum Weib die Soldaten.

Ach, bitter bereut, wer des Weisen Rat scheut
Und vom Alter sich nicht läßt beraten.
Ach, zu hoch nicht hinaus, es geht übel aus!
Sagte das Weib zum Soldaten.

Doch der Soldat mit dem Messer im Gurt
Lacht' ihr kalt ins Gesicht und ging über die Furt
Was konnte das Wasser ihm schaden?
Wenn weiß der Mond überm Schindeldach steht
Kommen wir wieder; nimm's auf ins Gebet!
Sagten zum Weib die Soldaten.

Ihr vergeht wie der Rauch, und die Wärme geht auch
Und uns wärmen nicht eure Taten!
Ach, wie schnell geht der Rauch! Gott behüte ihn auch!
Sagte das Weib vom Soldaten.

Und der Soldat mit dem Messer im Gurt
Sank hin mit dem Spieß, und mit riß ihn die Furt
Und das Wasser fraß auf, die drin waten.
Kühl stand der Mond überm Schindeldach weiß
Doch der Soldat trieb hinab mit dem Eis
Und was sagten dem Weib die Soldaten?

Er verging wie der Rauch, und die Wärme ging auch
Und es wärmten sie nicht seine Taten.
Ach, bitter bereut, wer des Weisen Rat scheut!
Sagte das Weib den Soldaten.

Fragen wir uns, was diesen Text von einem umgangs- bzw. alltagssprachlichen Text unterscheidet, so stoßen wir recht bald auf eine Reihe von Wiederholungsmustern, die in alltagssprachlichen Texten in der Regel fehlen bzw., sofern sie dort in Ausnahmefällen beobachtbar sind, niemals mit der gleichen Häufigkeit vorkommen. Gleich die erste Zeile der Ballade weist Parallelismen auf drei verschiedenen Ebenen auf: auf der phonologischen (Schieß-, Spieß-, schießt, spießt), der syntaktischen

(Identität der syntaktischen Struktur beider Sätze) und der semantischen (gemeinsame semantische Merkmale von Schießgewehr und Spießmesser sowie schießen und spießen).

Phonologische, syntaktische oder semantische Äquivalenzrelationen (Beziehungen zwischen teilweise gleichwertigen Größen) zu Beginn eines literarischen Textes bauen in der Regel ein Strukturgeflecht auf, das den Text insgesamt überzieht. In Brechts Ballade ist das besonders deutlich ablesbar an dem Binnenreim der ersten Zeile, der als formales Prinzip in jeder ersten und dritten Zeile der vierzeiligen Strophen wiederkehrt (schießt/spießt; Eis/weis'; bereut/scheut; hinaus/aus usf.). Den Binnenreimen der vierzeiligen Strophen entsprechen in den sechszeiligen Strophen die Endreime, die jeweils die erste und zweite und die vierte und fünfte Zeile dieser Strophen miteinander verbinden (Lauf/darauf; hinauf/auf; Gurt/Furt; steht/Gebet usf.). Auch die übrigen Zeilen sind jeweils mit dem Refrain durch einen Reim verbunden, worauf wir hier aber nicht eingehen wollen.

Den phonologischen Äquivalenzen, die die Ballade überziehen, entsprechen eine Reihe von syntaktischen und semantischen Parallelismen. Neben den Äquivalenzrelationen zwischen den Refrainvariationen ist der auffälligste Parallelismus derjenige zwischen den Eingangszeilen der 3 sechszeiligen Strophen:

(5) Doch der Soldat mit der Kugel im Lauf
(15) Doch der Soldat mit dem Messer im Gurt
(25) Und der Soldat mit dem Messer im Gurt

Der Parallelität der syntaktischen Strukturen entsprechen die semantischen Äquivalenzrelationen zwischen Kugel und Messer (gemeinsames semantisches Merkmal [Waffe]) und zwischen Lauf und Gurt (gemeinsames semantisches Merkmal [Aufbewahrungsort einer Waffe]).

9.3. Die poetische Textfunktion

Wir haben an Brechts "Ballade vom Weib und dem Soldaten" eine Reihe von rein formalen, linguistisch beschreibbaren *Strukturen* beobachtet, die das Ergebnis *zusätzlicher, textgrammatisch nicht notwendiger* Regeln sind. Poetische Texte lassen sich rein technisch dadurch definieren, daß in ihnen die Alltagssprache zusätzlichen Regeln unterworfen ist bzw. daß sie sekundäre textbildende Ordnungsmuster enthalten, die im Hinblick auf die alltägliche Mitteilungsfunktion der Sprache überflüssig scheinen.

Das wichtigste zusätzliche Verfahren in nicht-umgangssprachlichen, poetischen Texten beruht auf dem *Äquivalenzprinzip*, dessen theoretische Begründung dem tschechisch-amerikanischen Linguisten Roman Jakobson zu verdanken ist. Jakobsons Ansatz hat seine Fruchtbarkeit für die Analyse poetischer Texte vielfältig bewiesen.

Wir wollen uns dieses Prinzip, das auf der generellen Unterscheidung von syntagmatischen und paradigmatischen Strukturen beruht, etwas genauer verdeutlichen:

Jedes Wort gehört mindestens zwei Äquivalenzklassen an, nämlich einer phonologisch und einer semantisch definierten. Die Elemente einer phonologischen Äquivalenzklasse müssen lautliche Gleichwertigkeiten aufweisen, die Elemente einer semantischen entsprechend semantische. So bilden beispielsweise die Verben schreiten, trippeln, latschen, schlurfen, trotteln, taumeln, torkeln, stolpern, stolzieren, hasten, watscheln usw. die (semantisch definierte) Äquivalenzklasse der Fortbewegungsverben. Bilden wir einen Satz, so wählen wir in der Regel aus einer endlichen Reihe von Äquivalenzklassen diejenigen Elemente aus, die für unsere Mitteilungsabsicht die geeignetsten sind. Jakobson nun nennt den Vorgang der Auswahl *Selektion*, die Satzbildung *Kombination* (vgl. auch S. 111 f.); er spricht ferner von zwei Achsen, auf denen ein Satzelement anzusiedeln ist: auf der Achse der Selektion und der Achse der Kombination. Die Achse der Selektion ist identisch mit der paradigmatischen Dimension eines Wortes, die Achse der Kombination mit seiner syntagmatischen. Jakobson vertritt nun die Auffassung, daß die Struktur poetischer Texte bestimmt sei durch ein System textinterner Äquivalenzrelationen; die bekannteste Formulierung seiner These lautet:

> "Die poetische Funktion überträgt das Prinzip der Äquivalenz von der Achse der Selektion auf die Achse der Kombination." [3]

Die Bedeutung dieser These wollen wir zunächst an einem einfachen Beispiel klären: Wenn E. A. Poe in seinem berühmten Gedicht "The Raven" (1845) *nicht* schreibt: "While I nodded, nearly dozing, suddenly there came a thumping, / As of someone gently knocking", sondern für 'to doze', 'to thump' und 'to knock' solche semantisch äquivalenten Verben einsetzt, die syntagmatisch (auf der "Achse der Kombination") in eine *phonologische Äquivalenz* eintreten können, so einzig zu dem Zweck, *zusätzliche textbildende sprachliche Mittel zu finden, die besondere Effekte* (in diesem Fall: sinnliche Effekte) *auslösen können*. Poe schreibt also:

"While I nodded, nearly n*apping*, suddenly there came a t*apping*,
As of someone gently r*apping*".

(Über die Effekte solcher phonologischer Äquivalenzen hat Poe sich im übrigen genaueste Rechenschaft gegeben in seiner Abhandlung "The Philosophy of Composition" (1846), die die Entstehung des Gedichtes "The Raven" zum Gegenstand hat.)

Wir können an unserem Poe-Beispiel bereits ablesen, daß dem Äquivalenzprinzip die traditionellen Formen der Verspoetik unterliegen: *Assonanzen und Reime* (phonologische Äquivalenzen), *Metrum* (Äquivalenz von quantitativ gleichgesetzten Silben bzw. von qualitativ akzentuierten metrischen Einheiten), *Rhythmus* (Äquivalenz von wahrnehmbaren Zeitintervallen), *Vers* (Äquivalenz von rhythmisch-metrischen Einheiten), *Strophe* (Äquivalenz eines Versgruppenschemas) usw.

Wenn wir versuchen, das oben beschriebene Textbildungsverfahren poetischer Texte graphisch darzustellen, so können wir uns des folgenden Schemas bedienen:

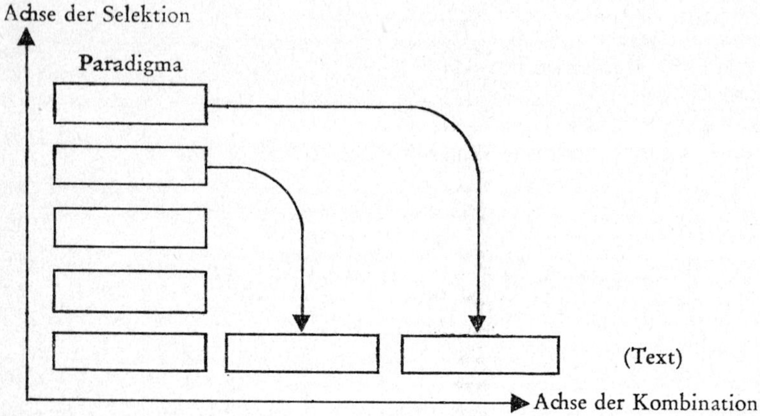

Roland Posner schreibt zur Erläuterung der These Roman Jakobsons: "Elemente aus einer Äquivalenzklasse finden Aufnahme in den Text und werden zu Gliedern der Textsequenz; eine Teilmenge (von Gliedern) des Textes ist nun selber als Äquivalenzklasse anzusehen.

Zwischen gleichartigen Textelementen bestehen Äquivalenzrelationen, die auf dem Rücken der Textsequenz ein Bezugssystem bilden, das die Kontiguitätsbeziehungen überlagert."[4]

Wir haben das poetische Textbildungsverfahren, das auf dem Prinzip der Äquivalenz beruht, vor allem mit phonologischen Äquivalenzen und solchen Äquivalenzen illustriert, die prosodischen [Prosodie = Lehre vom Vers] Gesetzmäßigkeiten unterliegen. Äquivalenzrelationen sind in poetischen Texten in der Regel jedoch auf *allen* Ebenen anzutreffen, also der phonologischen, lexematischen, syntaktischen und semantischen Ebene. Für Brechts Ballade etwa sind nicht nur phonologische und syntaktische Wiederholungen, sondern vor allem auch semantische Äquivalenzreaktionen (z. B. zwischen Wasser, waten, Eis, Furt usf.) konstitutiv. In einem Roman könnten wiederkehrende Motive, Themen, Handlungen usw. sekundäre Ordnungsmuster bilden. Das Textbildungsverfahren bleibt in all diesen Fällen prinzipiell gleich.

9.4. Nachtrag zum Strukturbegriff

In dem von Georg Klaus und Manfred Buhr herausgegebenen philosophischen Wörterbuch wird "Struktur" definiert als die Menge der die Elemente eines Systems miteinander verbindenden Relationen. Die Anwendung dieses Strukturbegriffs auf Texte mit poetischer Funktion ist schon deshalb legitim, weil Äquivalenzrelationen ja nichts anderes sind als Relationen, die die Elemente eines Systems auf spezifische Weise miteinander verbinden. Nur fragt es sich, ob man, wie es gewöhnlich geschieht, von der *einen* Struktur eines literarischen Textes reden darf. Hat ein Text nicht verschiedene Strukturen, nämlich so viele, wie er Klassen von Elementen hat, die durch Äquivalenzrelationen miteinander verbunden sind?

Es ist sicher gerechtfertigt, von *den* Struktur*en* eines Textes zu reden. Um entscheiden zu können, ob auch das Reden von der *einen* Struktur eines Textes legitim sein kann, müssen wir nach Wechselwirkungen zwischen den verschiedenen Ebenen eines Textes und möglichen strukturellen Homologien zwischen den Einzelstrukturen fragen. Mit anderen Worten: welche Funktion haben poetische Wiederholungsstrukturen im Hinblick auf die gesamte Mitteilungsfunktion eines Textes?

9.5. Zur Funktion poetischer Textbildungsverfahren

Die Strophen von Brechts Ballade lassen sich in zwei Gruppen teilen, nämlich in die Gruppe der vierzeiligen Strophen und in die der sechszeiligen Strophen. Schon diese quantitative Aufteilung der Ballade in zwei Strophentypen läßt einen Gegensatz zwischen den vier- und sechszeiligen Strophen, eine Zweiteilung der Ballade vermuten. Dieses antithetische bzw. dualistische Ordnungsprinzip spiegelt sich in einer Fülle formaler Eigenarten der Ballade. Oben wurde bereits darauf hingewiesen, daß die vierzeiligen Strophen jeweils zwei Binnenreimpaare, die sechszeiligen dagegen jeweils zwei Endreimpaare enthalten. Auch diese Differenzierung konstituiert eine (zunächst rein formale) Gegensatzstruktur der Ballade. Sie wird aufgegriffen bzw. vertieft durch die Parallelismen zwischen den Eingangszeilen der sechszeiligen Strophen, die diese zu einem einheitlichen Strophenblock verklammern und letzteren gleichzeitig durch das zweimalige adversative "doch" (adversative Konjunktion = entgegensetzendes Bindewort) von den vorausgegangenen vierzeiligen Strophen abgrenzen.

In einer kurzen Notiz von 1955 schrieb Brecht: "Die Form eines Kunstwerks ist nichts als die vollkommene Organisierung seines Inhalts, ihr Wert daher völlig abhängig von diesem." [5] Die bis in formale Einzelheiten hinein dualistische Organisation des Gedichtes spiegelt und unterstützt die dualistische bzw. antithetische Organisation des Inhaltes. Auf der Inhaltsebene fällt der dialogische Gegensatz zwischen dem Weib und dem (bzw. den) Soldaten auf. Aber dieser Gegensatz ist lediglich die in Personenrollen entfaltete Variation der für die semantische Struktur des Gedichtes dominanteren Opposition zwischen dem menschlichen Selbstvertrauen, dem Zutrauen in Handlungsmöglichkeiten (wofür das Vertrauen der Soldaten in ihre Waffen steht) und den Naturgewalten (wofür "Wasser" mit seinen Variationen steht). Wir können von der *einen* antithetischen Struktur des Gedichtes reden, weil eine dominante, inhaltlich zu bestimmende Antithese auf *allen* Ebenen des Gedichtes durchschlägt. (Zur Bedeutung solcher dominierender Grundoppositionen für die semantische Gesamtstruktur eines Textes vgl. auch unsere Analyse zu Benn, S. 100 ff.).

Die phonologischen und syntaktischen Äquivalenzrelationen der Ballade und ihre Variationen *unterstützen* demnach die Mitteilungsfunktion des Textes.

Es fragt sich allerdings, ob poetische Merkmale eines Textes sich in solchen unterstützenden Funktionen erschöpfen. Schon an Brechts Ballade läßt sich absehen, daß dies nicht der Fall ist. Es gibt in der Ballade keine einzige Zeile, die unsere bisherigen Deutungen wie eine alltagssprachlich formulierte, begrifflich eindeutige Aussage unterstützen könnte. Auch die inhaltlichen Deutungen des Textes ergaben sich teilweise aus der *Wiederholung* von semantischen Einheiten, was zunächst ja ein rein formales Prinzip ist, aber als solches helfen kann, ein Klassem (oder eine Klassem-Opposition) *dominant* zu setzen. In Texten mit poetischer Funktion nimmt die begriffliche Eindeutigkeit der Mitteilung häufig in gleichem Maße ab, in dem die Komplizierung der Ausdrucksebene (= der Signifikanten) zunimmt. In der Regel muß man davon ausgehen, daß die (im technischen Sinne) poetische Textstruktur *selbst* Zeichencharakter gewinnt, der allerdings *niemals* ohne eine sehr enge Kopplung mit der Inhaltsebene aufgebaut werden kann. J. M. Lotman schreibt dazu in seinen "Vorlesungen zu einer strukturalen Poetik": "Die Struktur der Ausdrucksebene wird [...] im poetischen Text zur Struktur des Inhaltes. Es entstehen semantische Oppositionen [...], die außerhalb einer bestimmten sprachlichen Ausdrucksstruktur nicht möglich wären."[6] Wir wollen diesen Sachverhalt durch einen letzten Hinweis auf Brechts "Ballade vom Weib und dem Soldaten" und durch die Analyse eines zweiten Brecht-Textes illustrieren. Die oben hervorgehobene antithetische Struktur des Gedichtes trifft bei genauerem Zusehen nur für die ersten sechs Strophen zu. In der sechsten Strophe bricht die in den ersten fünf Strophen dominante Antithese in sich zusammen: die Naturgewalten (in dieser Strophe durch "Furt", "Wasser" und "Eis" symbolisiert) siegen, und auch die Waffen (hier "Messer" und "Spieß") erweisen sich als Gewalten, die sich gegen den Soldaten kehren und auf diese Weise dessen anfänglichen Wagemut als falschen Wagemut dartun. Mit anderen Worten: die anfangs so selbstsicheren Soldaten werden zu Spielbällen höherer Gewalten, wenn sie in den Krieg ziehen; sie verlieren ihre Eingriffsmöglichkeit in das Geschehen. (Eine genauere Interpretation müßte den Chiffregehalt von "Rauch" und "Wasser" entschlüsseln, was nur durch Einbezug des Brechtschen Werkkontextes zu leisten ist.) Das erste Anzeichen dafür, daß die anfangs dominante Antithese sich als *falsche* Antithese herausstellt und deshalb gegen Ende des Gedichtes aufgehoben wird, ist wiederum kein begriffliches. Wir haben oben betont, daß der Gegensatz zwischen den beiden Strophenblöcken durch die einleitenden Zeilen der sechszeiligen Strophen verstärkt wird:

(5) Doch der Soldat mit der Kugel im Lauf
(15) Doch der Soldat mit dem Messer im Gurt
(25) Und der Soldat mit dem Messer im Gurt

Die einzige Änderung von Zeile 15 zu Zeile 25 betrifft die einleitende Konjunktion. Der Austausch des adversativen "doch" gegen das additive "und" signalisiert die Aufhebung der Antithese. Diese Semiotisierung [= Bedeutungsaufladung] des "und" (das in der Alltagssprache ein reines Bindewort ohne Denotationsfunktion ist) wäre nicht möglich ohne die phonologischen, syntaktischen und semantischen Äquivalenzrelationen zwischen den Zeilen 5, 15 und 25, ohne die vorangegangene Funktionalisierung des zweimaligen "doch", ja ohne die bis Zeile 25 auf *allen* Ebenen voll aufgebaute antithetische Grundstruktur der Ballade. – Diese Deutung des "und" wird im übrigen unterstützt durch die Äquivalenzrelationen zwischen den Zeilen 17 und 27 und die Variation des Refrains in der sechsten Strophe. Der Refrain hatte bis zur sechsten Strophe die Funktion, parallel zur inhaltlichen Antithese den dialogischen Gegensatz zwischen dem Weib und den Soldaten aufzubauen. Mit dem Zusammenbruch der inhaltlichen Antithese muß auch der dialogische Gegensatz aufgehoben werden; gleichzeitig muß aber im Sinne des sekundären Beziehungsnetzes, das den Text überlagert, der Refrain beibehalten werden. Beides erreicht Brecht durch die rhetorische Frage der Zeile 30, die zwar die Oberflächenstruktur des Refrains (gleiche Reihenfolge der Lexeme) unverändert läßt, ihn inhaltlich aber gleichzeitig ins Negative kehrt und mit dem Fortfall der einen Dialogposition das Ende der Dialogstruktur signalisiert.

Die Eigenart literarischer Texte, formalen Strukturen nicht nur eine *organisierende* oder die Mitteilungsfunktion der Texte *unterstützende* Funktion zuzuweisen, sondern Ausdrucks- und Inhaltsebene, deren Beziehung zueinander in alltagssprachlichen Texten willkürlich ist, so eng zu koppeln, daß die Ausdrucksebene ein Teil der Inhaltsstruktur wird bzw. Zeichencharakter gewinnt, läßt sich sehr eindringlich mit einem zweiten Brecht-Text illustrieren [7]:

1 In alter Zeit, in blutiger Zeit
2 Herrschte in dieser Stadt, 'die Verdammte' genannt
3 Ein Gouverneur mit Namen Georgi Abaschwili.
4 Er war reich wie der Krösus.
5 Er hatte eine schöne Frau.
6 Er hatte ein gesundes Kind.
7 Kein andrer Gouverneur in Grusinien hatte

8 So viele Pferde an seiner Krippe
9 Und so viele Bettler an seiner Schwelle
10 So viele Soldaten in seinem Dienste
11 Und so viele Bittsteller in seinem Hofe.

(Der Text ist Teil eines Songs aus dem "Kaukasischen Kreidekreis". Die ersten sieben Zeilen sind lediglich zur Information mit abgedruckt. Uns kommt es im folgenden allein auf die Zeilen 8-11 an.)

Die Verse 8-11 weisen auf der Ausdrucksebene einen doppelten syntaktischen Parallelismus auf, während auf der Inhaltsebene gleichzeitig zwei gegenläufige Antithesen aufgebaut werden. Die syntaktische *Gleich*stellung antithetisch aufgespaltener Inhalte, d. h. die gegenläufige Kopplung von Ausdrucks- und Inhaltsebene führt zu einer (gegenüber der auf der semantischen Ebene formulierten Botschaft) *zusätzlichen* Bedeutungsleistung dieses Textes: die syntaktische Gleichstellung eines gegensätzlichen Inhaltes (Reichtum und Armut) weist das Widersprüchliche als das für diese Gesellschaftsordnung Normale aus. Die formale Organisation des Widersprüchlichen behandelt die gesellschaftlichen Widersprüche nicht als zum Handeln provozierende, aufzuhebende Widersprüche, sondern als miteinander verträglich und vereinbar, als natürlich. Die syntaktische Ordnung des Satzes wird, unterstützt durch Versstruktur und phonologische Entsprechungen, auf diese Weise eindeutig so weit funktionalisiert, daß sie selbst Zeichencharakter gewinnt. Zwar ist auch diese 'Semiotisierung' der Ausdrucksebene von der Mitteilungsfunktion der Inhaltsebene abhängig (sie ist das in *jedem* Fall), aber entscheidend ist, daß die formale Eigenart der Ausdrucksebene die Mitteilungsfunktion der Inhaltsebene nicht lediglich unterstützt, sondern ihr etwas *hinzufügt.* Äquivalenzrelationen in literarischen Texten sind demnach keine formalen, dekorativen Schnörkel; sie sind auch als *formale* Relationen Teil der Inhaltsstruktur (nicht der Inhalts*ebene*) literarischer Texte. Ihre Bedeutung entspringt dem spezifischen Textbildungsverfahren, das literarische Texte zum Aufbau ihrer Bedeutungen anwenden.

9.6. Autoreflexivität literarischer Texte

Roman Jakobson hat aus dem analysierten Textbildungsverfahren literarischer Texte (genauer: von Texten mit dominant poetischer

Funktion, da auch eine Fülle anderer Texte, z. B. Werbetexte, poetische Funktionen haben können) den Schluß gezogen, daß der Leser, um einen Text mit poetischer Funktion wirklich verstehen zu können, seine Aufmerksamkeit nicht nur auf den Inhalt, sondern in außergewöhnlichem Maße auch auf die *Darbietung* des Inhalts richten muß: "Die Einstellung auf die Nachricht als solche, die Zentrierung auf die Nachricht um ihrer selbst willen, ist die poetische Funktion der Sprache." [8] Bei Umberto Eco, der eine vielgelesene und wichtige "Einführung in die Semiotik" (Mailand 1968, dt. München 1972) geschrieben hat, heißt es entsprechend: "Die Botschaft hat eine ästhetische Funktion, [. . .] wenn sie als sich auf sich selbst beziehend (autoreflexiv) erscheint, d. h. wenn sie die Aufmerksamkeit des Empfängers vor allem auf ihre eigene Form lenken will." [9] Hieran ist sicher so viel richtig, daß die Aufmerksamkeit der Leser künstlerischer Texte in einem weit stärkeren Maße als bei alltagssprachlichen Texten üblich auf die sekundären Ordnungsmuster dieser Texte und deren Anteil an der Bedeutungsleistung der Texte gelenkt wird. Die Rezipienten poetischer Texte verhalten sich diesen Zusatzstrukturen gemäß, wenn sie die Zeichenmaterie als ästhetischen Informationsträger wahrnehmen und sie als Auslösefaktor ästhetisch-sinnlichen Vergnügens realisieren (vgl. z. B. das rein sinnlich-rhythmische Vergnügen, das Kinder bei Abzählversen und Kinderreimen entwickeln, die in der Regel besonders stark mit Wiederholungseffekten arbeiten.) Es muß jedoch davor gewarnt werden, die analysierte Tendenz literarischer Texte absolut zu setzen und durch sie die Autonomie literarischer Texte verwirklicht zu sehen, wie dies etwa in dem folgenden Zitat aus der "Allgemeinen Rhetorik" von J. Dubois, F. Edeline u. a. erkennbar wird: "Die poetische Sprache ist als solche ohne referentielle Funktion, sie ist nur insoweit referentiell, als sie nicht poetisch ist. [. . .] In Wahrheit kommuniziert [die poetische Sprache] nichts, oder vielmehr: sie kommuniziert nur sich selbst. Man kann auch sagen, daß sie mit sich selbst kommuniziert, und diese Intra-Kommunikation ist nichts anderes als das eigentliche Prinzip der Form. Indem der Dichter in jeder Ebene der Rede und zwischen die einzelnen Ebenen den Zwang multipler Entsprechungen einschiebt, schließt er die Rede in sich selbst ab und dieses Abgeschlossensein nennt man Werk." [10] Es ist aufgrund der spezifischen Textbildungsverfahren literarischer Texte allerdings durchaus legitim, in einem eingeschränkten Sinne von der (relativen) Autoreflexivität bzw. Autonomie poetischer Texte zu reden. Ebenso legitim ist es, einen Text "formal" zu analysieren, wenn die Analyse der sekundären Ordnungsmuster den Anteil, den diese

Muster an der Bedeutungsleistung eines Textes haben, hervorhebt, bzw. auf diesen abzielt.

9.7. Metaphorische Wiederholungsstrukturen

Wir haben in der 8. Lektion die Metapher als ein Stilmittel mit poetischer Funktion bezeichnet. Dies trifft zunächst einmal für einzelne Metaphern wie "des Gerüchtes tönende Posaune" (Schiller) zu, die aufgrund ihres ästhetischen Eigenwertes an einer bestimmten Textstelle benutzt werden und mit diesem einmaligen Gebrauch ihre Funktion erfüllt haben. Metaphern kommen in poetischen Texten jedoch nicht nur als Einzelphänomene vor; sie werden häufig rekurrent gesetzt und bilden so Metaphernketten, die eigene Wiederholungsstrukturen darstellen – ein Textbildungsverfahren, das besonders häufig in narrativen Texten (Dramen, Epen, Romanen usw.) anzutreffen ist. In Dramen etwa haben rekurrente Metaphern in der Regel die Funktion, Aspekte des Gehalts in einem Bild zu konzentrieren, ja mitunter gar einen "Mikrokosmos der gesamten dramatischen Handlung" [11] darzustellen. Den Gehalt konzentrierende und intensivierende Bildketten bilden auf diese Weise ebenso ein sekundäres (sich über dem primären System der Alltagssprache errichtendes) Zeichensystem wie die Personenkonstellation und Handlungsstruktur narrativer Texte, deren Bedeutung wir uns in den folgenden Lektionen zuwenden wollen.

Anmerkungen:

[1] Vgl. dazu: Rolf Kloepfer und Ursula Oomen: "'Poetische Sprache' oder 'Poetische Texte'", in: Jahrbuch für Internationale Germanistik 2 (1970) H. 1, S. 130-143.

[2] Vgl. dazu: Klaus Baumgärtner: "Der methodische Stand einer linguistischen Poetik", in: Jahrbuch für Internationale Germanistik 1 (1969), S. 15-42, S. 31. Baumgärtner weist nach, daß es keine rein linguistischen Kriterien für poetische Texte gibt, und führt dann aus: "Als eine erste [. . .] Verallgemeinerung wäre zu verlangen, daß der Hörer bereits aus dem Äußerungsgestus des Sprechers erschließen kann, ob er poetischer Kommunikation begegnet oder nicht, daß demnach das Merkmal [+ Poesie] selbst signalisiert

werden müßte. [. . .] Für den Hörer oder Leser bedeutet es gewöhnlich, daß er einen Text aufschlägt [. . .], der durch eine Institution im weitesten Sinne zuvor als Poesie gestempelt worden ist. [. . .] Diese Charakteristik besitzt, selbst wenn sie hier zu eng gefaßt sein sollte, die unabweisbare Konsequenz, daß der Begriff des Poetischen allein gesellschaftlich definierbar ist, weil er in seiner heutigen Freiheit von spezifisch sprachlichen Formen auch nur gesellschaftlich sanktioniert werden kann."

3 Roman Jakobson: "Die linguistische Analyse der Literatur", in: Jens Ihwe (Hrsg.), Literaturwissenschaft und Linguistik Bd. II, 1, Frankfurt 1971, S. 153 [Das englische Original erschien unter dem Titel "Linguistics and Poetics" 1960].

4 Roland Posner: "Strukturalismus in der Gedichtinterpretation", in: Jens Ihwe (Hrsg.), a. a. O. S. 239.

5 Bertolt Brecht: Gesammelte Werke in 20 Bänden, Frankfurt/Main 1967, Bd. 16, S. 932.

6 Jurij M. Lotman: Vorlesungen zu einer strukturalen Poetik, München 1972, S. 121.

7 Vgl. zum folgenden Georg Behse, Wolfgang Karrer, Jochen Schulte-Sasse: "Theorie literarischer Texte und Methoden des Zugangs", in: Die Literatur, Freiburg u. a. 1973, S. 406 f.

8 Jakobson, a. a. O. S. 151.

9 Umberto Eco: Einführung in die Semiotik, München 1972, S. 145 f.

10 J. Dubois u. a.: Allgemeine Rhetorik, München 1974, S. 34.

11 Hans-Günther Schwarz: "Die Metapher im Drama", in: H. A. Pausch (Hrsg.), Kommunikative Metaphorik, Bonn 1976, S. 136.

10. LEKTION: GRUNDSTRUKTUREN ERZÄHLENDER TEXTE

10.1. Vorbemerkung

Wir haben die besonderen Textbildungsverfahren literarischer Texte bisher durchweg am Beispiel poetischer (lyrischer) Texte erörtert. Dieses Vorgehen war insofern legitim, als sich die bisher erörterten sekundären Ordnungsmuster am Paradigma der Lyrik besonders klar demonstrieren lassen; es erfordert aber nunmehr den Nachweis, in welcher Weise auch andere literarische Gattungen durch Zusatzstrukturen determiniert werden, insbesondere erzählende (narrative) Texte. Wir verstehen darunter solche Texte, die einen Stoff bzw. Erzählgegenstand in einen besonders strukturierten Geschehens- und Handlungszusammenhang 'übersetzen' und dabei von einer speziellen Kommunikationssituation ausgehen: der nämlich, in der ein Autor seinen Lesern oder Hörern mittels eines bestimmten Erzählverfahrens ein Geschehen als ein symbolisch transformiertes Bedeutungsganzes zu erkennen gibt. Dieses Erzählverfahren ist u. a. dadurch ausgezeichnet, daß der Autor als Erzähler sich ein Erzählmedium schafft, das im Werk selbst die Funktion des Erzählens übernimmt: im einfachsten Falle kommt die Erzählfunktion einem im Text als Personenrolle zu erkennenden 'Erzähler' zu, in komplexeren Erzählsituationen wird die Erzählfunktion in und an der Selektion und Kombination von Bedeutungseinheiten wahrnehmbar.[1]

Was geschieht nun, wenn ein Autor eine 'Geschichte' erzählt? Wir wollen versuchen, dies an einem einfach strukturierten Beispiel zu erhellen:

10.2. Umformung einer Vorlage in eine Geschichte: Johann Peter Hebels Kurzerzählung "Unverhofftes Wiedersehen"

Im Jahre 1808 erwähnt der romantische Naturphilosoph Gotthilf Heinrich Schubert (1780-1860) in seinen "Ansichten von der Nachtseite der Naturwissenschaft" ein Kuriosum der Naturgeschichte: den

Fall eines durch Zufall konservierten, nach seiner Entdeckung jedoch durch Lufteinwirkung bald wieder zerfallenden Leichnams:

"Auf gleiche Weise [sc.: wie andere durch Zufall konservierte Leichname] zerfiel auch jener merkwürdige Leichnam, von welchem Hülpher, Cronstedt und die schwedischen gelehrten Tagebücher erzählen, in eine Art von Asche, nachdem man ihn, dem Anscheine nach in festen Stein verwandelt, unter einem Glasschrank vergeblich vor dem Zutritt der Luft gesichert hatte. Man fand diesen ehemaligen Bergmann, in der schwedischen Eisengrube zu Falun, als zwischen zween Schachten ein Durchschlag versucht wurde. Der Leichnam, ganz mit Eisenvitriol durchdrungen, war anfangs weich, wurde aber, so bald man ihn an die Luft gebracht, so hart als Stein. Funfzig Jahre hatte derselbe in einer Tiefe von 300 Ellen, in jenem Vitriolwasser gelegen, und niemand hätte die noch unveränderten Gesichtszüge des verunglückten Jünglings erkannt, niemand die Zeit, seit welcher er in dem Schachte gelegen, gewußt, da die Bergchronicken so wie die Volkssagen bey der Menge der Unglücksfälle in Ungewißheit waren, hätte nicht das Andenken der ehemals geliebten Züge eine alte treue Liebe bewahrt. Denn als um den kaum hervorgezogenen Leichnam, das Volk, die unbekannten jugendlichen Gesichtszüge betrachtend steht, da kommt an Krücken und mit grauem Haar ein altes Mütterchen, mit Thränen über den geliebten Toden, der ihr verlobter Bräutigam gewesen, hinsinkend, die Stunde segnend, da ihr noch an den Pforten des Grabes ein solches Wiedersehen gegönnt war, und das Volk sahe mit Verwunderung die Wiedervereinigung dieses seltnen Paares, davon das Eine, im Tode und in tiefer Gruft das jugendliche Aussehen, das Andre, bey dem Verwelken und Veralten des Leibes die jugendliche Liebe, treu und unverändert erhalten hatte, und wie bey der 50jährigen Silberhochzeit der noch jugendliche Bräutigam starr und kalt, die alte und graue Braut voll warmer Liebe gefunden wurden. [2]

Ein Jahr später griff der findige Herausgeber der Zeitschrift "Jason" dieses Kuriosum auf, publizierte Schuberts Bericht und forderte – den poetischen Reiz des Stoffes erkennend – zu "schöpferischem Aneignen der *einzigen* Situation" auf, welche "den Genius der Liebe an der Grenzscheide des Todes und Lebens, zwischen der stummen Vergangenheit und der lauten Sehnsuchtsklage der Folgezeit, in dem beyde vermählenden Spiegel der Gegenwart" [3] zeigt.

Einer derer, die sich dieser "Dichteraufgabe" annahmen, war der Erzähler volkstümlicher Geschichten, Johann Peter Hebel (1760-1826), der in den Jahren 1808-1815 den Volkskalender "Der Rheinländische Hausfreund oder Neuer Calender auf das Schaltjahr 1808" (bzw. auf das Jahr 1809, usw.) herausgab. Hebel veröffentlichte 1811 im "Rheinländischen Hausfreund" die folgende Geschichte:

Unverhofftes Wiedersehen

In Falun in Schweden küßte vor guten fünfzig Jahren und mehr ein junger Bergmann seine junge hübsche Braut und sagte zu ihr: "Auf Sankt Luciä wird unsere Liebe von des Priesters Hand gesegnet. Dann sind wir Mann und Weib und bauen uns ein eigenes Nestlein." – "Und Friede und Liebe soll darin wohnen," sagte die schöne Braut mit holdem Lächeln, "denn du bist mein einziges und alles, und ohne dich möchte ich lieber im Grab sein, als an einem andern Ort." Als sie aber vor St. Luciä der Pfarrer zum zweitenmal in der Kirche ausgerufen hatte: "So nun jemand Hindernisse wüßte anzuzeigen, warum diese Personen nicht möchten ehelich zusammenkommen," da meldete sich der Tod. Denn als der Jüngling den andern Morgen in seiner schwarzen Bergmannskleidung an ihrem Haus vorbei ging, der Bergmann hat sein Totenkleid immer an, da klopfte er zwar noch einmal an ihrem Fenster und sagte ihr guten Morgen, aber keinen guten Abend mehr. Er kam nimmer aus dem Bergwerk zurück, und sie saumte vergeblich selbigen Morgen ein schwarzes Halstuch mit rotem Rand für ihn zum Hochzeitstag, sondern als er nimmer kam, legte sie es weg, und weinte um ihn und vergaß ihn nie.

Unterdessen wurde die Stadt Lissabon in Portugal durch ein Erdbeben zerstört, und der Siebenjährige Krieg ging vorüber, und Kaiser Franz der Erste starb, und der Jesuitenorden wurde aufgehoben und Polen geteilt, und die Kaiserin Maria Theresia starb, und der Struensee wurde hingerichtet, Amerika wurde frei, und die vereinigte französische und spanische Macht konnte Gibraltar nicht erobern. Die Türken schlossen den General Stein in der Veteraner Höhle in Ungarn ein, und der Kaiser Joseph starb auch. Der König Gustav von Schweden eroberte russisch Finnland, und die französische Revolution und der lange Krieg fing an, und der Kaiser Leopold der Zweite ging auch ins Grab. Napoleon eroberte Preußen, und die Engländer bombadierten Kopenhagen, und die Ackerleute säeten und schnitten. Der Müller mahlte, und die Schmiede hämmerten, und die Bergleute gruben nach den Metalladern in ihrer unterirdischen Werkstatt. Als aber die Bergleute in Falun im Jahr 1809 etwas vor oder nach Johannis zwischen zwei Schachten eine Öffnung durchgraben wollten, gute dreihundert Ellen tief unter dem Boden, gruben sie aus dem Schutt und Vitriolwasser den Leichnam eines Jünglings heraus, der ganz mit Eisenvitriol durchdrungen, sonst aber unverwest und unverändert war; also daß man seine Gesichtszüge und sein Alter noch völlig erkennen konnte, als wenn er erst vor einer Stunde gestorben oder ein wenig eingeschlafen wäre an der Arbeit. Als man ihn aber zu Tag ausgefördert hatte, Vater und Mutter, Gefreundte und Bekannte waren schon lange tot, kein Mensch wollte den schlafenden Jüngling kennen oder etwas von seinem Unglück wissen, bis die ehemalige Verlobte des Bergmanns kam, der eines Tages auf die Schicht gegangen war und nimmer zurückkehrte. Grau und zusammengeschrumpft kam sie an einer Krücke an den Platz und erkannte ihren Bräutigam; und mehr mit freudigem Entzücken als mit Schmerz sank sie auf die geliebte Leiche nieder, und erst als sie sich von einer langen heftigen Bewegung des Gemüts erholt hatte: "Es ist mein Verlobter," sagte sie endlich, "um den ich fünfzig Jahre lang getrauert hatte, und den mich Gott noch einmal sehen läßt vor meinem Ende. Acht Tage vor der Hochzeit ist er unter die Erde gegangen und nimmer herauf gekommen." Da wurden die Gemüter aller Umstehenden von Wehmut und Tränen ergriffen, als sie sahen die ehemalige Braut jetzt in der Gestalt des hingewelkten kraftlosen Alters und den Bräutigam noch in seiner jugendlichen Schöne, und wie in ihrer Brust nach fünfzig Jahren die Flamme der jugendlichen Liebe noch einmal erwachte; aber er öffnete den Mund nimmer zum Lächeln oder die Augen zum Wiedererkennen; und wie sie ihn endlich von den Bergleuten in ihr Stüblein tragen ließ, als die einzige, die ihm angehöre und ein Recht an ihn habe, bis sein Grab gerüstet sei auf dem Kirchhof. Den andern Tag, als das Grab gerüstet war auf dem Kirchhof und ihn die Bergleute holten, schloß sie ein Kästlein auf, legte sie ihm das schwarzseidene Halstuch mit roten Streifen um, und begleitete ihn alsdann in ihrem Sonntagsgewand, als wenn es ihr Hochzeittag und nicht der Tag seiner Beerdigung wäre. Denn als man ihn auf dem Kirchhof ins Grab legte, sagte sie: "Schlafe nun wohl. Noch einen Tag oder zehen im kühlen Hochzeitbett, und laß dir die Zeit nicht lang werden. Ich habe nur noch wenig zu tun, und komme bald, und bald wird's wieder Tag. Was die Erde einmal wiedergegeben hat, wird sie zum zweitenmal auch nicht behalten," sagte sie, als sie fortging, und noch einmal umschaute. [4]

Drei Fragen sollen uns zunächst beschäftigen: In welcher Weise modelliert Hebel seinen Erzählgegenstand? Wie geht er mit den Geschichtenelementen der Vorlage um und wie kombiniert er sie neu? Ferner: was bewirkt die Neumodellierung für den Bedeutungsaufbau der Geschichte?

Die zunächst auffälligste Differenz zwischen beiden Geschichten besteht in der unterschiedlichen Anordnung der Erzählfolge: Schubert erzählt aus der Gegenwartsperspektive, vom Zeitpunkt der Auffindung des Leichnams aus, und holt die Vorgeschichte durch das sparsam verwendete Mittel des berichtenden Rückgriffs (vgl. Z. 9: 'Funfzig Jahre hatte...') bzw. des Redeberichts (vgl. Z. 18: '...der ihr verlobter Bräutigam gewesen') ein. Hebel hingegen löst das Gesamtgeschehen in eine chronologische Folge auf, die in der Vergangenheit beginnt und in der Gegenwart endet. Das chronikalische Erzählprinzip kann also im ersten Falle als punktuell (mit retrospektiven Einsprengseln), im zweiten Falle als sukzessiv aufgefächert und vorwärtsgerichtet bezeichnet werden. Diese Veränderung des Erzählverlaufs hat Konsequenzen für die Gesamtgeschichte: sie bedeutet im Hinblick auf die Vorlage notwendig eine Verbreiterung des Erzählgegenstandes um die

Vorgeschichte. Hebel löst dieses erzählerische Problem so, daß er den punktuellen anekdotischen Bericht in die Lebensgeschichte des verlobten Paares überführt. Indem er für diese Geschichte einen Anfang und ein Ende setzt und das Ende aus dem Anfang entwickelt, baut er einen erzählerischen Rahmen auf, der überhaupt erst einen narrativen Handlungszusammenhang ermöglicht. Voraussetzung dafür wiederum ist die *Einführung von Figuren* als Handlungsträger und die Erstellung einer *elementaren Personenkonstellation*, die es gestattet, die Handlung in Gang zu setzen. Hebel weitet die bei Schubert auf der Basis einer einfachen semantischen Opposition ('alt' und 'grau', aber 'lebendig' einerseits und 'jugendlich', aber 'starr' und 'kalt' andererseits) schematisch charakterisierten Figuren in *individualisierte Handlungsträger* um: das durch den syntagmatischen Textverlauf, durch Dialogisierung, durch Handlungseinheiten und Erzählbericht erstellte Charakterparadigma der beiden Figuren wird differenzierter. *Entscheidend* aber ist, daß Hebel eine dritte Figur neu einführt: der Tod als anthropomorphe Figur übernimmt in seiner Erzählung eine handlungsauslösende Funktion auf der Basis der elementaren konfigurativen Opposition 'Braut und Bräutigam' versus 'Tod'. Damit kann die Gesamthandlung überhaupt erst beginnen, deren Anfang durch das Ereignis 'Der Tod verhindert die Hochzeit' und deren Ende durch das Ereignis 'Im und gegen den Tod findet die Hochzeit dennoch statt' bezeichnet werden kann. Das Handlungsgeschehen ist also *final* gerichtet und dieser finalen Richtung entsprechend ist das Gesamtgeschehen in seinem Erzählverlauf geordnet. Entsprechend vollzieht sich auch für den Leser der durch den Erzählvorgang hervorgebrachte Sinnbildungsprozeß. Hebel strukturiert also den semantischen Rahmen der Erzählvorlage grundlegend um.[5]

Wir wollen diesen Umbildungsvorgang durch eine noch genauere Analyse der Anlage der Kalendergeschichte Hebels präzisieren.

10.3. Sequenzenbildung

Erzählende Texte ordnen das in ihnen berichtete Geschehen in temporaler Sukzession an. Daher ist es möglich, die Beschreibung der Verlaufsform einer Erzählung bei Handlungselementen anzusetzen, die so markiert sind, daß sie als relativ abgeschlossene Einheiten hervortreten.

So lassen sich in unserer Geschichte u. a. aufgrund von temporalen Deiktika (situationsverweisende Ausdrücke) ohne Mühe drei Segmente unterscheiden, die die Makrostruktur des Textes bestimmen: das erste Segment (Beginn der Erzählung) setzt ein mit der Angabe "vor guten fünfzig Jahren" und schließt mit dem Zeitadverb "nie"; das zweite Segment beginnt mit dem Temporaladverb "unterdessen" und wird unterbrochen durch den temporalen Konjunktionalsatz "Als aber die Bergleute [. . .] durchgraben wollten", der damit das dritte Segment einleitet, das zusätzlich noch durch die Zeitangabe "im Jahr 1809" determiniert wird. Der Rezipient kann jedes der so abgegrenzten Segmente als relativ selbständige Erzähleinheit wahrnehmen. Das setzt voraus, daß in ihnen ein Handlungsgeschehen entwickelt wird, das einerseits so deutlich begrenzt sein muß, daß es als zusammenhängend aufgefaßt werden kann, andererseits aber fortsetzbar ist und damit als Teilelement der Gesamthandlung zu fungieren imstande ist. So wirkt das erste Segment unserer Geschichte z. B. als eine relativ geschlossene Handlungseinheit mit den Elementen 'Vereinigung' (Brautkuß und Heiratsversprechen) und 'Trennung' (Tod des einen Partners). Wenn wir noch genauer differenzieren, müssen wir sagen, daß das Element 'Vereinigung' zwei Dimensionen hat: eine gegenwärtige (Brautkuß) und eine künftige (geplante Hochzeit), und dies wiederum bedeutet, daß das Handlungsgeschehen im Hinblick auf die Zukunft alternativ durch Gelingen oder durch Scheitern bestimmbar ist. Die Erzählung wählt die zuletzt genannte Möglichkeit. Damit ist eine neue Situation entstanden, die virtuell gleichfalls in zwei Richtungen weiterentwickelt werden kann, nämlich: endgültige Wiedervereinigung bzw. endgültige Trennung. Schematisch läßt sich die Folge von alternativen Möglichkeiten einerseits und im Erzählverlauf tatsächlich gewählten Möglichkeiten andererseits so verdeutlichen:

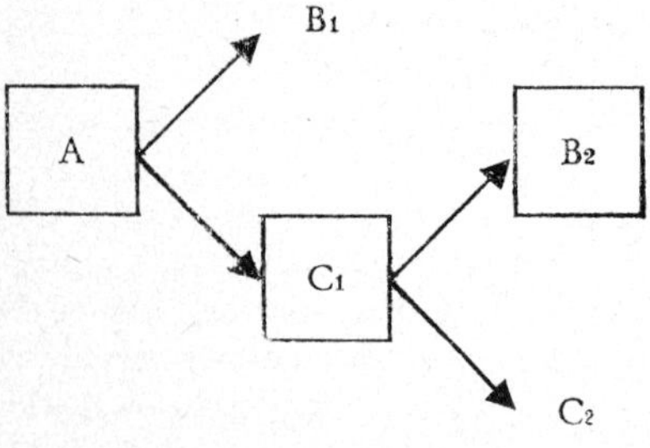

In Worten:

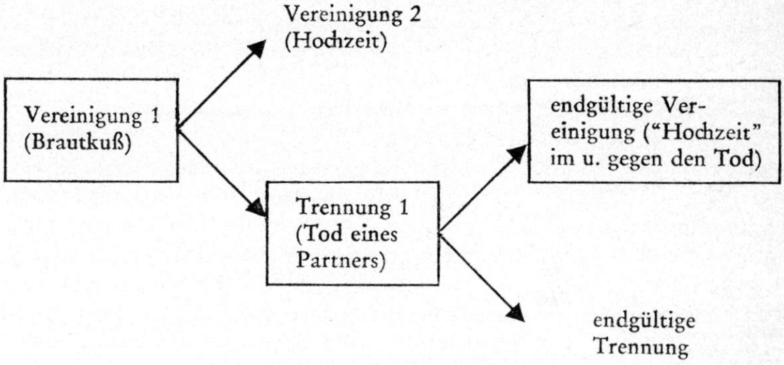

Die Teile A, C_1 und B_2 gehen also logisch konsequent auseinander hervor. Sie entsprechen den von uns mit Hilfe von temporalen Deiktika und Zeitangaben aufgefundenen drei Segmenten: das Resultat des ersten Segments wird im zweiten Segment aufgenommen und bildet dessen einzigen Erzählgegenstand: das Handlungselement 'Trennung' wird als monotones Vergehen von Zeit ins Bewußtsein des Lesers eingegraben, und zwar durch eine Chronologie, die das Welthistorische und das Alltäglich-Wiederkehrende ohne Unterschied auf den Zeitfaden reiht. – Aus den im ersten Segment aufgewiesenen alternativen Möglichkeiten des Handlungselements 'Trennung' wiederum kann folgerichtig das Geschehen des dritten Segments (Auffindung des Leichnams, Wiedererkennen und Wiedervereinigung) entwickelt werden.

Solche elementaren Erzähleinheiten bezeichnet die Erzähltheorie als *Erzählsequenzen* [6]. Erzählsequenzen sind solche Teile des Erzählprozesses, die sich durch deutlich markierte Merkmale innerhalb des Textganzen als (relativ) selbständige Handlungs- und Bedeutungseinheiten herausheben. Solche Merkmale sind: 1. die Sequenz muß Anfang und Ende haben (Indikatoren auf der Textebene: Deiktika, explizite Zeitangaben u. a.), 2. in einer Sequenz muß ein deutlich begrenzbares Geschehen erkennbar sein. Damit sind jedoch noch nicht alle Bedingungen benannt. Denn es muß ja garantiert sein, daß die einzelnen Sequenzen zu einer Gesamterzählung zusammengefügt werden können. Das wiederum setzt voraus, daß jede Sequenz Anschlußstellen bzw. Merkmale haben muß, die im Hinblick auf die Gesamtgeschichte rekurrent sind und es gestatten, die Sequenz als Teil eines weiter gespannten Ganzen anzusehen.

In Hebels Kalendergeschichte kommt die Einheitlichkeit des gesamten Erzählzusammenhanges zunächst einmal durch die Identität des Figureninventars und durch die Rekurrenz von semantischen Einheiten zustande, die eine sequenzenbildende Funktion übernehmen (Wiederaufnahme von Handlungseinheiten einer Sequenz in einer anderen). So wünscht der Verlobte an jenem Tag, an dem er tödlich verunglückt, seiner Braut "guten Morgen, aber keinen guten Abend mehr" (erste Sequenz); die Braut wiederum sagt, während man den Toten zu Grabe legt: "Schlafe nun wohl ...", und läßt damit die Zeitspanne von mehr als fünfzig Jahren auf einen einzigen Tag zusammenschrumpfen (dritte Sequenz). Ähnliches gilt auch für das Handlungselement 'Umlegen des Halstuches' und vor allem für die Realisierung der Handlungseinheit B_1, die in der ersten Sequenz ('geplante Hochzeit') als Alternative angedeutet war, in Form der Handlungseinheit B_2 der dritten Sequenz ('Hochzeit im und gegen den Tod'). – Doch sind mit den genannten Formen sekundärer erzählerischer Kohärenzbildungen die Arten der Textverklammerung in narrativen Texten noch nicht erschöpft. Eine weitere Möglichkeit ist durch die Rekurrenz von Metaphern, Symbolen und Wortmotiven gegeben, die auf Bedeutungsebenen des Textes verweisen. So ist an hervorgehobener Stelle der ersten Sequenz von den Farben "schwarz" und "rot" die Rede: "schwarz" wird das Kleid des Bergmannes genannt, und "schwarz" ist auch das Hochzeitstuch, das die Braut dem Bräutigam mit einem "roten Rand" umsäumt. In der dritten Sequenz wird das Motiv des schwarzen und roten Halstuches wieder aufgenommen: die altgewordene Braut legt dem Toten das Tuch um, "als wenn es ihr Hochzeittag und nicht der Tag seiner Beerdigung wäre". Fügt man diesen einfachen Beobachtungen noch hinzu, daß schon in der ersten Sequenz das "schwarze" Bergmannskleid ein "Totenkleid" genannt wird, dann wird deutlich, daß die Farben "schwarz" und "rot" die beiden thematischen Komplexe 'Tod' und 'Liebe' der Erzählung symbolisieren. Die einfache Wortmotivwiederholung erhält hier also signifizierenden Charakter und trägt zur Entfaltung isotoper Komplexe und der globalen Isotopie des Textes bei. Zu beachten ist dabei allerdings, daß solche Isotopien in der Regel nicht durch einfache Wiederholungen entstehen, sondern durch variierende Wiederholung bzw. durch Umstellungen und Neukombinationen. Richteten wir in Hebels Kalendergeschichte unsere Aufmerksamkeit einseitig auf plane Rekurrenzen, so entginge uns der dominanteste Aspekt des Gehalts der Kalendergeschichte, nämlich die chiastische (Chiasmus = symmetrische Überkreuzstellung von Wörtern, Motiven usw.) bzw. paradoxe Verschränkung von Gegensätzen. Liebe und Tod sind normalerweise Gegensätze; das eine steht für Leben und Wärme, das andere für Stillstand und Kälte. Beide werden in der Erzählung jedoch nicht als einander ausschließende Gegensätze betrachtet, sondern als Entsprechungen. Dies wird bereits durch das schwarz(= Tod)-rote (= Liebe) Hochzeitstuch der ersten Sequenz signalisiert. Die paradoxe Verschränkung von Tod und Liebe weist auf einen Chiasmus der dritten Sequenz voraus: in ihr wird der Bräutigam als jugendlich schön, aber kalt, die Braut als hingewelkt und kraftlos, aber mit den 'Flammen der jugendlichen Liebe' erfüllt dargestellt. Offensichtlich sah Hebel diesen Chiasmus, diese Paradoxie als zentrales Ausgangsmotiv seiner Erzählung an. Denn er greift es mehrfach auf und variiert es auf anderen Ebenen. Nicht nur, daß das Hochzeitstuch als Dingsymbol der Paradoxie fungiert, auch das Grab wird in der dritten Sequenz als Hochzeitsbett bezeichnet. Schließlich wird auch die Zeitspanne (von St. Luciä bis Johannis) 'semiotisiert'. Denn St. Luciä meint die Wintersonnenwende, Johannis die Sommersonnenwende; die Erzählung bewegt sich also vom (kalten und "schwarzen") Winter zum (warmen und "roten") Sommer, so daß auch die von Hebel gesetzten Zeitsignale als gegenläufig (gegenläufig gegen die Entwicklung vom Leben zum Tod) zu interpretieren sind. Auch die Zeitmotivik der Erzählung ordnet sich so in einen Chiasmus, der als symbolisch überhöht erscheint.[7]

Mit diesen Hinweisen sind die tatsächlich aufweisbaren Rekurrenzen bzw. Wiederaufnahmen in Hebels Geschichte eines 'unverhofften Wiedersehens' zwar noch nicht erschöpft (vgl. z. B. die weiteren Varianten des thematischen Motivs 'Zeit': Dominanz der Individualgeschichte über die historische Zeit durch das Zusammenrücken der fünfzig Jahre zu einem einzigen Tageslauf; Einbettung der Individualgeschichte in die Natur-"Geschichte" durch den die Historie überbrückenden Tageskreislauf von 'Morgen' und 'Abend' und Jahreskreislauf zwischen St. Luciä und Johannis; schließlich die mythische Aufhebung der Natur-"Geschichte" durch das Auferstehungsmotiv am Ende usw.[7a]); unsere Beobachtungen reichen aber aus, um die Feststellung zu begründen, daß Hebel die *Kohärenz* des Gesamtgeschehens und der Gesamtgeschichte durch eine Vielzahl zusätzlicher Verklammerungen der Sequenzen erstellt.

Diese Feststellung ist generalisierbar: Sequenzen in erzählenden Texten werden nicht einfach additiv aneinandergereiht, sondern stellen sorgfältig aufeinander bezogene Bedeutungseinheiten dar, die durch Verknüpfungselemente auf der Ebene der Konfiguration, der Handlung, der thematischen Motive, der Bilder und Symbole usw. zusammengehalten werden. – Wir werden diesen Aspekt in der 11. Lektion an einem anderen – und umfangreicheren – Beispiel weiterführen.

10.4. Die Erzählhandlung

Im vorangegangenen Abschnitt haben wir die Erzählsequenz als eine relativ selbständige Handlungseinheit zu bestimmen versucht; wir wollen uns im nächsten Schritt fragen, wie wir den Begriff der *Handlung* näher eingrenzen können. Ganz allgemein gesagt, kommt ein Handlungsverlauf dadurch zustande, daß eine Situation A in eine Situation B übergeht. Dabei wird vorausgesetzt, daß es entweder einen Handlungsträger gibt, von dem die Veränderung ausgeht, oder aber ein zufälliges Ereignis, das eine Veränderung bewirkt. Für unsere weiteren Überlegungen wollen wir uns auf eine einprägsame Formel des Geschichtstheoretikers *A. Danto* beziehen.

Danto untersucht in seiner "Analytischen Philosophie der Geschichte" (1965, deutsch 1974) die Rolle historischer Erklärungen und vertritt die These, daß Geschichte (als Gegenstand der Erkenntnis) nicht als kausale Folge von Ereignissen charakterisiert werden kann, sondern nur in Form von temporal geordneten "Erzählungen" verfügbar ist, deren Organisation der theorie- bzw. interessengeleiteten Perspektive des Interpreten entspringt. Anläßlich der Analyse eines konkreten historischen Falles, der notwendig die Frage nach der Verbindung zweier Ereignisse aufwerfen muß, entwickelt Danto die folgende allgemeine Formel eines "erzählenden Satzes" [8]:

[Ausgangskonstellation]	(1) x ist F in t-1
[Mittelteil]	(2) H ereignet sich mit x in t-2
[Endkonstellation]	(3) x ist G in t-3

Dabei bilden (1) und (3) Anfang und Ende der Erzählung. Die Entwicklung des Geschichtssubjekts x von F zu G im Zeitraum t-1 bis t-3 bildet das Ereignis, das der Erklärung bzw. Beschreibung bedarf. H (= Handlung) muß also das Ereignis darstellen, das eine Veränderung von F zu G hervorbringt. – Diese Formel beschreibt die Elementarform einer Erzählung [9]. Sie entspricht im übrigen auch der Grundstruktur der Erzählsequenz (für die nach unserer Bestimmung u. a. gilt, daß sie Anfang und Ende haben muß, zwischen denen sich eine Handlung vollzieht). Aus unseren Beobachtungen zur Anordnung der Erzählsequenzen aber folgt für unsere Überlegungen zum Begriff der Handlung, daß H in Wahrheit jedoch *sehr viel komplexer sein muß.*[10] In Hebels sehr einfach strukturierter Erzählung zum Beispiel setzt sich das Gesamtgeschehen aus mehreren Handlungseinheiten zusammen, die ineinander übergreifen (vgl. unsere Beobachtungen zu den Rekurrenzen): a) Brautkuß und Eheversprechen (= Ausgangskonstellation) b) Ehehindernis durch eingreifendes Handeln eines Dritten (Mittelteil) c) Überwindung des Hindernisses und Wiederherstellung der Ausgangskonstellation in variierter Form (Endkonstellation). Jede dieser Einheiten ließe sich in sich wieder in kleinste Einzelhandlungen auffächern. Zu fragen ist dabei allerdings, was solche Auffächerungen an Einsichten in den Bedeutungsaufbau des Textes insgesamt erbringen, da – nach allem, was wir bis heute wissen – der Lektürevorgang und damit die Realisierung von Bedeutung durch die *Makrostrukturen* des Erzähltextes (Gesamtaufbau des Geschehens, Verflechtung der Episoden usw.) gesteuert wird.[11]

Wir können unsere Erörterungen und Beobachtungen zur Erzählhandlung in Hebels Kalendergeschichte in etwas allgemeinerer Weise zusammenfassen: Zwischen Anfang und Ende der Erzählung spannt sich ein Geschehen, das in Form von auseinander und aufeinander folgenden Handlungseinheiten entwickelt wird. In allgemeinster Form stellt sich dieses Geschehen als eine Folge von Veränderungen dar, die auf die Weise zustande kommen, daß Figuren (menschliche Individuen oder anthropomorphe Handlungsträger) handeln, beziehungsweise diesen Figuren etwas widerfährt. Erzählhandlungen können also nicht außerhalb von Figurenkonstellationen gedacht werden.

10.5. "Fabel" und "Geschichte", "histoire" und "discours"

Unser Anfangsvergleich von Erzählvorlage und Text von Hebels "Unverhofftem Wiedersehen" hat u. a. erbracht, daß Hebel zwar den thematischen, stofflichen und motivischen Kern der Vorlage unangetastet gelassen hat (bei noch genauerer Analyse könnten sogar eine Reihe von wörtlichen Übernahmen bzw. Anklängen aufgefunden werden), aber durch Umstellung der Einzelelemente, durch Einführung einer elementaren Konfiguration und Handlung, durch Sequenzenbildung und sorgfältige handlungsmäßige und motivische Verklammerung der Sequenzen, durch Verstärkung vorgegebener Motive (z. B. Treuemotiv, Zeitmotiv) usw. das semantische Feld der Vorlage grundlegend umstrukturiert und seiner Deutung unterworfen hat. Damit ist eine neue Geschichte entstanden, die das ihr zugrunde liegende Ereignis auf neue Weise abbildet und es somit auch dem Leser auf neue Weise zu erkennen gibt.

Von Erzähltexten gilt ebenso wie von lyrischen Texten, daß *alle ihre Elemente sinntragende Elemente sind*: jede Veränderung eines Elementes hat mithin auch Veränderungen des Ganzen zur Folge. Hebels Eingriffe in seine Vorlage führen so beispielsweise dazu, daß aus einer vergleichsweise banalen Anekdote eine sehr kunstvoll durchkomponierte Erzählung wird. Gleichwohl ist es aufgrund der relativen Autonomie von Makrostrukturen in narrativen Texten [12] möglich, abstrakte Aneignungsschemata (Handlungsschemata) einer Geschichte rekonstruierend zu extrapolieren. Solche Schemata werden in der Poetiktradition als "Fabeln" bezeichnet [13] (gemeint ist also nicht der Gattungsbegriff!). "Fabel" und "Geschichte" verhalten sich nach der hier gegebenen Definition also *nicht* wie "Form" und "Inhalt" (das ist nicht möglich, weil – wie oben ausgeführt – *alle* Elemente der Geschichte *sinntragende* Elemente sind). Die Fabel stellt vielmehr ein *Konstrukt* dar, das auf *elementare Weise* ein tatsächliches oder als tatsächlich vorgestelltes (also fiktives) Ereignis *abbildet*: sie repräsentiert damit die *Nuklearform der Geschichte* [14]. Für "Fabel" und "Geschichte" (in der anglo-amerikanischen Tradition auch "plot" und "story" [15]) sind in der Erzähltheorie der Gegenwart andere Begriffe und mit ihnen teilweise andere Akzentuierungen gebräuchlich geworden: *histoire* und *discours*. Um Begriffsverwirrungen von vornherein auszuschalten, sei darauf hingewiesen, daß im folgenden Zitat "histoire" (= Geschichte) im Vergleich zur traditionellen Erzähltheorie genau entgegengesetzt gebraucht wird; d. h., wenn wir bestehende theoretische Unterschiede einmal außer Acht lassen, dann meint "histoire" (= Geschichte) das, was traditionellerweise als "Fabel" bezeichnet wird, "discours" (= Rede, Diskurs) das, was traditionellerweise unter den Begriff "Geschichte" fällt.

Die genannten Begriffe werden von dem französischen Erzählforscher T. Todorov (1966) folgendermaßen bestimmt: "Auf der allgemeinsten Ebene besitzt ein literarisches Werk zwei Aspekte: es ist gleichzeitig eine Geschichte [histoire] und eine Rede [discours]. Geschichte ist es in dem Sinne, daß es eine gewisse Realität hervorruft, Ereignisse, die geschehen sein könnten, Personen, die – aus dieser Perspektive – Personen des wirklichen Lebens zu sein scheinen. Diese selbe Geschichte könnte uns auch durch andere Medien vermittelt werden; durch einen Film zum Beispiel; man könnte sie auch durch die mündliche Erzählung eines Zeugen erfahren, ohne daß sie in einem Buch verkörpert sein müßte. Aber das Werk ist gleichzeitig auch Rede [discours]: es gibt einen Erzähler, der die Geschichte erzählt; und es gibt ihm gegenüber einen Leser, der sie aufnimmt. Auf dieser Ebene sind es nicht die berichteten Ereignisse, die zählen, sondern die Art und Weise, in der der Erzähler sie uns zu erkennen gibt. [. . .] Die Geschichte [histoire] ist eine Konvention, sie existiert nicht auf der Ebene der Ereignisse selbst. [. . . Sie] ist eine Abstraktion, denn sie wird stets von jemandem aufgenommen und erzählt, sie existiert nicht 'an sich'." [16]

"Histoire" ist hier also im Sinne unseres Definitionsversuches als *Nuklearform der Erzählung* zu verstehen, "discours" als Erzähl*prozeß*, als die Art und Weise also, wie ein Erzähler ein Geschehen in eine Kette von Einzelereignissen (Handlungssequenzen) auflöst, sie einander zuordnet und perspektiviert: So ist es möglich, vom Anfang her zu erzählen, ebensogut aber kann ein Erzähler mit dem Ende beginnen und das Geschehen bis zum Anfang aufrollen; er kann auch punktuell einsetzen und vorwärts und rückwärts greifen, usw.[17]. Ferner sind die unterschiedlichsten Perspektivierungen denkbar: der Autor kann die Erzählfunktion einem fiktiven Chronisten oder Erzähler (einer mitgestalteten Figur der Erzählung also) anvertrauen (auktorialer Roman), er kann aber auch das Geschehen ausschließlich durch das dialogische oder handlungsmäßige Mit- und Gegeneinander der Figuren selbst perspektivieren und dadurch die Wahrnehmung des Lesers so steuern, daß sich dessen Orientierungszentrum in die personalen Medien verlagert (personaler Roman) [18]; er kann ferner im Erzählprozeß unterschiedliche "Einstellungen" [19] realisieren.

Dieser letzte Begriff stammt aus der Filmtechnik und bezeichnet dort die Einstellung der Kamera auf das filmische Objekt und damit die Abbildungsgröße in Relation zum Bildrahmen (Totale, Halbtotale, 'american shot', Nahaufnahme, Ausschnitt, Großaufnahme usw.). Unterschiedliche Einstellungsgrößen gibt es jedoch nicht nur im Film: auch der Erzähler kann in einer Sequenz die Größe des Bildfeldes wechseln (z. B. vom minutiös geschilderten Detail auf eine umfassendere Beschreibung aus erweitertem Blickwinkel umschalten) und dadurch die Darstellungsperspektive verändern. Derartige perspektivische Manifestationen der Erzählfunktion lassen klar erkennen, daß auch hier die Struktur der Ausdrucksebene zur Struktur der Inhaltsebene wird, sie mithin den "Sinn" der Erzählung allererst hervorbringt und die Art und Weise darstellt, in der der Autor als 'Erzähler' ihn dem Leser zu erkennen gibt.

Anmerkungen:

[1] Vgl. dazu generell Franz K. Stanzel: Typische Formen des Romans, Göttingen 1964 (= Kleine Vandenhoeck-Reihe. 187.) und Dieter Janik: Die Kommunikationsstruktur des Erzählwerks, Bebenhausen 1973 (= Thesen und Analysen. 3.).

[2] Gotthilf Heinrich Schubert: Ansichten von der Nachtseite der Naturwissenschaft, Dresden 1808 (Neudruck: Darmstadt 1967), S. 215-216.

[3] Jason, 4. Stück (April 1809), S. 395 f. – Hinweis auf diese Quelle bei: Otto Behaghel (Hrsg.): Johann Peter Hebel: Werke, Bd. 1. 2., Stuttgart 1883-4; Bd. 2, S. 235, und bei: Lothar Wittmann (vgl. Anm. 5).

[4] Johann Peter Hebel: Werke (vgl. Anm. 3), Bd. 2, S. 235-237.

[5] Da es uns hier und im Folgenden *nicht* um eine interpretierende Deutung der Erzählung Hebels geht, sei an dieser Stelle auf die zwei wichtigsten Interpretationen verwiesen: Lothar Wittmann: Johann Peter Hebels Spiegel der Welt, Frankfurt 1969, S. 1-23, und: Jan Knopf: Geschichten zur Geschichte. Kritische Tradition des 'Volkstümlichen' in den Kalendergeschichten Hebels und Brechts, Stuttgart 1973, S. 75-80.

[6] Unsere Analyse der Erzählsequenzen orientiert sich an: Claude Bremond: "Die Erzählnachricht", in: Literaturwissenschaft und Linguistik, hrsg. von Jens Ihwe, Bd. III, Frankfurt 1972, S. 177-217; bes.: S. 197 ff; vgl. aber aus der älteren Erzählforschung auch Eberhard Lämmert: Bauformen des Erzählens, Stuttgart 1955, S. 73 ff.

[7] Vgl. auch Wittmann, a. a. O. S. 10 ff.

[7a] Vgl. dazu genauer: Wittmann, a. a. O. S. 11 f, und Knopf, a. a. O. S. 75 ff.

[8] Arthur C. Danto: Analytische Philosophie der Geschichte, Frankfurt 1974, S. 376. Wir folgen hier einem Hinweis von K. Stierle: "Geschichte als Exemplum – Exemplum als Geschichte. Zur Pragmatik und Poetik narrativer Texte", in: Geschichte – Ereignis und Erzählung, hrsg. von R. Koselleck und W. D. Stempel, München 1973 (= Poetik und Hermeneutik. V.), S. 352.

9 Vgl. Danto, a. a. O. S. 376 und Stierle, a. a. O. S. 352.

10 Vgl. auch Danto, a. a. O S. 383.

11 Vgl. dazu die wichtigen Hinweise von Manfred Bierwisch: "Poetik und Linguistik", in: Mathematik und Dichtung, hrsg. von Rul Gunzenhäuser und Helmut Kreuzer, München ⁴1971, S. 63: Bierwisch meint, Voraussetzung für die Wirkung von Mikrostrukturen sei, "daß sie beim Prozeß des Verstehens als simultane Komplexe rekonstruiert werden können", die Makrostrukturen bilden, welche ihrerseits Voraussetzung für die Apperzeption von Bedeutungseinheiten im Dauergedächtnis sind: "In einem Prozeß, über dessen Grundlagen und einzelne Schritte kaum vage Vermutungen möglich sind, werden die vom Kurzzeitgedächtnis apperzipierten Komplexe reduziert zu Einheiten, die im Dauergedächtnis zur Verfügung stehen, und es ist sicher, daß sie dabei auch strukturell entscheidend umgeformt werden. Welche Rolle bei dieser Umformung Mikro- und Makrostruktur spielen, ist ein für die Gesamtwirkung zentrales Problem.

Jenseits dieses ungeklärten Zusammenhanges kommt den Makrostrukturen aber zweifellos eine relative Autonomie zu. Folgende Überlegung macht das deutlich. Bei der Übersetzung eines Texts in eine andere Sprache ist seine Mikrostruktur oft gar nicht zu erhalten, sie muß durch eine möglichst ähnliche, aber neu konstruierte ersetzt werden, während die Makrostruktur recht mühelos in andere Sprachen – ja mit gewissen Einschränkungen mitunter sogar in ganz andere Medien als die natürliche Sprache, etwa den Film – übertragen werden kann. Es ist bekannt, daß die Übersetzung von Gedichten, bei denen die Mikrostruktur entscheidend ist, sehr viel problematischer ist als die von Romanen, bei denen die Makrostruktur eine wesentliche Rolle spielt. Das führt schließlich zu der Feststellung, daß eine systematische Literaturtheorie die Möglichkeit prüfen muß, ob nicht auch für die Makrostruktur generelle und relativ unabhängige Regelsysteme formuliert werden können."

12 Vgl. Bierwisch, a. a. O.

13 Vgl. z. B. Wolfgang Kayser: Das sprachliche Kunstwerk, Bern und München ¹⁰1964, S. 77 und E. Lämmert, a. a. O. S. 24 f.

14 Vgl. K. Stierle: "Geschehen, Geschichte, Text der Geschichte", in: Geschichte – Ereignis und Erzählung, a. a. O. S. 532 f.

15 Vgl. dazu: Encyclopedia of Poetry and Poetics, hrsg. von Alex Preminger, Princeton 1965, S. 622 f. – Die dort gegebene Definition lautet: "We may conclude (...) that *plot* is an intellectual formulation about the relationship existing among the incidents of a drama or a narrative, and that it is, therefore, a guiding principle for the author and an ordering control for the reader."

16 Tzvetan Todorov: "Les catégories du récit littéraire", in: Communications 8 (1966), S. 126 und S. 127; vgl. im übrigen auch K. Stierle, a. a. O. (Anm. 14), S. 533.

[17] Vgl. dazu die noch nicht überholten Darstellungen E. Lämmerts, a. a. O. S. 73-194.

[18] Vgl. dazu die Kategorisierungen bei Franz K. Stanzel, a. a. O. (Anm. 1).

[19] Zum Begriff der "Einstellung" vgl. J. M. Lotman: Die Struktur literarischer Texte, München 1972, S. 368-374.

11. LEKTION: EINFÜHRUNG IN DIE ANALYSE ERZÄHLENDER TEXTE 2 (TEXTBEISPIEL: EUGENIE MARLITTS "IM HAUSE DES KOMMERZIENRATES")

11.1. Einleitende Informationen zur Wahl des Textbeispiels

Wir wollen im folgenden mit Hilfe der umfassenden Analyse zweier Romane, von denen einer (der der Marlitt) zur sogen. Trivialliteratur, der andere (Fontanes "Frau Jenny Treibel") zur "hohen" Literatur gezählt wird, in jene Fragen der Deutung einführen, die wir bislang weitgehend ausklammern mußten. Es sei vorab auf eine Selbstverständlichkeit hingewiesen, daß nämlich erst die vollständige Lektüre der analysierten Romane die Lektionen 11, 12 und 15 ganz verständlich werden läßt. Um im Einzel- und Ausnahmefall die Lektionen 11 und 12 auch ohne Kenntnis des Textes fruchtbar werden zu lassen, haben wir der eigentlichen Analyse, die ihrerseits eine Reihe von Textexzerpten enthält, eine Inhaltsangabe des Romans vorangeschickt. Im übrigen sei auf die preiswerte Paperbackausgabe des Romans im gleichen Verlag hingewiesen.

Kurzbiographie der Marlitt:

Eugenie Marlitt (eigentlich: Eugenie John), geb. 5. 12. 1825 in Arnstadt, gest. 22. 6. 1887. Gesangs- und Musikstudium durch Protektion der Fürstin Mathilde von Schwarzburg-Sondershausen. Titel einer fürstlichen Kammersängerin in Sondershausen. 1846 Debüt in Leipzig, Auftritte in Linz a. D., Graz u. a. Abbruch der musikalischen Karriere wegen eines (wahrscheinlich psychophysischen) Gehörleidens. Gesellschafterin am Hof Schwarzburg-Sondershausen (bis 1863). Rückkehr in den Schoß der Familie nach Arnstadt und Versuch einer schriftstellerischen Karriere. Erste schriftstellerische Erfolge in der "Gartenlaube", deren regelmäßige Mitarbeiterin sie 1865 wird. 1865 Veröffentlichung ihres ersten Romans "Goldelse" in der "Gartenlaube" mit ungewöhnlicher Publikumsresonanz (1867 Buchfassung). Seitdem bis zu ihrem Tode erfolgreichste Autorin der "Gartenlaube", deren Auflagenzahl nicht zuletzt aufgrund der Publikumswirksamkeit der Marlitt rapide in die Höhe steigt. Weitere Erfolgsromane: "Das Geheimnis der alten Mamsell" (1867), "Reichsgräfin Gisela" (1869), "Das Heideprinzeßchen" (1872), "Im Hause des Kommerzienrates" (1877), "Im Schillingshof" (1879) u. a.

Zum Inhalt:

In ihrem Roman "Im Hause des Kommerzienrates" erzählt die Marlitt eine Liebesgeschichte mit Hindernissen: Käthe, das Kind des verstorbenen

Bankiers Mangold aus dessen zweiter Ehe mit der Tochter eines reich gewordenen Mühlenbesitzers, die bei der Geburt des Mädchens starb, kehrt nach dem Tode ihres Großvaters, des Mühlenbesitzers, aus der Fremde nach Hause zurück, um ihr Erbe anzutreten. Daraus entwickelt sich ein Familienkonflikt, der durch Kollision mit den Verwandten aus der ersten Ehe des Bankiers entsteht. Diese Verwandten nämlich – reich gewordene Parvenüs – verachten die Enkelin des Müllers, sehen sich aber gezwungen, die reiche Erbin zu akzeptieren, zumal das nominelle Familienoberhaupt der Kommerzienrat Römer, bis zu ihrer Volljährigkeit testamentarisch als Vermögensverwalter eingesetzt ist. Gleichwohl sieht Käthe sich Anfeindungen und Sticheleien von seiten ihrer Stiefschwester Flora und deren Großmutter, der Präsidentin Urach, ausgesetzt, gegen die sie nur ihren natürlichen Charme einzusetzen hat. Flora, als schriftstellernde "Emanze" gezeichnet, und Käthe bilden ein Oppositionspaar, von dem aus die Marlitt die Handlung entwickelt. Denn Floras Verlobter, der Arzt Dr. Bruck, beginnt allmählich zu erkennen, daß er sich in seiner Partnerwahl geirrt hat, ohne sich diese Täuschung offen einzugestehen, da gesellschaftliche Konventionen eine Auflösung des Verlöbnisses nahezu unmöglich machen. Flora ihrerseits sucht sich der familialen Rollenerwartung – Beschränkung auf Ehe, häusliche Tätigkeit und Kindererziehung – durch (von der Marlitt eindeutig als negativ charakterisierte) Provokationen zu entziehen und Bruck zum Bruch zu zwingen. Ihre Taktik ändert sie erst, als sie bemerkt, daß Bruck und Käthe Gefühle füreinander entwickeln, obwohl beide sich ihre heimliche Liebe niemals eingestehen: Bruck, weil er den gesellschaftlichen Skandal fürchtet, Käthe, weil sie eher "entsagen" als der Schwester Konkurrenz machen will. Käthe, die positive Identifikationsfigur dieses Romans, muß einen Leidens- und Bewährungsweg überstehen, bevor die Konflikte aufgehoben werden. Der Konfliktknoten löst sich erst durch ein unerwartetes Ereignis von außen. Die Marlitt nämlich erzählt in ihrem Roman zugleich die Geschichte des Fabrikanten Römer, der sich – der Roman läßt sich zeitlich genau auf die Spekulations-Hausse unmittelbar vor dem Börsenkrach vom Frühjahr und Sommer 1873 datieren – vom "Gründerfieber" anstecken läßt und dabei nicht nur sein eigenes, sondern auch das Vermögen seines Mündels und seiner Verwandten aufs Spiel setzt und verliert. Als er die katastrophalen Folgen seiner Börsenmanipulationen nicht mehr länger verheimlichen kann, inszeniert er die Explosion einer Turmruine, die er sich als Refugium ausgebaut und als Aufbewahrungsort der Wertpapiere ausersehen hatte, um den Verlust der Papiere und seinen Tod vorzutäuschen. Tatsächlich freilich flieht er, sich der Verantwortung für seine Betrügereien entziehend, nach Amerika. Börsenkrach und Explosion ereignen sich am Vorabend der geplanten Hochzeit zwischen Dr. Bruck und Flora; die gesellschaftliche Familienkatastrophe fällt nicht zufällig mit dem ökonomischen und sozialen "Generalkrach" von 1873 zusammen, und nicht zufällig setzt die Marlitt hier die Peripetie der Handlung an. Denn Floras in der Familienkrise noch verschärft hervortretender Egoismus veranlaßt

Bruck endlich, seine Zuneigung zu Käthe zu gestehen und die Verlobung zu lösen. – Was nun folgt, ist lediglich erzählerische Coda: die Bewährungsprobe Käthes als 'schöne Müllerin' (die Mühle des Großvaters ist ihr als einziger Besitz geblieben) und das schließliche 'happy end'.

In welcher Weise die Marlitt in diesem Roman soziale Werte propagiert und dominante Zeitthemen aufgreift, soll die folgende Analyse klären. Uns geht es dabei allerdings nicht nur um eine Einzelanalyse, sondern um den Nachweis, *wie* narrative Texte *ganz allgemein* durch Figurenkonstellationen und Handlungsstrukturen Wirklichkeit modellieren. Die Art und Weise dieser Modellierung läßt sich an sogen. Trivialliteratur, zu der die Romane der Marlitt üblicherweise gezählt werden, klarer herausarbeiten als an sogen. "hoher" Literatur, da Trivialliteratur zwar auf prinzipiell gleiche, aber einfachere Weise Wirklichkeit modelliert. Das sich hier anschließende *Wertungsproblem* werden wir vorläufig unbeachtet lassen und erst in der 14. Lektion wieder aufgreifen.

11.2. Semantische Rekurrenzen in narrativen Texten

Wir haben gesehen, daß die Kohärenz von Texten in erster Linie von der Rekurrenz semantischer Merkmale abhängig ist. Solche rekurrenten semantischen Merkmale haben wir kontextuelle Seme bzw. Klasseme genannt. Klasseme begründen Isotopien bzw. homogene Bedeutungsebenen, die kohärente Texte durchziehen und damit deren thematischen Zusammenhalt erstellen.

Dies gilt für 'normalsprachliche' Texte ebenso wie für Erzähltexte, für kürzere Texte ebenso wie für umfangreichere, mehrere hundert Seiten lange.

So begründen etwa die folgenden Textstellen aus Marlitts "Im Hause des Kommerzienrates" eine Isotopie, deren Klassem ± [weibliche Hingabe] ist[1]:

1. Flora über ihren Verlobten Bruck auf S. 21: "Ich bin zu stolz, zu wenig hingebend, um die dunkle Verschuldung eines andern mitzuwissen und zu verhehlen – sei dieser andere, wer er wolle!"
2. Flora auf S. 26: "Ich gäbe sofort mein halbes Vermögen hin, wenn ich noch so denken könnte wie zu Anfang meiner Brautschaft, so stolz, so

zuversichtlich zu Bruck aufsehend [. . .]. Jene Schwäche des Weibes kenne ich freilich nicht, das nur liebt, ohne zu fragen: Ist der Geliebte der Hingebung auch würdig? . . . Ich bin ehrgeizig, glühend ehrgeizig, das können alle wissen."

3. Henriette zu Flora auf S. 77: "'In deinem Falle bleibt nur noch die Aufgabe zu beglücken', brauste Henriette auf."
4. Flora über das Verhältnis einer Frau zu einem geliebten Mann auf S. 78: "Keine Rolle ist lächerlicher als die jener ahnungslosen Frauenseelen, die da noch öffentlich anbeten, wo, wie die Welt sich zuzischelt, längst nichts mehr zu verehren ist."
5. Über Brucks Tante, die ihrem geliebten Neffen "selbstverständlich" das schönste Zimmer im Hause eingeräumt hatte, S. 90: "'Selbstverständlich!' Wie das klang! So weiblich demütig, so mütterlich liebend und – verziehend . . ."
6. Bruck über sein von seiner Tante geführtes Heim, S. 95: "Der Friede der selbstlosen Frauenseele weht einen an – das ist's auch, weshalb ich so gern heimgehe in unser Stilleben mit den einfachen Möbeln und deinem geräuschlosen Walten, Tante."
7. Bruck über den Emanzipationswunsch einiger Frauen auf S. 109: "Ich stehe der Frauenfrage durchaus nicht fern und wünsche, wie alle Billigdenkenden, daß die Frau die Mitstrebende, die verständnisvolle Gehilfin des Mannes auch auf geistigem Gebiete werde'. [Darauf Flora:] 'Gehilfin? Wie gnädig! Wir wollen aber keine Gnade, mein Freund; wir wollen mehr; wir wollen G l e i c h strebende, G l e i c h berechtigte nach jeder Richtung hin sein.' Er zuckte die Achseln und lächelte; sein interessantes Gesicht erschien durch dieses Gemisch von leisem Spott und nachsichtiger Milde ungemein beseelt."
8. Flora zu Bruck auf S. 111: "'Ich werde nach wie vor rauchen; es ist mir dies bei meinem schriftstellerischen Beruf nötig, und dieser Beruf ist mein Glück, mein moralischer Halt; in ihm lebe und atme ich –' [Darauf Bruck:] 'Bis dich ein unvermeidlicher Wendepunkt deinem eigentlichen Beruf zuführt,' warf der Doktor ein. Seine Stimme klang hart wie Stahl."
usw.

Wir haben die durch das Klassem ± [weibliche Hingabe] begründete Isotopie als Einführungsbeispiel gewählt, weil diese Bedeutungsebene weitgehend in der gleichen Weise aufgebaut wird wie Isotopien in nicht-erzählenden Texten: jede der zitierten Szenen weist mindestens ein Semem auf, das das kontextuelle Sem ± [weibliche Hingabe] enthält.

Wir haben jedoch schon mehrfach festgestellt, daß literarische Texte ihre Aussagen sehr häufig nicht in begrifflicher, alltäglicher Sprache formulieren, sondern Zeichensysteme zweiter Ordnung darstellen, in denen Bedeutung nicht durch die denotative und konnotative Funktion einzelner Sememe, sondern ganzer Szenen, Motive, Motivkomplexe, Geschichten usw. erstellt wird. Mit anderen Worten: die die Isotopie begründenden Klasseme sind in diesen Fällen nicht Bedeutungsaspekte bzw. semantische Merkmale von einzelnen Sememen, sondern von Zeichenkomplexen zweiter Ordnung: von Handlungseinheiten, Charakterparadigmata, Figuren- und Raumkonstellationen, Motivkomplexen usw. Zwar kann man den Klassembegriff im *streng* linguistischen Sinne nicht mehr auf solche "sekundären" Bedeutungskomplexe beziehen, wir sehen aber keinen Grund, hier einen anderen Begriff einzuführen, da sowohl Zeichen bzw. Zeichenkomplexe erster als auch zweiter Ordnung in prinzipiell gleicher Weise Bedeutung aufbauen.

Die Konstitution von Isotopien literarischer Texte durch "sekundäre" Bedeutungskomplexe läßt sich anhand folgender Szenen exemplifizieren:

1. Auf S. 20 heißt es über Floras Zimmer: "Das war ein Zimmer, wo keine Blume gedeiht, wo kein Vogel sein störendes Lied singen darf."
2. Auf S. 23 betritt Henriette Floras Zimmer: "sie war überhaupt in eleganter Gesellschaftstoilette; nur hing originellerweise da, wo andere Damen ein Margaretentäschchen tragen, ein ovales Weidenkörbchen, weiß gefüttert mit blauen Atlaskißchen, zwischen denen ein Kanarienvogel saß. 'Nein, Henriette!' rief Flora ungeduldig und heftig, als das Vögelchen sofort sein Nest verließ und wie ein Pfeil über ihren Kopf hinflog, 'das leide ich absolut nicht. Deine Menagerie lässest du draußen!' [. . .] 'Wie mögt ihr nur Henriettes Kindereien und Narrheiten dulden? Sie wird euch nächstens auch ihre sämtliche Tauben- und Dohlennester in den Salon schleppen.' 'Ei ja – warum denn nicht, Flora?' lachte die Kleine [. . .]. 'Die guten Leute müssen sich ja auch gefallen lassen, daß du womöglich mit der Feder hinter dem Ohr einhergehst und stets alle Taschen voll Stubengelahrtheit mitbringst –'"
3. Auf S. 35 wird beschrieben, wie *Käthe* die beiden Hunde "Mohr" und "Wächter" nach mehreren Jahren wiedersieht: "'Mohr! Wächter!' rief die junge Dame mit schmeichelnder Stimme über den Hof hinüber. Die Hunde gebärdeten sich wie toll und rissen winselnd an der Kette."
4. Auf S. 72 wird *Floras* Verhalten Tieren gegenüber folgendermaßen beschrieben: "Ein Stoß ihres schönen Fußes scheuchte den Hund aus dem Wege, dann stieg sie den Rasenhang hinauf. Schüchtern flohen die Rehe vor der seidenrauschenden Erscheinung; die Tauben flatterten geängstigt von den unteren Fenstersimsen, und der Hund knurrte widerwillig und ging der herrischen Dame um einige Schritte langsam nach."

usw.

Diese (und eine Reihe weiterer) Szenen werden nicht mehr durch Semrekurrenz verklammert, d. h. in ihnen konstituieren nicht mehr *direkt* begrifflich benennende Passagen des Textes (sei es in Form des Erzählberichts oder in Form der Figurenrede), sondern *indirekte*, Konnotationen auslösende Weisen des Bedeutungsaufbaus (hier: Verhaltensweisen und Handlungen von Figuren einerseits und Reaktionen von ihnen zugeordneten Gegenfiguren bzw. Lebewesen andererseits) eine homogene Bedeutungsebene mit dem rekurrenten semantischen Merkmal ± [Naturverbundenheit]. Solche 'sekundären' semantischen Textbildungsverfahren, in denen nicht mehr einzelne Sememe ein kontextuelles Sem wiederaufgreifen, sondern Handlungen, Motive, indirekte Formen der Charakteristik etc. sind für literarische Texte weit typischer als der erste Beispielfall.

Um den Marlittschen Roman zu analysieren, müßten wir im folgenden alle Isotopien des Romans herausarbeiten und nach ihren hierarchischen bzw. oppositionellen Gliederungen forschen. Wir wollen zwar schon an dieser Stelle die wichtigsten Klasseme und damit die wichtigsten Isotopien des Romans auflisten, stellen aber unsere zusammenfassende Deutung der Isotopien bzw. Isotopienbündel vorerst zugunsten der Einführung einiger weiterer Grundbegriffe der Narrativik zurück:

± [weibliche Hingabe]
± [fürsorgliches Verhalten]
± [zupackende Tätigkeit]
± [Gemeinschaft zwischen sozial Hoch- und Niedrigstehenden]
± [Naturverbundenheit]
± [Besonnenheit], [ruhige Wesensart]
± [Genialität]
± [Familienorientierung]
± [Gesellschaftsorientierung], [Orientierung am äußeren Schein]
± [materialistisch], [kapitalistisch]
± [Erfolgsstreben], [eitler Ehrgeiz]
± [redselige Angeberei]
± [feudalisierter Lebensstil]
± [Verbindung von Gewerberaum und Lebensraum]

11.3. Die literarische Figur

Wir haben oben die durch das Klassem ± [weibliche Hingabe] fundierte Isotopie mit den Isotopien normalsprachlicher Texte verglichen, da in beiden Fällen die isotopiekonstitutiven Seme in einzelnen Sememen rekurrieren. Es gibt jedoch auch schon bezüglich der Isotopie ± [weibliche Hingabe] wesentliche Unterschiede zwischen den Isotopien literarischer und normalsprachlicher Texte: das semantische Merkmal ± [weibliche Hingabe] ist in unserem Text jeweils den fiktiven Personen des Romans zugeordnet; es ist gebunden an literarische Figuren.

Die oben aufgelisteten Klasseme, d. h. rekurrente Bedeutungsaspekte von Bedeutungskomplexen des Marlittschen Romans, stellen, da sie in positiver oder negativer Qualifizierung auftreten können, Binäroppositionen dar, die literarischen Figuren zugeordnet werden und auf diese Weise diese Figuren charakterisieren. Eine literarische Figur kann geradezu dadurch definiert werden, daß ihr ein Bündel semantischer Merkmale zugeordnet ist, das im Verlaufe des Romans aufgebaut, entwickelt und (u. U.) variiert wird. So ordnet der Marlittsche Roman seinem männlichen Helden Bruck beispielsweise folgendes Merkmalsbündel zu:

[
+ Familienorientierung
+ (Hochschätzung) weiblicher Hingabe
+ Gemeinschaft sozial Hoch- u. Niedrigstehender
— Gesellschaftsorientierung
— Erfolgsstreben
— materialistisch
. . . .
]

11.4. Die literarische Figurenkonstellation

Marlitts Roman "Im Hause des Kommerzienrates" führt im Verlauf seines Geschehens eine Fülle von Personen ein. Diese Figuren bilden die *Konfiguration* oder Figurenkonstellation des Romans. Eine Konfiguration von Personen ist in der nicht-fiktiven Wirklichkeit in der Regel zufällig und ohne gesetzmäßige Gliederung. In narrativen Texten hingegen dient sie dazu, ein geordnetes Weltmodell zu entwerfen, indem zwei oder mehr Personengruppen mit Hilfe zwei- oder mehrgliedriger Oppositionen gegeneinandergesetzt werden. Die Konfiguration des Marlittschen Romans beispielsweise wird durch konfigurationskonstitutive Binäroppositionen bestimmt, die auf zwei Personengruppen aufgeteilt werden [2]: Der Gruppe 1 (Römer, Flora, Präsidentin) wird das folgende Merkmalbündel zugeordnet

[
\+ Gesellschaftsorientierung
\+ materialistisch
\+ feudalisierter Lebensstil
— Gemeinschaft von sozial Hoch- u. Niedrigstehenden
— fürsorgliches Verhalten
. . . .
]

der Gruppe 2 (Bruck, Käthe, Tante u. a.) dagegen das Merkmalbündel

[
— Gesellschaftsorientierung
— materialistisch
— feudalisierter Lebensstil
\+ Gemeinschaft von sozial Hoch- u. Niedrigstehenden
\+ fürsorgliches Verhalten
. . . .
]

Bereits aus dem gesetzmäßig geordneten Aufbau literarischer Konfigurationen mittels der gegliederten Zuordnung kompatibler (zusammenpassender) semantischer Merkmale zu konfigurationskonstitutiven Gruppen läßt sich ablesen, daß literarische Texte kommunikative Einheiten bzw. Träger kommunikativer Zwecke sein können und in der Regel auch sind. Auch ohne die Entfaltung einer Handlung wirkt die Konfiguration des Marlittschen Romans sozialisierend, indem sie semantische Binäroppositionen positiv und negativ gezeichneten Figuren zuordnet, sie demzufolge wertet und dadurch ein wertmäßig geordnetes Menschen- und Weltbild erstellt.

11.5. Die Handlung

Daß die semantischen Merkmale, die den sich in einer Konfiguration gegenüberstehenden Figurengruppen zugeordnet sind, antagonistische Oppositionen darstellen, ist eine der wesentlichsten Voraussetzungen für den Handlungsbeginn und -verlauf in narrativen Texten. Die Abgrenzung zwischen den Personengruppen darf freilich nicht absolut sein; die Figuren müssen – mit anderen Worten – handlungsmäßig verbunden sein, da nur eine solche Verbindung gewährleistet, daß die antagonistischen Oppositionen konfliktauslösend wirken können.

Im Typus des bürgerlichen Liebesromans, wie ihn Marlitts "Im Hause des Kommerzienrates" repräsentiert, wird die handlungskonstitutive Verbindung zwischen den Figurengruppen in der Regel durch ein Dreiecksverhältnis hergestellt. Im Marlittschen Roman sind die

Träger dieses Dreiecksverhältnisses Bruck, Flora und Käthe, wobei Bruck und Käthe durch identische Merkmalbündel charakterisiert sind, während Flora im Hinblick auf die dominanten Isotopien des Romans jeweils die oppositionellen semantischen Merkmale zugeordnet werden:

[+ Familienorientierung
— Gesellschaftsorientierung
+ weibliche Hingabe
+ soziale Gemeinschaft
— materialistisch]

Bruck

[— Familienorientierung
+ Gesellschaftsorientierung
— weibliche Hingabe
— soziale Gemeinschaft
+ materialistisch]

Flora Käthe

[+ Familienorientierung
— Gesellschaftsorientierung
+ weibliche Hingabe
+ soziale Gemeinschaft
— materialistisch]

Da Flora und Bruck miteinander verlobt sind, Käthe und Bruck aufgrund ihrer moralisch-natürlichen Eigenschaften füreinander bestimmt scheinen, ergibt sich zu Beginn des Romans ein Widerspruch zwischen der sozialen und der moralisch-natürlichen Bestimmung füreinander (daß die in bürgerlichen Augen positiven Charaktereigenschaften als *natürliche* Eigenschaften gedeutet wurden, hängt mit der bürgerlichen Emanzipationsbewegung des 18. Jahrhunderts zusammen, in der man die moralischen Eigenschaften des "Herzens" als natürliche empfand und sie beispielsweise den gekünstelten Sitten des Hofes gegenüberstellte). Dieser Widerspruch zwischen sozialer und natürlicher Bestimmung füreinander findet sich in den meisten Dreiecksgeschichten der bürgerlichen Liebesliteratur. Als eines der frühesten Beispiele kann Goethes Briefroman "Die Leiden des jungen Werthers" gelten, in dem im Unterschied zu unserem Text nicht die natürliche Bestimmung füreinander (Werther und Lotte), sondern die soziale (Albert und Lotte) siegt. Der Handlungsverlauf sagt in diesem Fall wie in dem der Marlitt Wesentliches über die gesellschaftlichen Ansichten seines Schöpfers aus. Denn die bürgerliche Intelligenz des 18. Jahrhunderts bezog ihre emanzipatorischen Hoffnungen vor allem aus der

Überzeugung, daß sich durch Aufklärung und Erziehung die Individuen (unter Einschluß der Herrschenden) moralisieren lassen und daß sich durch den auf diese Weise eingeleiteten Sieg natürlicher Eigenschaften ein zukünftiger, auch im politischen Bereich moralischer Staat entwickeln lasse. Wenn Goethe zum Zeitpunkt der weitesten Verbreitung dieser Überzeugung eine Handlung konstruiert, die die soziale Bestimmung füreinander über die natürliche triumphieren läßt, dann ist das eines unter vielen Anzeichen dafür, daß Goethe dem geschichtsphilosophischen Optimismus seiner Zeitgenossen um 1774 (Erscheinungsjahr des Werthers) äußerst skeptisch gegenüberstand. Die Marlitt dagegen scheint diese Skepsis nicht zu teilen. Ihr Roman skizziert den Siegesweg, auf dem die füreinander Bestimmten zueinander finden. Wir werden uns zu fragen haben, ob ein solcher Geschehensablauf nicht geeignet ist, die wertbesetzten semantischen Merkmale, aufgrund derer Bruck und Käthe füreinander bestimmt sind, als soziale Orientierungswerte zu propagieren und ihrer Verinnerlichung durch den Leser Vorschub zu leisten.

Nun ist es in den meisten Romanen freilich nicht damit getan, daß zu Beginn des Romans mit Hilfe semantischer Merkmale konfigurationskonstitutive Oppositionen aufgebaut werden, sich aus dieser Oppositionsstruktur die Konfliktstruktur des Romans entwickelt und im Handlungsverlauf der Sieg oder die Niederlage der positiv gewerteten semantischen Merkmalsbündel und ihrer Träger geschildert wird. Viele narrative Texte gewinnen ihre Eigenart gerade aus der nicht eindeutigen Zuordnung zwischen Merkmalsbündeln und Figuren bzw. Figurengruppen. Gerade das Schwanken und die schließliche Entscheidung für eine Haltung oder Meinung (texttheoretisch: für ein Klassem) kann dazu beitragen, diese Haltung oder Meinung (bzw. dieses Klassem) im Strukturzusammenhang des Romans dominant zu setzen bzw. ihre Sozialisationsfunktion zu verstärken. Wir wollen dies anhand zweier semantischer Merkmale diskutieren, die Bruck bzw. Käthe nicht immer eindeutig zugeordnet sind.

Bei Käthe handelt es sich um das Merkmal – [materialistisch]. Da wir uns in der nächsten Lektion ausführlich mit der Verankerung dieses Merkmals (und der dadurch begründeten Isotopie) im historisch-sozialen Kontext des Romans beschäftigen wollen, ist es angebracht, die wichtigsten Textstellen, in denen das Merkmal ± [materialistisch] bzw. ± [kapitalistisch] rekurrent ist, hierherzusetzen:

1. Käthe über Römer auf S. 52: "'Ich weiß aus seinen Briefen, daß ihm die Erwerbung weltlicher Güter Hauptlebenszweck ist. [. . .]' [. . .] Er

[Bruck] ging schweigend neben ihr her; dann fragte er mit einem Seitenblick: 'Und Sie – bleiben denn S i e kalt, diesem Reichtume gegenüber?' Käthe bog den Kopf mit graziösem Mutwillen vor und sah ihm unter das Gesicht. 'Sie erwarten wahrscheinlich eine sehr gesetzte Antwort von mir großem Mädchen, so ein recht ernstes Ja, aber das kann ich mit dem besten Willen nicht herausbringen. Ich finde es nämlich über die Maßen hübsch, reich zu sein.'"

2. Römer auf S. 82 zu Käthe über einen Geldschrank: "'Der gehört dir, du Gebenedeite; das ist dein 'Bäumlein rüttle dich, wirf Geld und Silber über mich!' sagte er, und seine Hand glitt förmlich liebkosend über das kalte Metall."
3. "das Rüstzeug des neuen Geschlechts im alten Turme waren – die modernen Geldschränke. Ja, das seltsam fremdartige Element, das drüben in der Villa durch alle intimen Familiengespräche zitterte – das Geldfieber, der Spekulationsgeist – es war auch hierher in das ernsthaft kopierte Ritterwesen verschleppt worden. Es wehte in der Luft; es schlich treppab, treppauf, und dort die mächtigen Jahrhunderte alten Humpen auf den Kredenztischen der Halle, sie waren Ironie in den weichen Händen der Kouponschneider, wie die riesenhaften, neuaufgefrischten Riegel und Vorlegeschlösser in grotesker Lächerlichkeit die eiserne Kellerthür bedeckten – sie hüteten die Champagnerflaschen des Kommerzienrates, während droben Tausende hinter kaum erkennbarem, zierlichem Verschlusse lagen. [. . .] ebenso wenig durfte zu Bankier Mangolds Lebzeiten die Geldmacht im Familienkreise dominieren; ein so pünktlicher Chef er auch in seinem Comptoir gewesen, nie war ihm daheim ein Wort über Geldgeschäfte entschlüpft. Und jetzt! Selbst die Präsidentin spekulierte; sie hatte ihr kleines Vermögen von wenigen Tausenden auch in das große Glücksrad geworfen, das heißt in Aktien angelegt, und fast unheimlich sah es aus, wenn das Gesicht der sonst so kühl empfindenden Frau bei den immer wiederkehrenden Geldgesprächen vor aufgestörter innerer Leidenschaft rot bis über die Schläfe wurde . . ." S. 84 f.
4. Auf S. 86 in erlebter Rede (Käthe): "O ja, es war und blieb 'über die Maßen hübsch', reich zu sein, nur durfte der Reichtum nicht unfrei machen; er durfte dem raschen, warmblütigen Menschenkind die regen Hände nicht binden wollen."
5. "die Gemeinheit der Gesinnung, die Brutalität, mit welcher der ehemalige Müllerknecht einen erbarmungslosen Druck auf die Armut ausgeübt, um zu einem großen Vermögen zu gelangen, erfüllten sie mit Ekel und Abneigung, und an den eisernen Spind mit seinen aufgespeicherten Schätzen mochte sie gar nicht mehr denken." S. 203.
6. "'Ruht Fluch und Unsegen auf dem Gelde –' Der Kommerzienrat unterbrach sie mit einem lauten Gelächter. 'Kind, lasse dir doch nicht bange machen! Unsegen! Ich sage dir, das Glück hängt sich deinem Erbe förmlich an die Fersen; die Gewinnanteile, die ich gegenwärtig durch ein

neues glückliches Arrangement erziele, sind geradezu riesig.' Die breiten Lider der Präsidentin, die meist mit einer gewissen vornehmen Müdigkeit die Augäpfel halb verschleierten, hoben sich bei dieser Schilderung. Das eine Wort 'Gewinnanteil' machte die großen Augensterne gierig flimmern, wie es vielleicht kaum in ihrer Jugend das Verlangen nach Siegen ihrer Schönheit vermocht. [. . .] [Römer:] 'Der Kapitalist ist ein Fels, dem die Wogen von selbst ihre Schätze zuwerfen –' 'In den Augen der Ruhigdenkenden nicht, Moritz', sagte Doktor Bruck. [. . .] 'Man ist schon seit längerer Zeit mißtrauisch,' fuhr er fort, 'und fängt an, diesen mühelosen Erwerb mit einem sehr harten Wort zu bezeichnen –' 'Schwindel, willst du sagen', unterbrach ihn der Kommerzienrat belustigt. 'Liebster Doktor, allen Respekt vor dir und deinem Wissen, aber in kaufmännischen Dingen überlasse *mir* die Beurteilung! [. . .]'" S. 216.

7. Römer zu Käthe auf S. 236: "'ich werde bald einen zweiten Eisenspind anschaffen müssen,' sagte er dabei im Hinblick auf das staunenswerte Anwachsen des Kapitals. [. . .] – das kindlich naive Ergötzen, mit welchem Käthe es früher 'so über alle Maßen hübsch' gefunden, reich zu sein, hatte sich in eine Art von Furcht und Angst vor den Geldmassen verwandelt, die so riesig, auf so dämonenhafte Weise anschwollen, als müßten sie eines Tages in gerechter Vergeltung erdrückend über sie herstürzen."
8. "Der Mann der Wissenschaft erschien in diesem Augenblicke hochherrlich und imponierend neben dem jäh errötenden Geldmenschen." S. 254.
9. "Mit einem feindseligen Blick starrte das junge Mädchen über das Wasser hinüber. Dort oben, wo die schwere dunkelrote Seidengardine hinter der mächtigen Spiegelscheibe wie ein unheimlicher Blutstrom niederrollte, stand der vielberufene Geldschrank. Bis dahin hatte sie ihn gefürchtet; heute haßte sie diese vier engen eisernen Wände, die ihr Ich, ihr warmschlagendes Herz aus dem Dasein löschten und sich selbst an die Stelle eines jungen Mädchens mit idealen Hoffnungen und Wünschen und tiefer Sehnsucht nach wahrem, stillem Liebesglück drängten. Wer auch kam und um ihre Hand freite, er liebäugelte mit dem eisernen Ungetüm, das sich an ihre Fersen heftete; jeder Blick, der begehrend auf sie fiel, galt der Millionärin, jeder warme Händedruck dem Papiergespenst, 'das immer neue Summen aus der Welt an sich zog'". S. 264.
10. Käthe zu Bruck auf S. 275 f: "'Sie haben mich bei unserer ersten Begegnung gefragt, wie ich mein plötzliches Reichwerden auffasse; ich bin erst in diesem Augenblicke fähig, Ihnen darauf die richtige Antwort zu geben. Ich komme mir vor wie verunglückt in diesem Geldmeere; es steckten wohl viele die Hand aus, aber nicht, um mich meiner selbst wegen an sich zu ziehen, sondern nur, weil die Goldwogen mir folgten. [. . .] Solch ein armer Goldfisch, wie muß er sich allen Ernstes wehren, wenn er nicht in den Händen der Egoisten zum erbärmlichen Spielball werden will, und ich will nicht – absolut nicht!'"

11. Flora zu Bruck auf S. 325 (eine Szene, die voller Mißverständnisse ist aufgrund unterschiedlicher Wertorientierungen der Protagonisten; diese Szene arbeitet die antagonistische Opposition hinsichtlich des semantischen Merkmals ± [materialistisch] zwischen Flora und Bruck bzw. die Affinität zwischen Bruck und Käthe aufgrund gemeinsamer semantischer Merkmale sehr präzis heraus): "'Sei versichert, daß ihr von ihrem ganzen immensen Vermögen nicht ein Papierschnitzel bleibt!' 'Desto besser!' kam es wie ein Hauch von den Männerlippen, die so jünglingshaft rot und keusch unter dem vollen Barte schimmerten und in diesem Momente sanft zu lächeln schienen. So schwach die zwei Worte auch geklungen, Floras Ohr hatte sie doch aufgefangen. 'Desto besser?' fragte sie erstaunt und schlug, halb und halb lachend, die Hände zusammen. 'Sehr sympathisch ist mir unsere Jüngste allerdings auch nicht, aber was hat sie denn verbrochen, daß du ihr Unglück in so befremdlicher Weise aufnimmst?'"

Käthe durchläuft offensichtlich einen Erziehungs- bzw. Lernprozeß. Erst eine Reihe von Erfahrungen läutern ihre Ansichten zu einer antimaterialistischen Einstellung. Im syntagmatischen Zusammenhang des Textes wird der Lernprozeß und die Bedeutung dieser Entwicklung dadurch betont, daß Käthes Ausspruch, es sei "über die Maßen hübsch", reich zu sein, auf S. 52 zum ersten Male gebraucht, auf den Seiten 86 und 236 aufgegriffen und als Zitat gekennzeichnet wird (ein weiterer Hinweis auf den konstitutiven Charakter von Wiederholungsmustern in literarischen Texten). Zudem greift Käthe das Gespräch mit Bruck, in dem der Ausspruch zum ersten Male fiel, auf S. 275 wieder auf und korrigiert ihre auf S. 52 vertretene Ansicht über den Reichtum. Die Marlitt intensiviert die ohnehin vorhandenen semantischen Rekurrenzen an diesen Stellen durch phonologische bzw. syntaktische Rekurrenzen, was darauf hinweist, daß ihr an der Dominantsetzung der Isotopie ± [materialistisch] viel liegt. Überdies wird durch die breite Entfaltung von Käthes Lernprozeß die Rezeption durch die potentiellen Leser 'programmiert': den Lesern soll die Bedeutung dieser Isotopie nachdrücklich ins Bewußtsein gehoben werden. Wir werden in der zwölften Lektion verfolgen können, aus welchen historischen Gründen der Marlitt so viel daran gelegen sein mußte, im Verlaufe des Romans der einen Figurengruppe eindeutig das Merkmal + [materialistisch], der anderen ebenso eindeutig das Merkmal – [materialistisch] zuzuordnen.

Ähnlich schwankend wie Käthe wird Bruck hinsichtlich des Merkmals ± [Treue] geschildert. Erst im Laufe des Romans erkennt er, daß sein Treueideal wenig mit "innerer Treue" zu tun hatte: "ich war bar-

barisch, nein, unmoralisch genug, um eines falschen Prinzips, um eines thönernen Götzen willen, der gewisse Ehrbegriffe repräsentiert, in der großen Lüge zu beharren, die ich ihr, mir selbst und der ganzen Welt glaubwürdig zu machen suchte." (S. 333) Bruck war in seinem Verhalten zunächst an der Gesellschaft, ihren Zwängen, ihren Meinungen, ihren Ehrbegriffen orientiert. Diese Fehlorientierung war die Voraussetzung dafür, daß Bruck überhaupt mit Flora verlobt sein konnte. Handlungsmäßige Verbundenheit zweier antagonistischer Figurengruppen, so können wir zusammenfassen, setzt in der Regel auch eine geringe Verzahnung dieser Figurengruppen im Hinblick auf ihre Merkmalbündel voraus. Die Aufhebung dieser Überlappungen und die Schilderung der damit verbundenen Kämpfe verstärkt die indirekte Sozialisationsfunktion narrativer Texte.

11.6. Der literarische Raum

Wir haben darauf hingewiesen (vgl. S. 159), daß die Konfiguration in einem narrativen Text dazu beiträgt, ein geordnetes Weltmodell aufzubauen.

"Modell" meint in diesem Zusammenhang die Tatsache, daß Erzähltexte mit Hilfe bestimmter Darstellungsverfahren Objektzusammenhänge und Handlungszusammenhänge erstellen, die in ihren Relationen analog zu denen der Wirklichkeit zu denken sind. ("Modell" ist also *nicht* gleichbedeutend mit "Abbild".) Damit ist impliziert, daß zeitliche und räumliche Relationen narrativer Texte als Grundvoraussetzung der Wirklichkeitsmodellierung angesetzt werden müssen. Bereits dadurch, daß ein Erzähltext eine Geschichte (im Sinne von "histoire", vgl. S. 148 f.) im erzählerischen Diskurs (im Sinne von "discours", ebd.) zwischen Anfang und Ende spannt und sich zwischen Anfang und Ende eine Handlung vollzieht (vgl. S. 146 f.), sind raum-zeitliche Kategorien gegeben: sie betreffen zum einen den Diskurs selbst, zum anderen das in ihm modellierte Geschehen. Figuren agieren in Raum und Zeit, Objektzusammenhänge können nur in raum-zeitlichen Dimensionen dargestellt werden. "Raum" in einem Erzähltext meint also nicht einfach nur die topographisch erfaßbare(n) Lokalität(en), sondern "die Gesamtheit homogener Objekte (Erscheinungen, Zustände, Funktionen, Figuren, Werte von Variablen u. dgl.), zwischen denen Relationen bestehen, die den gewöhnlichen räumlichen Relationen gleichen"[3]. J. M. Lotman hat entsprechend geschlossen, daß sich daraus die "Möglichkeit der Darstellung von Begriffen [ergebe], die an sich nicht räumlicher Natur sind", und daß folglich die Sprache räumlicher Relationen "eines der grundlegenden Mittel" sei, um in narrativen Texten ein geordnetes Weltmodell zu erstellen. Lotman schreibt: "Die Begriffe 'hoch – niedrig', 'rechts – links', 'nah – fern', 'offen – geschlossen', 'abgegrenzt – nicht abgegrenzt', 'diskret [= getrennt] – ununterbrochen' erweisen sich als Material zum Aufbau von Kulturmodellen mit keineswegs räumlichem Inhalt und erhalten die Bedeutung 'wertvoll – wertlos', 'gut – schlecht', 'eigen – fremd', 'zugänglich – unzugänglich', 'sterblich – unsterblich' u. dgl. Die allerallgemeinsten sozialen, religiösen, politischen, ethischen Modelle der Welt, mit deren Hilfe der Mensch auf verschiedenen Etappen seiner Geistesgeschichte den Sinn des ihn umgebenden Lebens deutet, sind stets mit räumlichen Charakteristiken ausgestattet, sei es in Form der Gegenüberstellung 'Himmel – Erde' oder 'Erde – Unterwelt' [...] [obenunten-Relation], sei es in Form einer sozial-politischen Hierarchie mit der zentralen Opposition der 'Oberen – Niedern', sei es in Form einer ethischen Merkmalhaltigkeit in der Opposition 'rechts – links' (Ausdrücke wie: das Rechte tun, linkisch, sinister [= unheilvoll; von lat. "sinister" = links] u. ä.). Vorstellungen von 'hohen, erhabenen = erhobenen' und 'niederen, erniedrigenden' Gedanken, Beschäftigungen, Berufen; Identifikation des 'Nahen' mit dem Verständlichen, Eigenen, Vertrauten, und des 'Fernen' mit dem Unverständlichen, Fremden – all das fügt sich zusammen zu Weltmodellen, die deutlich mit räumlichen Merkmalen ausgestattet sind."[4] Man kann daher davon ausgehen, daß das in einem Erzähltext entworfene Koordinatensystem räumlicher Verhältnisse auf dem Hintergrund solcher allgemeiner, kulturell und historisch bestimmter Raummodelle realisiert wird, und das wiederum bedeutet, daß das fiktiv erstellte 'Lokal' (die im Roman konkret dargestellte und vorgestellte räumliche Wirklichkeit also) entsprechend organisiert sein muß.

Das in Marlitts Roman "Im Hause des Kommerzienrates" entworfene 'Lokal' beruht – wie schon die Konfiguration – auf einer einfachen, auf der Horizontalachse anzusetzenden zweigliedrigen Opposition: der von "hier und dort", "hüben und drüben" (S. 203), Schloßmühlenwelt und Welt der Villa. Entsprechend der wertmäßig geordneten Konfiguration (vgl. oben S. 160) erweist sich auch der Raum als positiv/negativ kontrastiert. Positive bzw. negative Besetzung der beiden Lebensbereiche erfolgt zunächst aus der Perspektive der Figuren selber: So ist für Käthe die Welt der Villa das "Drüben" und "gleichbedeutend mit der Fremde, in der ich den Familienschutz [. . .] – nämlich das Gefühl der Zusammengehörigkeit – nicht voraussetzen kann" (S. 42). Das 'Hier', die Mühle, ist entsprechend 'Heimat' ("Hier in der Mühle stehe ich auf *meinem* eigenen Grund und Boden; da ist Heimatlust und Heimgefühl" [S. 43]). Für die andere Partei wiederum bildet das, was für Käthe 'Heimat' bedeutet, nämlich der durch Handwerksfleiß geprägte kleinbürgerliche Lebensraum, einen ständigen Stein des Anstoßes und Anlaß zur Distanzierung; das "ungenierte[] 'Hinüber und Herüber'" (S. 194) zwischen Villa und Mühle gereicht ihr zum Ärgernis (vgl. auch S. 42 f.; S. 60 u. a.), sie kapselt sich in ihrer großbourgeoisen kommerzienrätlichen Salonwelt ab. Alle anderen im Roman genannten Lokalitäten lassen sich der Grundopposition von "hüben und drüben" zuordnen: so das Haus der Tante in der Stadt und später das von ihr bewohnte Haus am Fluß ("das liebliche Bild des ländlichen Friedens und der erquickenden Ruhe", S. 140) dem "Hüben", Park, Pavillon und Palmenhaus, Turm und – wenngleich in Sonderstellung – Spinnerei dem "Drüben". Beide Bereiche werden durch einen Fluß voneinander getrennt (vgl. S. 52; S. 86 f. u. a.). Die Raumkonstellation des Romans basiert damit auf einer höchst simplen Struktur, und ebenso simpel ist die wertmäßige Zuordnung, da die Welt des "Drüben" im Handlungsverlauf immer eindeutiger mit Negativmerkmalen besetzt wird (Prachtentfaltung auf der ökonomischen Basis des Kouponschneidens; mangelnde Solidität etc.). Die Perspektive der einen Personengruppe (Käthe, Tante Diakonus, Bruck) wird mithin zur Gesamtperspektive des Romans, und entsprechend wird auch das Leserinteresse gesteuert. (Zur pragmatischen Verankerung dieser Perspektive im sozial-kulturellen Kontext des Romans vgl. die 12. Lektion). Durch 'hüben und drüben' werden im Roman zwei durch eine Grenze (Fluß) markierte Teilfelder eines semantischen Feldes bezeichnet, das u. a. auf den Grundoppositionen 'kleinbürgerliche Welt' versus 'großbürgerliche Welt', 'Welt der guten "altbürgerlichen" Ordnung' [vgl. S. 40 f.] versus 'Welt der durch die kapitalistische Geldmentalität erzeugten Unordnung' [vgl. S. 286 ff], '"Heimgefühl"' versus 'Fremdheit' [vgl. S. 43] usw. basiert.

J. M. Lotman hat nun darauf hingewiesen, daß die Handlung in einem Erzähltext dadurch zustande kommt, daß ein Handlungsträger die Grenze zwischen den Teilfeldern eines semantischen Feldes überwindet und in das Gegenfeld eintritt. Geht er im Gegenfeld auf, kommt die Handlung zum Stillstand; gerät er im Gegenfeld in Konfliktsituationen, geht die Handlung weiter. (Lotman entwickelt diese These am einfachen Modell des russischen Zaubermärchens [5]). In Marlitts Roman "Im Hause des Kommerzienrates" ist dieses einfache Grundmuster räumlicher Strukturierung eines Erzähltextes in beinahe idealtypischer Weise realisiert: die Käthe-Figur wird aus dem Teilfeld 'kleinbürgerlicher Lebensraum' in das Teilfeld 'großbürgerlicher Lebensraum' versetzt, stößt dort auf Widerstand, löst Konflikte aus und gerät selbst in Konflikte. Die Konfliktlösung vollzieht sich dann so, daß eine in das Teilfeld 'großbürgerlicher Lebensraum' "verschlagene" Gegenfigur (Bruck) den umgekehrten Weg geht und beide sich in ihrer angestammten Lebenswelt zusammenfinden.

(Die Tatsache, daß Käthe und Bruck, solange sie sich in der 'großbürgerlichen Welt' bewegen, gleichzeitig immer auch der 'kleinbürgerlichen Welt' verhaftet bleiben, kompliziert das Modell leicht, ändert es aber nicht grundlegend.)

Die Simplizität des auf diese Weise präsentierten Raum-Modells deutet auf spezielle Wirkungsabsichten der Marlitt hin: die Überschaubarkeit des im Roman (im übrigen durchaus realistisch) dargestellten Lokals und des mit ihm zugleich entworfenen geordneten Weltmodells ermöglicht es, daß der Rezipient sich rasch zurechtfindet und leicht identifiziert. Damit ist aber zugleich die Möglichkeit eröffnet, daß der Leser "in die literarische Handlung als Ersatzhandlung für eine eigene [eintritt], die Beziehungen zwischen den Figuren, zwischen Leser, Figuren und Autor als Ersatzbeziehungen der Wirklichkeit [unterschiebt]".[6]

Anmerkungen:

[1] Die Seitenangaben im gesamten folgenden Text beziehen sich auf: E. Marlitt: Im Hause des Kommerzienrates, in: E. M.: Gesammelte Romane und Novellen, Bd. 1–10, Leipzig o. J. (2. Auflage), Band 5 (Neudruck München: Fink, 1977).

[2] Zur Begrifflichkeit und zur Methode vgl. Jürgen Link: Literaturwissenschaftliche Grundbegriffe. Eine programmierte Einführung auf strukturalistischer Basis, München 1974, S. 232-255.

[3] A. D. Aleksandrov; zitiert bei: J. M. Lotman: Die Struktur literarischer Texte, München 1972, S. 312.

[4] Ebd. S. 313.

[5] Ebd. S. 342 f.

[6] J. Habermas: Strukturwandel der Öffentlichkeit, Neuwied und Berlin [4]1969, S. 62.

12. LEKTION: LITERARISCHER TEXT UND HISTORISCH-SOZIALER KONTEXT I: MARLITTS ROMAN "IM HAUSE DES KOMMERZIENRATES" IM KONTEXT SEINER ZEIT

12.1. Zur Isotopie ± [materialistisch]

Wir haben bei einer einfachen textsemantischen Analyse des Marlitt-Romans festgestellt, daß die Isotopie ± [materialistisch] für dessen thematische Konzeption zentral ist (vgl. oben S. 162). Ebenso wie schon bei der Analyse der beiden Benn-Gedichte müssen wir jedoch davon ausgehen, daß die globale Bedeutung dieser Isotopie erst auf der Basis zusätzlicher Operationen, d. h. einer spezifischen Rekonstruktionsarbeit z. B. im Hinblick auf ein (für Zeitgenossen zwangsläufig mitgegebenes) *konnotativ zu realisierendes Verweisungssystem*, hervortreten wird.

Im Roman selbst – er erschien im Jahre 1876 im "illustrierten Familienblatt" "Die Gartenlaube" als Fortsetzungsroman, 1877 in einer separaten .Buchpublikation – wird auf einen bestimmten Zeithintergrund angespielt: auf die – wie es bei der Marlitt heißt (S. 287) – "schlimme Zeit, [. . .] heillose Zeit" der Gründerjahre, der Periode nach 1871 also. Als dominierendes, die Handlung dem Ende zutreibendes Ereignis erscheint im Roman der große Börsenkrach von 1873 [Er hatte im Mai 1873 in Wien mit einer Börsenpanik begonnen, wurde im internationalen Maßstab verstärkt durch die New Yorker Bankpanik vom September und kulminierte im Oktober 1873 im Berliner "Generalkrach" (Zusammenbruch der Quistorpschen Vereinsbank); vgl. die Anspielung im Roman S. 286 f], der auch den Untergang des kommerzienrätlichen Hauses heraufbeschwört.

So wichtig nun solche Hinweise auf *konkrete Zeitereignisse*, die dem Roman sein spezifisches realistisches Zeitkolorit geben, sein mögen – entscheidend für die hier zu diskutierenden Fragen sind sie nicht. Das Zentralproblem ist vielmehr, wie sich die spezifischen Denkmodelle, die die Marlitt ihrem Text als thematisches Raster unterlegt, und mit deren Hilfe sie ein geordnetes Weltmodell aufbaut und damit Wirklichkeit interpretierend abbildet, im Zeitkontext verankern lassen.

Hier können uns die sozial-, wirtschafts- und ideologiegeschichtlichen Forschungen zur Reichsgründungszeit, insbesondere von Hans Rosenberg, Hans-Ulrich Wehler, Hans Motteck, Helmut Böhme und Fritz Stern [1] einen Schritt weiterführen. Sie haben ergeben, daß die wirtschaftskonjunkturelle Trendperiode von 1850 bis 1873 Deutschland einen ökonomischen Aufschwung bescherte, der alle bis dahin bekannten Maße sprengte und in Deutschland zwar verspätet, aber desto heftiger der industriellen Revolution zum Durchbruch verhalf. Die von den Zeitgenossen als beispiellos aufgefaßten wirtschaftlichen Erfolge gaben außerdem einem liberalen, "manchesterlichen", d. h. für unbedingte Wirtschaftsfreiheit und uneingeschränkten Freihandel eintretenden Wirtschaftsdenken Auftrieb. Der Börsenkrach von 1873 und seine verheerenden Auswirkungen auf die deutsche Wirtschaft ließen den optimistischen Glauben an das Wirtschaftsprinzip des "laissez faire" (wie das Vertrauen in die Möglichkeit wirtschaftlicher Entwicklung überhaupt) jedoch schon bald brüchig werden. Der Börsenkrach von 1873, so schreibt der Wirtschafts- und Sozialhistoriker Hans Rosenberg, gab "das Signal für den äußeren und inneren Verfall der liberalen Bewegung [. . .], für das Erlahmen ihrer ökonomischen, politischen und ideologischen Anziehungs- und Stoßkraft, für die Verengung ihrer gesellschaftlichen Basis und für die ebenso unerwartete wie tiefgreifende Verschärfung des Klassenkampfes." [2]

Die historischen Auswirkungen des Börsenkraches waren jedoch nicht nur kurzfristiger Art. Die gesamte Zeitspanne von 1873 bis 1896, von Rosenberg das Zeitalter der "Großen Depression" genannt, war eine Epoche höchster ökonomischer und ideologischer Verunsicherungen, von denen vor allem die Landwirte, Handwerksmeister, Kleinhändler und die bürgerliche Intelligenz ergriffen wurden. In diesen Schichten, so Rosenberg, fand aufgrund der unsicheren wirtschaftlichen Entwicklung bzw. der Existenzbedrohung durch die Industrialisierung eine antiindustrielle "Gesinnungsversteifung" statt, "eine echte weltanschauliche, antiliberale, antikapitalistische und antisozialistische Widerstandsbewegung, deren Wortführer konservative Großlandwirte, bürgerliche Akademiker und Geistliche waren. Negativ richtete sich, in der Sprache der Zeit, die verbose [=wortreiche] ideelle Kampfbewegung gegen die Auflösung des 'deutschen gesellschaftlichen Organismus' durch den 'zersetzenden' Einfluß der 'Irrlehren' des 'materialistischen' Liberalismus und gegen die 'Ausbeutung' durch die 'drückende Kapitalherrschaft'. Der positiven Zielsetzung nach ging es um die Wiederherstellung 'christlicher Billigkeit und Gerechtigkeit', die moralische Wiederaufwertung altüberkommener statischer Sozialnormen und Lebensideale, um die teilweise Wiederherstellung abgestorbener, ständisch-korporativ gebundener, gegen Börse, Weltmacht und 'Störenfriede' abgeschirmter Wirtschaftsformen und um eine nach rückwärts blickende

Neuverteilung und Stabilisierung der ökonomischen, gesellschaftlichen und politischen Klassengewichte auf Kosten des so verhaßt gewordenen 'mobilen Kapitals' und seiner Mitläufer." [3]

Zwar sind schon in den fünfziger Jahren konservative Ideologen (Wilhelm Heinrich Riehl, Friedrich Julius Stahl u. a.) beredt gegen die sich entwickelnde kapitalistische Ordnung zu Felde gezogen und haben dem Leben in industrialisierten Städten kleinstädtische und ländliche Idyllen und die dort herrschenden Gesellschaftsformen entgegengehalten, aber die antimaterialistische und antikapitalistische Kampfbewegung schwoll erst aufgrund der wirtschaftlichen Niederlagen nach 1873 zu einer Massenbewegung an, die auf ältere ideologische Traditionen der Industriefeindlichkeit zurückgreifen konnte. Man schimpfte gegen das "sündige kapitalistische Babylon" [4] (zu diesem Schlagwort vgl. z. B. auch Marlitts "Im Hause des Kommerzienrates" S. 286) und stand dem "neuen Mammonsgeist des 'Materialismus' in innerer, grundsätzlicher Abwehrhaltung und noch dazu mit moralischem und ästhetischem Widerwillen gegenüber" [5] und gab seinem "Heimweh nach der idealisierten vorindustriellen Gesellschaft" [6] Ausdruck. So stimmte der Journalist *Otto Glagau* zwei Jahre vor der Marlitt in der "Gartenlaube" das Klagelied an: "Spekulation und Schwindel sind die beiden Mächte, die heute auf dem Throne der Welt sitzen, unter deren Herrschaft die civilisirte Menschheit seufzt, stöhnt, siecht und verkümmert" [7], und drei Jahre später beklagte derselbe Journalist die "Wunden, welche der Schwindel dem allgemeinen Wohlstand geschlagen, [. . . den] Nothstand, der auf dem Volke lastet, dasselbe mit Unzufriedenheit und Erbitterung erfüllt [und] immer größere Schaaren der Socialdemokratie in die Arme treibt", ferner den Verlust an "Ehrlichkeit und Moralität, an Tugend und Religion, an Arbeitslust und Sparsamkeit, an Zucht und Sitte" [8].

Ein solcher Ausdruck konservativer Sehnsüchte ist auch Marlitts "Im Hause des Kommerzienrates". Die Marlitt verteilt in ihrem Roman das semantische Merkmal + [materialistisch] ebenso eindeutig an "Parvenüs" und "Kouponabschneider" (Schlagworte der Zeit, die bezeichnenderweise einige Male in Marlitts Roman vorkommen) wie die konservativen antikapitalistischen Ideologen ihrer Zeit. Sie belegt ihre positiven Helden ebenso eindeutig (der Lernprozeß Käthes steigert diese Eindeutigkeit eher, als daß er sie abschwächt) mit dem semantischen Merkmal – [materialistisch]; und es ist im Kontext der Zeit sicher kein Zufall, daß die Autorin ihre positiven Helden sozial in die Welt der bürgerlichen Intelligenz und des mittelständischen Kleingewerbes einordnet. Indem die Marlitt ihren Helden und den sozialen Gruppen, denen sie zugehören, diejenigen semantischen Merkmale zuweist, die ihnen nach der beschriebenen Ideologie zuzuschreiben sind, bietet sie den Trägern dieser Ideologie Identifikationsmöglichkeiten mit der fiktiven Welt des Romans an. Folgen wir Rosenberg, so sind die Träger dieser Ideologie vor allem die Groß- und Kleinlandwirte, die Handwerksmeister bzw. Besitzer mittelständischer Betriebe, die Kleinhändler und die bürgerliche Intelligenz. Freilich heißt dies nicht, daß nur Mitglieder dieser sozialen Schichten als Rezipienten in Frage kamen. Die Zugehörigkeit zu einer sozialen Schicht kann bewußtseinsmäßig überlagert werden von gesellschaftlichen (aufstiegsorientierten) Idealen einer anderen sozialen Schicht. In jedem Fall aber sind die im Roman propagierten sozialen Werte schichtenorientiert, und zwar deutlich an jener bürgerlichen Schicht, die sich angesichts einer feudalisierten Großbourgeoisie einerseits und angesichts des für sie beunruhigenden Faktums des Entstehens eines Industrieproletariats andererseits als "*Mittelstand*" [9] begriff, ein Ausdruck, der – vag und emotional aufgeladen – "an eine angeblich bessere, ständische Vergangenheit" erinnern und auf das systemerhaltende 'Zwischen-den Klassen-Stehen' verweisen sollte [10]. Die genannten, ideologisch und ökonomisch verunsicherten Schichten konnten im Roman die fiktive Verwirklichung ihrer politischen Wünsche verfolgen: den im Verfall des kommerzienrätlichen Hauses repräsentierten Untergang der Parvenüklasse, des mobilen Kapitals, des materialistischen Geistes, und den gleichzeitigen idyllenhaften Aufstieg zweier Repräsentanten der literarischen Intelligenz und des Kleingewerbes.

Fritz Stern schreibt über einen der repräsentativsten konservativen Ideologen des kaiserlichen Deutschland, über Paul Anton de Lagarde (1827-1891): "Er verabscheute die neue Lebensform des industriellen Zeitalters mit ihren unpersönlichen, rein kommerziellen Bindungen und sehnte sich nach einem ländlichen Idyll mit einer harmonischen Hierarchie. Der Kapitalismus war schlecht, und deshalb mußten alle Parasiten, die ihn einschleppten, ausgemerzt werden. Bezeichnenderweise richtet sich dieser antikapitalistische konservative Protest in erster Linie gegen jene Institutionen – Börsenhandel und Bankwesen beispielsweise –, die das geheiligte Prinzip zu verletzen schienen, daß der Mensch sein täglich Brot nicht mit seiner Hände Arbeit verdienen sollte." [11] Stern weist hier auf das positive Gegenideal hin, das die konservativen Ideologen der industrialisierten Gegenwart entgegenhielten, nämlich auf die harmonische Hierarchie, die Gemeinschaft zwischen sozial Hoch- und Niedrigstehenden und die Vorstellung vom "ganzen Haus", von der natürlichen Verbindung von Lebens- und Erwerbsraum. Um zu zeigen, wie auch die Marlitt die Vorstellungen einer rückwärts gewandten Utopie mitformt, müssen wir noch einmal ausführlicher auf zwei Isotopien des Romans eingehen.

12.2. Die Isotopie ± [Gemeinschaft zwischen sozial Hoch- und Niedrigstehenden]

Wir listen zunächst wiederum einige der wichtigsten Szenen, die diese Isotopie konstituieren, auf:

1. Auf S. 29 "befiehlt" Flora ihrer Kammerjungfer, etwas zu tun.
2. Auf S. 39 wird Käthes Verhalten ihrer Dienerschaft gegenüber dargestellt: "'Ich komme da herein, wie vom Himmel geschneit, nicht wahr Suse? Aber gerade zur rechten Zeit, wie ich sehe,' sagte sie [Käthe] und strich der Kranken die unordentlich um die Stirn hängenden greisen Haare unter die Nachthaube. 'Wie kommt es, daß ich dich *hier* finde, in dieser elenden Hinterstube? Der Ofen raucht, und bei aller Glut, die er ausströmt, sitzen die Moderspuren an den Wänden. Hat man dir nicht gesagt, daß du in der Eckstube wohnen und im Alkoven schlafen sollst?' '[. . .] es müßte doch da bei mir rappeln,' sie [Suse] tippte mit dem Zeigefinger auf die Stirn, 'wenn ich mich mutterseelenallein in die gute Eckstube setzen wollte wie eine Gnädige oder gar wie die selige Schloßmüllerin selber.'"
3. [vgl. S. 49 f. des Romans]
4. Flora: "'Meine Jungfer hat heute morgen beim Oeffnen der Läden wieder einmal einen Drohbrief [der Spinnereiarbeiter] auf meinem Fenstersims gefunden; sie sah sich gezwungen, ihn mit der Feuerzange anzufassen und mir zur Einsicht hinzuhalten [. . .]. Wissen möchte ich aber doch, weshalb die Menschen gerade mich so ganz besonders mit ihrem Klassenhasse beehren. [. . .] Die gehässigen Angriffe sind doppelt lächerlich durch den Umstand, daß gerade ich mich für die soziale Frage lebhaft interessiere', fuhr Flora unter kurzem Auflachen fort; 'ich habe schon manchen zu gunsten der Arbeiterklasse wirkenden Artikel in die Welt hinausgeschickt.' [. . .] 'Und damit Totes zu dem vielen Toten wirfst?' fuhr er [Bruck] unbeirrt fort. 'Deine Artikel werden diesen Leuten schwerlich zu Gesicht kommen, und wenn auch – was helfen sie ihnen? Worte bauen ihnen keine Heimstätte. Gerade den *Frauen* in den Familien der Arbeitgeber fällt ein bedeutender Teil der Lösung zu, ihrem milden Einfluß auf das härtere

Männergemüt, ihrer sanften hilfreichen Vermittlung, ihrer Klugheit. Aber die wenigsten geben sich die Mühe, darüber nachzudenken oder, was ich in erster Linie von ihnen verlange, ihr Herz zu befragen. Sie nehmen die Mittel zur Bestreitung ihrer heutzutage fast schrankenlosen Bedürfnisse aus den Händen der Männer, ohne zu erwägen, daß vor ihrer Thür alle Elemente zu einem furchtbaren Konflikt stetig emporwachsen.' [... Bruck:] 'Frau Präsidentin, Sie haben den Arbeitgeber abgehalten, seinen Leuten helfend entgegenzukommen, die Forderung der Arbeiter [ein Grundstück zum Häuserbau] aber war keine unbillige, keine jener häßlichen Ausschreitungen [. . .]' 'Sie sind ein Idealist, Herr Doktor.' 'Nur ein Menschenfreund,' versetzte er flüchtig lächelnd und griff nach seinem Hute." S. 63 ff.

5. Käthe über die zu einer Gefängnisstrafe verurteilte Arbeiterin, die die Anführerin des Angriffes im Stadtforst gegen Flora und Henriette war: "'aber nach ihren Familienverhältnissen habe ich mich erkundigt – sie hat vier kleine Kinder, und ihr unverheirateter Bruder, der in Moritzens Spinnerei beschäftigt war und für die halbverwaisten Kleinen mitgesorgt hat, liegt schon längere Zeit krank danieder. Es versteht sich von selbst, daß diese fünf hilflosen Menschen unter der notwendigen Strafe nicht mit leiden dürfen, und da will ich lieber gleich sagen, daß ich die Verpflegung in die Hand genommen habe, bis die zwei Versorger wieder arbeitsfähig sind.' Der Kommerzienrat fuhr herum – er schien denn doch einen Widerspruch auf den Lippen zu haben. 'Ja, Moritz,' sagte das junge Mädchen rasch mit einem ausdrucksvollen Blick, 'das sind so Momente, wo mir vor dem Geldschrank meines Großvaters weniger graut.' Die Präsidentin rückte ungeduldig auf ihrem Lehnstuhl hin und her – diese *krasse* Sentimentalität ging ihr über den Spaß. 'Das sind ja recht hübsche Eröffnungen! Wie wunderlich und verdreht sich doch solch ein Kindskopf die Welt malt! In gefährlichere Hände kann der Reichtum gar nicht kommen,' rief sie tiefgeärgert." S. 248.
6. Die Präsidentin kurz danach (S. 249) zu Bruck: "'Mein Gott, Sie werden doch nicht mit diesen Umsturzmenschen, diesen Sozialdemokraten, gehen wollen?' rief die Präsidentin ganz bestürzt und alteriert. [Bruck:] 'Ich glaube, schon einigemal ausgesprochen zu haben, daß ich gar keiner dieser heftig streitenden Parteien angehöre, eben aus Humanität. Ich bemühe mich den klaren Überblick zu behalten, den der Parteihaß stets trübt und welcher doch so notwendig ist, wenn man zum *wahren* Menschenwohle wirken will.'"
7. Auf S. 266 heißt es über eine Dienerin der Tante von Bruck: "das war auch eine treue Seele, die nicht um des Geldes willen an der Herrschaft hing".
8. Auf S. 340 wird geschildert, wie im Gegensatz zu dieser Dienerin die Dienerschaft des kommerzienrätlichen Hauses in jenem Augenblick ihre

Dienste bzw. ihren Gehorsam verweigert, in dem das Kapitalimperium Römers zusammenbricht.

9. Auf S. 374 heißt es über Käthe und ihre Mühle: "das Geschäft wuchs und erweiterte sich in rapider Weise und zeigte sehr bald Erfolge, wie sie selbst der Schloßmüller nicht errungen hatte. Und das, was sie auf ihrem selbstgewählten rauhen Lebenswege stärkte und ermutigte, waren die zufriedenen Gesichter um sie her; es war jedes an seinem Platze. Sie hatte die Witwe des verunglückten Franz mit ihren Kindern bei sich behalten und ihr ein Asyl in einem neu hergerichteten, kleinen Seitengebäude der Mühle für zeitlebens angewiesen."

Beginnen wir mit einem Motiv, das im Zusammenhang des Romans auf den ersten Blick peripher zu sein scheint, sich bei genauerem Zusehen jedoch als höchst bedeutsam erweist: das Verhältnis der Protagonisten zu ihren Dienern bzw. Untergebenen. Flora verteilt an ihre Dienerschaft distanzierte Befehle, Käthes Verhältnis zu ihren Untergebenen wird als fürsorgliche und freundschaftliche Verbundenheit geschildert; von der Dienerin der Tante heißt es, daß sie eine "treue Seele" sei, "die nicht um des Geldes willen an der Herrschaft hing", von der Dienerschaft des kommerzienrätlichen Hauses, daß sie allein um des Profites willen (hierin ein Spiegelbild ihrer 'Herrschaft') ihre Dienste verrichtet. Die Marlitt preist in ihrem Roman eine "altbürgerliche", harmonische Gemeinschaft zwischen der "Herrschaft" und der "Dienerschaft" an – eine Gemeinschaft, für die nicht wirtschaftliche Gesichtspunkte maßgeblich sind, sondern Treue, Anhänglichkeit, fürsorgliches Denken der "Herrschaft", aufopferndes Dienen der "Dienerschaft" usw. Dieses Motiv mußte insbesondere in einer Zeit, in der die "soziale Frage" die Gemüter der Zeitgenossen bewegte, als dominant empfunden werden. Im Zusammenhang des Romans korrespondiert es denn auch mit Szenen, in denen die "soziale Frage" nicht nur indirekt, nicht nur "literarisch", sondern sehr dezidiert und unmittelbar angesprochen wird. Auf S. 63 argumentiert Flora, daß die gehässigen Angriffe der Spinnereiarbeiter gegen sie "doppelt lächerlich" seien, weil gerade sie sich "für die soziale Frage lebhaft interessiere" und "schon manchen zugunsten der Arbeiterklasse wirkenden Artikel in die Welt hinausgeschickt" habe. Bruck hält Flora entgegen, daß ihre Schreiberei nichts nutze und nur fürsorgliches und helfendes Eingreifen angebracht sei. Interessant ist die Gegenüberstellung sich offensichtlich ausschliessender Verhaltensweisen, die die Marlitt hier vornimmt. Zunächst könnte und sollte man doch fragen, ob nicht auch das Schreiben von Artikeln der "sozialen Frage" dienen kann; ob die journalistische Arbeit nicht zu einer notwendigen Bewußtseinsweckung oder -veränderung beitragen bzw. ein sich entwickelndes, durch ökonomische Veränderungen bedingtes soziales Problem ins Bewußtsein der Öffentlichkeit heben kann. Die Marlitt verhindert solche Fragestellungen durch die Art, wie sie die journalistische Tätigkeit in das semantische Feld des Romans integriert: sie schlägt sie der Merkmalsklasse der literarischen Figur "Flora" zu und wertet sie dadurch von vornherein ab. Sie muß so verfahren, da journalistische Tätigkeit ja nur dann sinnvoll ist, wenn die "soziale Frage" erstens ein neues, nicht durch überkommene Verhaltensweisen zu lösendes Problem ist und zweitens eine die Öffentlichkeit und die Politik betreffende Frage darstellt, die nicht durch traditionsorientiertes Verhalten von *Privatleuten* gelöst werden kann. Brucks Antwort läßt erkennen, daß die Marlitt die "soziale Frage" nicht als *gesellschaftliches* Problem, d. h. als nur politisch zu lösende Interessenwidersprüche zwischen Klassen bzw. Schichten anerkennt. Sie preist durch literarische Modellierung von Bruck und Käthe und deren nicht nur positiv gezeichnete, sondern auch erfolgreiche Verhaltensweisen ein privates fürsorgliches Verhalten als Lösung sozialer Fragen an. Sie verlangt von den aufgrund ihrer Geschlechterrolle ja immer schon gemütvolleren Frauen der Arbeitgeber (!) einen "milden Einfluß auf das härtere Männergemüt" und meint, daß aufgrund dieser Einflußmöglichkeiten den Frauen "ein bedeutender Teil der Lösung" sozialer Probleme zufalle. Indem die Marlitt durch das Relationengefüge des Romans die Meinungen und Verhaltensweisen von Bruck und Käthe als vorbildhaft hinstellt, moralisiert und privatisiert (bzw. individualisiert) sie das ihre Zeit beunruhigende soziale Problem; sie schiebt es aus dem Bereich der Öffentlichkeit und Politik in den Bereich der Privatleute, denen ein moralisch richtiges, d. h. fürsorgliches, für ihre Untergebenen treu sorgendes Handeln angeraten wird. Eine politisch auszuhandelnde gerechtere Verteilung des Sozialproduktes durch gerechtere Löhne und ein Abbau gesellschaftlicher Abhängigkeiten wird dadurch überflüssig. Denn im literarisch modellierten Gesellschaftsbild der Marlitt gibt es nur *einen* Grund für den sozialen Konflikt, nämlich den Verfall des "Herzens" als denjenigen Ort, aus dem die Individuen ihre sozialen Verhaltensanweisungen beziehen. Es wäre interessant zu analysieren, wie im Roman der Marlitt eine Ideologie fortlebt, mit der bürgerliche Schichten im 18. Jahrhundert ihre Forderungen nach Gleichberechtigung gegenüber dem Adel vertraten (vgl. die im 18. Jahrhundert so zentralen Begriffe "Herz" und "Menschenfreund", die in den Ansichten Brucks eine hervorstechende

Rolle spielen) – mit dem allerdings wichtigen Unterschied, daß diese Ideologie hier überkommene Abhängigkeiten zwischen Angehörigen des dritten und vierten "Standes" als "Gemeinschaft" harmonisiert. Marlitts Roman klingt im Sinne dieser Ideologie einer "Gemeinschaft" zwischen sozial Hoch- und Niedrigstehenden mit einer Beschreibung aus, die ihre rückwärts gewandte Utopie im literarischen Modell als verwirklicht hinstellt: denn das, "was sie auf ihrem selbstgewählten rauhen Lebenswege [als Schloßmüllerin] stärkte und ermutigte, waren die zufriedenen Gesichter [der Untergebenen] um sie her; es war jedes an seinem Platze." Es wird deutlich, warum die Klasseme ± [fürsorgliches Verhalten] und ± [zupackende Tätigkeit] im Zusammenhang des Romans so rekurrent und die durch sie begründeten (homogenen) Isotopien so dominant sein müssen und die wichtigsten Charaktermerkmale der positiv gezeichneten Figuren darstellen. Sie repräsentieren ein gesellschaftliches Verhaltensprinzip, in dem die Marlitt ebenso wie viele konservative Ideologen der Zeit soziales Heil suchte. Fürsorgliches Verhalten veranlaßt Käthe, auch "die Witwe des verunglückten Franz mit ihren Kindern bei sich zu behalten und ihr ein Asyl in einem neu hergerichteten, kleinen Seitengebäude der Mühle für zeitlebens" anzuweisen. Das "ganze Haus", dessen Bedeutung für den Roman im folgenden analysiert werden soll, erweist sich auch dann noch als fürsorglich, wenn die zu versorgenden Untergebenen wirtschaftlich ausfallen.

12.3. Der Konservatismus der Marlitt

12.3.1. *Die Ideologie des "ganzen Hauses".*

Wir haben anläßlich der semantischen Teilanalyse der Raumkonstellationen des Romans darauf hingewiesen, daß hier zwei Lebensbereiche kontrastiv und wertmäßig eindeutig besetzt einander zugeordnet werden: die Welt kleinbürgerlicher Ordnung und die großbürgerliche Welt einer durch mangelnde Solidität im ökonomischen Bereich, durch kapitalistische "Spekulation und Schwindel" erzeugten Unordnung. Ferner haben wir aufgewiesen, daß zentrale Isotopien des Romans – wie z. B. ± [materialistisch] bzw. ± [Gemeinschaft zwischen sozial Hoch- und Niedrigstehenden] – in ihrer Gesamtbedeutung sich erst dann voll erschließen, wenn ihre kontextuell zu realisierenden Bedeutungsaspekte gleichfalls mit in die Analyse eingegangen sind. Für die von der Marlitt modellierten, positiv/negativ kontrastierten Lebenswelten ist die Analyse ihrer pragmatischen Situierung im Kontext noch zu leisten.

Wir stellen zunächst etwas ausführlicher die wichtigsten Bedeutungsaspekte im Zusammenhang mit der Mühlenwelt und der Villenwelt zusammen: Mehrfach ist die Rede vom Alter und von der Massivität der Mühle (z. B. S. 35 "gewaltige Quadern"; "altes, prächtiges Haus" usw.; S. 36 "schwere Bohlenthür"; S. 40 "massive Hausthür" usw.). Ähnliches gilt auch für das Haus am Fluß (vgl. S. 89 f.). Als kontextuelles Sem dieser und ähnlicher Beschreibungselemente wäre zu realisieren + [Gediegenheit]. Ferner wird mehrfach betont, daß in der Mühle "alles [. . .] am altgewohnten Orte" stehe und liege (S. 41; S. 374; ähnlich auch im Hinblick auf das Haus am Fluß auf S. 89). Zu realisieren ist also das Klassem + [Ordnung]. Schließlich wird mehrfach beschrieben, daß die Mühle als eine Einheit von Haushalt und Betrieb, Lebensraum und Gewerberaum zu sehen ist; daß mit der Mühle eine "Oekonomie" verbunden ist, wie es im Roman wörtlich heißt (S. 374, vgl. im übrigen insbesondere die Beschreibung der Mühle auf S. 8 und S. 36). Zu Haushalt und Betrieb gehören die Magd Suse und der Mühlenarbeiter (später Pächter) Franz samt seiner Familie; auch nach dem Tode von Franz und der Übernahme der Mühle durch Käthe bleibt die Familie in die Mühlen-"Oekonomie" integriert (vgl. S. 176). Realisiert werden die kontextuellen Seme + [Einheit von Lebensraum und Gewerberaum] sowie + [Solidarität] und + [Gemeinschaft zwischen sozial Hoch- und Niedrigstehenden]. Der Gegenbereich, die Welt der Villa, ist entsprechend *negativ* besetzt: es mangelt an Gediegenheit. Dem Altväterisch-Massiven (S. 152) steht das "Brillante", "Blinkende", "Glänzende" in Fassade und Interieur der Villa entgegen (vgl. z. B. S. 17 f., S. 180, S. 183, S. 289); die *Ordnung* im Hause des Kommerzienrates ist gestört (vgl. die vielen Streit-Szenen; z. B. S. 66 f., S. 77 ff., S. 109 f. usw.), sie bricht am Ende völlig zusammen (vgl. S. 338 ff.) und endet mit der "Auflösung alles Bestehenden" (S. 340). Zum Mangel an *Gediegenheit* und *Ordnung* trägt wesentlich die bewußte *Trennung von Lebensraum und Gewerberaum* bei (die Spinnerei, ein häßlich-nüchterner "Steinkoloß" [S. 9], ist streng vom Wohnbereich der Villenbewohner getrennt; sie liegt jenseits des Parks und wird verkauft [S. 128/9]). Das bedeutet zugleich eine Absage an die Basis des alten Handelsbürgertums: Hochschätzung von Arbeit und regelmäßiger, geordneter Tätigkeit (vgl. S. 129: "[Moritz] wird nun ganz und gar mit seiner kaufmännischen Vergangenheit brechen"). Das Klassem – [Einheit von Lebensraum und Gewerberaum] erscheint im Roman gekoppelt mit dem Klassem + [feudalisierter Lebensstil]: das einst "bürgerliche Hauswesen" wird zu einem "kleinen Schloß" umgestaltet (S. 126), Park und Interieur der Villa werden "aristokratisch unnahbar" (S. 289, vgl. auch S. 18 f., S. 126 ff., S. 233 f., S. 289 u. a.); der Parvenü nimmt den Habitus des Junkers (S. 76) an (vgl. auch S. 74 ff., S. 84 f. u. a.).

Welche Vorstellungen einer bürgerlichen Lebenswelt werden von der Marlitt auf diese Weise modelliert und auf welchem Zeithintergrund sind sie zu sehen?

Mit der Verteilung der thematischen Oppositionen Gediegenheit vs. mangelnde Solidität, Ordnung vs. Unordnung, Einheit von Lebensraum und Gewerberaum vs. Abtrennung von Lebensraum und Gewerberaum, Solidarität vs. mangelnde Solidarität usw. auf zwei Gruppen innerhalb des Bürgertums, nämlich den von den Zeitgenossen so bezeichneten "Mittelstand" (Kleinhandel, mittleres Handwerk, bürgerliche Intelligenz, d. h. höhere Beamte, Rechtsanwälte, Ärzte, Professoren usw.) einerseits und das zur Bourgeoisie aufgestiegene Wirtschaftsbürgertum andererseits sowie der wertmäßigen Ausspielung der einen gegen die andere greift die Marlitt in eine aktuelle zeitgenössische Diskussion ein. Zwar ist das Bürgertum im 19. Jahrhundert in Deutschland nie wirklich homogen gewesen [12], doch traten in ihm erst in der zweiten Hälfte des 19. Jahrhunderts extremere Spannungen hervor. Die sogenannte "Take-off-Phase", die ökonomische Hochkonjunkturperiode, die den Durchbruch der industriellen Revolution in Deutschland bedeutete, hatte den Aufstieg einer Großunternehmerschicht zur Folge gehabt, die aus ökonomischen Gründen eine enge Verbindung mit dem dynastischen Staat und dessen Oberklasse suchte [13]. 1866 beschreibt der Liberale Hermann Baumgarten diesen Vorgang so: "Industrie und Handel hatten einen mächtigen Aufschwung genommen; man verdiente viel Geld und lebte alle Tage besser. Rasch reich gewordene Kaufherren hatten die Genugtuung, Bürokratie und Adel finanziell, bald auch in einzelnen Fällen sozial zu überflügeln. Sie prunkten in den elegantesten Equipagen, sie hatten Livreen wie der Herr Baron, sie gaben Diners, an denen Diplomaten und Minister gern teilnahmen, sie bekamen Orden und Titel, ja sie wurden, wenn es ganz gut ging, selber Baron." [14] Doch während Baumgarten sich eher in der Klage über den bösen "Materialismus" der Zeit erging [15], sahen andere schärfer. Der Soziologe *Max Weber* geißelte in seiner "Freiburger Antrittsrede" von 1895 das Feudalgehabe des Großbürgertums bei gleichzeitiger politischer Ohnmacht: "[Es] liegt im Zuge der heute in Preußen führenden Staatsweisheit, den bürgerlichen Geldbeutel mit dem minimalen politischen Einfluß des Bürgertums durch Gewährung einer Art von 'Hoffähigkeit zweiter Klasse' zu versöhnen, und in den dafür empfänglichen Kreisen wäre nichts unpopulärer, als wenn der 'Nobilitierung' von Kapitalien [. . .] durch deren Metamorphose in die Form des Ritterguts Schwierigkeiten gemacht würden." [16]

Die Marlitt modelliert in ihrem Roman mit der Darstellung des kommerzienrätlichen Hauses diesen Prozeß der "'Nobilitierung' von Kapitalien [. . .] durch deren Metamorphose in die Form des Ritterguts" aus kritischer Perspektive: Villa, Turm und Park sind altadliger Besitz, aber – wie es wörtlich im Roman heißt – "das Rüstzeug des neuen Geschlechts [. . .] waren – die modernen Geldschränke" (S. 84). Sie stimmt damit in die allgemeine Zeitkritik an der Bedrohung der Wertvorstellungen des altständischen Bürgertums durch die Folgen des modernen Industriekapitalismus ein. Doch bedarf der normative Fluchtpunkt ihrer Kritik noch der genaueren Darstellung und Analyse. Denn wenn sie "altväterische" (S. 152) Solidität und Ordnung, Solidarität von "unten" und "oben", die Einheit von privater Lebenswelt und "Oekonomie" als positive Werte der "Auflösung alles Bestehenden" (S. 340) entgegenstellt, dann ist dies Ausdruck jener Anfälligkeit für ein antimodernes Denken, für konservative Sehnsüchte nach einer vorindustriellen, ja selbst vorbürgerlichen Gesellschaft, wie sie vor allem seit der Mitte des Jahrhunderts immer wieder artikuliert wurden. So pries z. B. der Kulturhistoriker Wilhelm Heinrich Riehl in seiner "Naturgeschichte des deutschen Volkes als Grundlage einer deutschen Social-Politik" (1851-1869) [enthält die Teile: Die bürgerliche Gesellschaft (1851), Land und Leute (1854), Die Familie (1855) und Wanderbuch (1869)] eine ständische Gliederung der Gesellschaft mit Adel und Bauerntum als den beharrenden Kräften, "drittem" und "viertem Stand" als den Kräften der Bewegung, wobei er insbesondere dem bürgerlichen "Mittelstand" eine zentrale Rolle zusprach, da er beharrend und sozial mobil zugleich sei. Das Bürgerliche und das Ehrbare identifizierend [17], forderte Riehl als Steuerungsmittel gegen die "nivellierende[] moderne[] Gesittung" die Rückkehr zu einem Sozialverband, den er "das ganze Haus" nennt: "Die moderne Zeit kennt leider fast nur noch die 'Familie', nicht mehr das 'Haus', den freundlichen, gemüthlichen Begriff des ganzen Hauses, welches nicht blos die natürlichen Familienglieder, sondern auch alle jene freiwilligen Genossen und Mitarbeiter der Familie in sich schließt, die man vor Alters mit dem Worte 'Ingesinde' umfaßte. In dem 'ganzen Hause' wird der Segen der Familie auch auf ganze Gruppen sonst familienloser Leute erstreckt, sie werden hineingezogen, wie durch Adoption, in das sittliche Verhältnis der Autorität und Pietät" [18]. Die "sociale[] Gesammtpersönlichkeit" des "ganzen Hauses" [19] beruht nach Riehl auf der engen Verbindung von "Haus" und "Besitz", Lebensraum und Gewerberaum, Familie und "Ökonomie", d. h. im 19. Jh.: Kleingewerbe. In der Wiederherstellung dieser Lebensform sieht Riehl die einzige Möglichkeit, die seiner Meinung nach bedenklich gelockerten sozialen Bande wieder zu festigen, und er trägt kein Bedenken, dabei mit der Propagierung des "ganzen Hauses" als idealer Wirtschafts- und Lebensform einen Schritt hinter die bürgerliche Emanzipationsbewegung des 18. Jahrhunderts zurückzugehen.

Für die 'Dekorporierung' des 'Guten Alten' macht Riehl nicht allein das Aufkommen neuer Produktionsweisen (und den durch sie ausgelösten sozialen Wandel) verantwortlich, nicht nur den "Rationalismus", der "gegen überlieferte Sitten und Gebräuche grundsätzlich zu Felde [zog], weil er sie nicht rationell zu begründen wußte", sondern auch die Literaten der klassischen deutschen Literaturperiode, weil sie die Familie (im Sinne des "ganzen Hauses") ebenso ignoriert hätten wie sie die "organisch gegliederte Gesellschaft" und über der "Menschheit [. . .] die Menschen" vergaßen [20]. Riehl sucht also – wenigstens postulativ – jenen Prozeß wieder rückgängig zu machen, innerhalb dessen sich der "dritte Stand" als Stand selbst aufhob und zur "Menschheit", d. h. zum allgemeinen und freien Staatsbürger erklärte. Die Stoßrichtung der Kritik richtet sich gegen die Etablierung der modernen bürgerlichen Gesellschaft seit dem 18. Jahrhundert, die von Riehl generell als Ausdruck alles 'nivellierender' Egalisierung und 'Entsittlichung' gedeutet wird. Sein Ideal ist der mittelalterliche Ständestaat.

Der Sozialhistoriker Otto Brunner hat die Bedeutung des "Hauses" für die – noch bis ins 18. Jahrhundert bestehende – alteuropäische Gesellschaft herausgearbeitet und darauf hingewiesen, daß in der Feudalverfassung des älteren Europa der Einzelne nur als Teil eines Verbandes am Staat teilhatte, und dies wiederum hing davon ab, ob er "Hausherr" war. Der Begriff "Haus" meint in diesem Zusammenhang eine größere ökonomische Einheit unter dem Patronat der Grund-"Herrschaft". Zum "Haus" gehören der pater familias und die Familienmitglieder im engeren Sinne, gleichermaßen aber auch alle von der "Herrschaft" Abhängigen (abhängige Bauern, Knechte, sonstiges

Gesinde, bzw. Gesellen, Lehrlinge usw.). Das "Haus" stellt ein Ganzes dar, das auf der Ungleichartigkeit seiner Glieder beruht.[21]

Von der Aktualität und Vorbildlichkeit dieses Gesellschaftsmodells, und zwar in der Gestalt, wie es von Wilhelm Heinrich Riehl für das 19. Jahrhundert ideologisch funktionalisiert worden ist, war die Marlitt überzeugt. Um dies genauer verdeutlichen zu können, gehen wir auf Riehls Schrift über die Familie noch etwas näher ein: Riehl sieht in der Familie (im Sinne des "ganzen Hauses") das "natürliche Vorgebilde" der bürgerlichen Gesellschaft, ein soziales und politisches "Heiligthum"[22]: "In der Familie ist gegründet die socialpolitische Potenz der Sitte, aus welcher das Gesetz hervorgewachsen ist. [. . .] Die Familie antasten, heißt aller menschlichen Gesittung den Boden wegziehen."[23] Sie beruht auf "Autorität und Pietät"; Autorität besitzt der Familienvater als ein "Urrecht", Pietät, d. h. "liebe- und ehrfurchtsvolle Hingabe" wird von allen anderen Familienmitgliedern gefordert. Damit ist zugleich gesagt, daß die Familie grundsätzlich auf der "Obervormundtschaft" des "pater familias" basiert[24], und diese wiederum gründet sich auf die Ungleichartigkeit von Mann und Frau als ein "Naturgesetz", aus dem für Riehl auch die prinzipiell unaufhebbare "sociale Ungleichheit" im öffentlichen Bereich, der bürgerlichen Gesellschaft, ableitbar ist[25]. Aus diesem "Naturgesetz" folgt bei Riehl konsequent die Verteilung der Geschlechterrollen: "Das Weib wirkt in der Familie, für die Familie; es bringt ihr sein Bestes ganz zum Opfer dar; es erzieht die Kinder, es lebt das Leben des Mannes mit [. . .]. Wird man der Familie gerecht, dann wird man den Frauen gerecht, denn der Herd des Hauses ist ja der Altar, darauf sie ihr verschwiegenes und doch so entscheidendes Wirken für Gesellschaft und Staat niedergelegt haben."[26] Daraus schließt Riehl weiter, daß der einzige Wirkungskreis der Frau das "Haus", die Familie zu sein hat: politisch-öffentliche Wirksamkeit steht ihr nicht an, sie ist allein die Hüterin der "häuslichen Sitte". Dementsprechend muß auch die "Erziehung des weiblichen Geschlechts" ausgerichtet werden: "Man bilde die jungen Mädchen wieder zu Hüterinnen der Sitte, man lehre sie wieder Selbstbeschränkung im Hause finden, man gebe ihre Erziehung, die viel zu viel der Schule zugefallen ist, der Familie wieder mehr anheim". Es ist auf dem Hintergrund dieser Sozialtheorie nur natürlich, daß künstlerische und wissenschaftliche Bildung zu einer "durchaus männlichen Bildung" erklärt werden, die – wenn sie Frauen zuteil wird – zum Verfall der "Sitte des deutschen Hauses" beiträgt.[27]

Wir können unser Riehl-Referat hier beschließen und einige Folgerungen aus seiner Gesellschaftslehre vom "ganzen Haus" ziehen: Deutlich ist, daß Riehls Buch über die Familie *apologetische* Züge trägt. Voraussetzung seiner Argumentation ist das Schwinden jener Bedingungen, die für ihn das "ganze Haus" ausmachen: die Großfamilie als Stätte der "Harmonie" und Solidarität, das "Haus" als 'Oekonomie', als (handwerkliche, landwirtschaftliche oder kaufmännische) Produktionsgemeinschaft, die öffentliche Funktion der Institution Familie, die Rolle der Familie als Pflanzstätte der "Sitte". Angesichts eines säkularen Prozesses, der seit der Mitte des 18. Jahrhunderts die bürgerliche Gesellschaft in ihrer repräsentativen Gestalt (d. h. einer vom Staat abgehobenen "Gesamtheit der vor dem Gesetz Gleichen und dadurch Freien" [28]; einer freien, dem Staat gegenüberstehenden Wirtschaftsgesellschaft der Privatleute) heraufgeführt hatte – eines Prozesses, der als Ausdruck jener "umfassenden Emanzipationsbewegung" [29] bewertet werden muß, die vor und nach 1800 die Ablösung der altständischen Feudalgesellschaft zur Folge hatte –, wendet sich Riehls Blick zurück, um just jene nurmehr bruchstückhaft vorhandene alteuropäische Ordnung wieder zu restaurieren, die für ihn den Hort des 'guten Alten' bildet. Er sucht aus der Vergangenheit ein schöneres Bild der Zukunft zu rekonstruieren. Geschichtsbetrachtung transformiert sich in Riehls Denken dadurch in eine konservative Ideologie, daß sie Geschichte in den Dienst eines aktuellen Interesses stellt, des Interesses nämlich, vorrevolutionäre Gesellschaftszustände wiederherzustellen. Daß Riehls Gesellschaftstheorien Ausdruck einer breiten antimodernistischen Strömung im deutschen Bürgertum der zweiten Hälfte des 19. Jahrhunderts sind, also nicht vereinzelt dastehen, bezeugt z. B. das Vorhandensein einer wirkungsmächtigen sogenannten Familienpoesie, wie sie u. a. in populären Anthologien ihren Ausdruck fand. In einer Anthologie [30], die 1893 in dritter Auflage erschien, finden sich z. B. die folgenden Kapitelüberschriften: "Des Hauses Wert und Bau", "Die Eheleute. Des Hauses Säulen und Pfeiler", "Die Kinder, des Hauses Schmuck und Schatz", "Das Haus, eine Stätte der Arbeit", "Das Haus in Ausübung christlicher Tugenden" usw., und Sprüche wie der folgende:

> "Nur ein Glück, nur eines giebt's hienieden,
> Fast für diese Welt zu gut und groß:
> Häuslichkeit! In deines Glückes Frieden
> Liegt allein der Menschheit großes Los."

Wir mußten diesen Hintergrund hier so breit entwickeln, weil die Marlitt offenkundig von dieser Familienideologie ausgeht und weil der normative Fluchtpunkt ihrer Kritik an der Welt des Großbürgertums, die für sie offensichtlich Ausdruck der modernen bürgerlichen Wirtschaftsgesellschaft ist, in der Vorstellung des "ganzen Hauses" gründet. Die Welt der Mühle und der Haushalt der Frau Diakonus ["das liebliche Bild des ländlichen Friedens und der erquickenden Ruhe" (S. 140), ein Haus, in dem rings an den Wänden "schwarz eingerahmte, nicht besonders künstlerisch ausgeführte Szenen aus der lieblichen Idylle 'Luise' von Voß" hängen (S. 142)] werden zum Idealbild des "edlen Familienlebens" (S. 161) verklärt, sie verkörpern – so wörtlich – eine "altbürgerliche Ordnung" (S. 41), "Heimatlust und Heimgefühl" (S. 43). Der Roman sucht damit seinen Rezipienten Denkmuster zu vermitteln, die innerhalb des beschriebenen historisch-gesellschaftlichen Sub-Systems als ideologische wirken müssen. Ideologisch sind sie in dem Sinne, daß sie als gesellschaftlich produziertes falsches Bewußtsein auszumachen sind; als ein Bewußtsein, das die negative Erfahrung einer als widerspruchsvoll erkannten Gegenwart im utopischen Bild einer glorifizierten Vergangenheit aufhebt. Das gilt nicht nur für die Aufnahme der Idee des "ganzen Hauses", sondern auch für die Geschlechterrollen-Ideologie, die die Beziehungen Bruck/Käthe und Bruck/Flora in Marlitts Roman prägt.

12.3.2. *Die Geschlechterrollen-Ideologie*

Eines der zentralen Merkmale, die den weiblichen Figuren des Romans zugewiesen werden, ist – wie wir es zunächst ohne weitere interpretative Folgerungen benannt haben – das Merkmal ± [weibliche Hingabe]. Auf dem nunmehr entwickelten Hintergrund läßt sich dieses Merkmal und seine eindeutige wertmäßige Besetzung genauer deuten: denn wenn der "Schlange" Flora (vgl. das geradezu leitmotivartige Vorkommen des Bilds der "Schlange" im Zusammenhang mit Flora auf S. 92; S. 176; S. 210; S. 246; S. 260 u. a.), die ihren Verlobten durch ihre negativ gezeichneten Emanzipations-Eskapaden quält (untalentierte Schriftstellerei, Zigarrenrauchen, Abneigung gegen die "traute Häuslichkeit" von Küche und Kinderstube, S. 258, usw.), das "mütterliche" (vgl. S. 237) Mädchen Käthe gegenübergestellt wird, von dem es heißt, daß es "Kindesunschuld" mit "Frauenwürde", "Innigkeit des Gemüts" (S. 268) mit aktivem Einsatz für Kranke und sozial

Schwache verbinde, dann beruft sich die Marlitt auf internalisierte geschlechterrollenspezifische Leitvorstellungen, die im deutschen "mittelständischen" Bürgertum der zweiten Hälfte des 19. Jahrhunderts tief verankert waren. Riehls Lehre von der "Familie" als dem Ort der "Sitte" und des deutschen "Gemüthslebens" – sie war am Ende des 19. Jahrhunderts noch so populär, daß in der schon erwähnten Anthologie "Das deutsche Haus" Riehl-Zitate in Spruchform und mit Zierleisten umrahmt abgedruckt werden konnten [31] – besitzt auf dem Gebiet konservativer Gesellschafts- und Morallehren des späten 19. Jahrhunderts lediglich die konsistenteste Form. Es ließen sich Schriften heranziehen über Mädchen- und Frauenerziehung [32] oder Moralkodices [33], die das entworfene Bild genau zu bestätigen vermögen.

Zu diesem Bild gehört natürlich das männliche Pendant – im Roman der Marlitt verkörpert in Bruck. Er unterscheidet – entsprechend der Riehlschen Lehre, dem Mann komme die "Tat" zu, der Frau das "Haus" – streng zwischen öffentlichem und privatem Bereich, zwischen Beruf und einem "stillbeglückten Familienleben" (S. 163). "Mitstrebende" und "verständnisvolle Gehilfin des Mannes auch auf geistigem Gebiete" (S. 109) dürfe die Frau sein, so meint er, doch "jede unbefugte Einmischung" in die berufliche Zuständigkeit des Mannes müsse er sich verbitten (S. 254). – Die prizipielle Unterordnung der Frau unter das männliche Patriziat wird von der Marlitt nicht angezweifelt – auch dort nicht, wo sie die plane autoritäre Geschlechterrollen-Ideologie zu durchbrechen scheint. Denn die Kontrastierung Käthe vs. Flora gewinnt – zumindest für das zeitgenössische Lesepublikum der Marlitt – nicht zuletzt dadurch ihren Reiz, daß in ihr das damals aktuelle Thema der Frauenemanzipation aufgegriffen wird. Die Marlitt behandelt dieses Thema – und auch das ist typisch – im Horizont angemessener bzw. unangemessener Arbeit. So sehr – aus heutiger Perspektive – das Emanzipationsstreben der Flora möglicherweise Sympathien erwecken mag (vgl. Text 7 auf S. 156), die Marlitt tut alles, um dieses Streben, das notwendig an Berufsarbeit und d. h. an das Eintreten der Frau in den Bereich der Öffentlichkeit geknüpft wäre, unter negativem Vorzeichen erscheinen zu lassen. Denn nach dem Willen der Autorin ersetzt Flora ernsthafte Geistestätigkeit durch bloße Prätention (vgl. S. 108), und während Käthe helfend zupackt, wo sie gebraucht wird, steht Flora abseits; sie schreibt soziale Kampfschriften (die niemand druckt), hat aber noch niemals ihren Fuß in des Schwagers Fabrik gesetzt (S. 65), die doch ihre materielle Basis darstellt. Diesem Zerrbild einer Emanzipierten – es entspricht Riehls Charakteristik der "Ueberweiblichkeit" [34]

– stellt die Marlitt das Gegenbild 'wahrer' Emanzipation gegenüber: sie besteht für sie in der Möglichkeit weiblicher Berufstätigkeit dann (und nur dann), wenn äußere Umstände sie erzwingen. Käthe – durch die betrügerischen Geldspekulationen ihres Schwagers um ihr Erbe gebracht – darf arbeiten und ihre eigenständige Urteilskraft durch die Geschäftsführung der ihr verbliebenen Mühle bewähren (vgl. S. 369); doch ist klar, daß ihr "Herz" unter der "Zahlenlast" (S. 375) leiden und folglich seiner 'eigentlichen' Bestimmung (vgl. S. 369) zugeführt werden muß.

"Naturgegebene" Unterordnungsverhältnisse, das Sich-Einfügen in eine Sozialordnung, die auf der "Ungleichheit und [. . .] Abhängigkeit als eine[r] Grundbedingung aller menschlichen Entwicklung"[35] basiert, sind der Marlitt nicht zweifelhaft. Daß damit die propagierte familiale Autoritätsstruktur auch die Autoritätsstruktur der herrschenden Sozialordnung reproduziert und stabilisiert, bleibt undurchschaut. "Häusliche" Enklave und öffentliche Sphäre, d. h. das den Restriktionen und dem Urteilsspruch der Ökonomie unterstellte bürgerliche Erwerbsleben, werden zwar scheinbar strikt getrennt – Bruck erwartet ein "Daheim", "das ihm, unabhängig von den äußeren Strömungen, gleichmäßig ein harmonisch-inniges Familienleben bietet" (S. 218) – doch ragt dieses "Außen" als unablässige Drohung unbewältigt in die intime Familienwelt hinein.

Die Konfliktlösung durch Problemreduktion, die der Roman der Marlitt anbietet – das "Außen" bleibt außen und die "Karriere der schönen Müllerin" (S. 386) findet ihr Ende im Schutz der männlichen Autorität – ist sozialpsychologisch als eine Variante bürgerlichen Eskapismus im 19. Jahrhundert zu deuten. Der Roman der Marlitt reproduziert eben die konservative Verdrängungs- und Fluchtideologie, wie sie in der sogenannten "Familienpoesie" der zweiten Hälfte des 19. Jahrhunderts ihren Niederschlag fand; er schreibt sich damit in ein überaus wirkungsmächtiges zeitgenössisches Sinnsystem ein und gewinnt innerhalb dieses Systems eine ideologische Stützfunktion.

Anmerkungen:

1 Hans Rosenberg: Große Depression und Bismarckzeit. Wirtschaftsablauf, Gesellschaft und Politik in Mitteleuropa, Berlin 1967 [unveränderter Nachdruck: Berlin 1976 (= Ullstein Buch Nr. 3239)]. Hans-Ulrich Wehler: Bismarck und der Imperialismus, Köln 1969 [unveränderter Nachdruck: Mün-

chen 1976 (= dtv – Wissenschaftliche Reihe. 4187)]: Hans-Ulrich Wehler: Das deutsche Kaiserreich 1871-1918, Göttingen 1973 [= Kleine Vandenhoeck-Reihe. 1380]; Hans Motteck: "Die Gründerkrise", in: Jahrbuch für Wirtschaftsgeschichte 1966, Teil I, S. 53-128; Hans Motteck: Wirtschaftsgeschichte Deutschlands, Bd. 2, Berlin [2]1969; Helmut Böhme: Deutschlands Weg zur Großmacht, 1848-1881, Köln [2]1972; Helmut Böhme: Prolegomena zu einer Sozial- und Wirtschaftsgeschichte Deutschlands im 19. und 20. Jahrhundert, Frankfurt 1968; Fritz Stern: The Politics of Cultural Despair, Berkeley 1961 [dt.: Kulturpessimismus als politische Gefahr, München 1963]; Fritz Stern: The Failure of Illiberalism, New York 1972 [dt.: Das Scheitern illiberaler Politik. Studien zur politischen Kultur Deutschlands im 19. und 20. Jahrhundert, Frankfurt 1974.]

2 Rosenberg, a. a. O. S. 63.

3 Rosenberg, a. a. O. S. 76.

4 Rosenberg, a. a. O. S. 67.

5 Rosenberg, a. a. O. S. 107.

6 Rosenberg, a. a. O. S. 66.

7 Gartenlaube 1874, S. 788.

8 Otto Glagau: Der Börsen- und Gründungsschwindel in Deutschland [Zweiter Teil von "Der Börsen- und Gründungsschwindel in Berlin"]. Zweiter unveränderter Abdruck, Leipzig 1877, S. XVII.

9 Vgl. dazu aus der unmittelbaren zeitgenössischen Diskussion Gustav Schmoller: "Was verstehen wir unter dem Mittelstande? Hat er im 19. Jahrhundert zu- oder abgenommen?", in: Die Verhandlungen des Achten Evangelisch-Sozialen Kongresses, Göttingen 1897, S. 132-161.

10 Vgl. dazu G. A. Ritter und J. Kocka: Deutsche Sozialgeschichte. Dokumente und Skizzen, Bd. 2: 1870-1914, München 1974, S. 288 f.

11 Fritz Stern: Kulturpessimismus, a. a. O. S. 88.

12 G. A. Ritter und J. Kocka, a. a. O. S. 62 ff.

13 Vgl. dazu Ralf Dahrendorf: Gesellschaft und Demokratie in Deutschland, München 1971, S. 55 ff; Hans-Ulrich Wehler: Das deutsche Kaiserreich 1871-1918, Göttingen 1974, S. 53 f. u. a.

14 Hermann Baumgarten: Der deutsche Liberalismus. Eine Selbstkritik [1866], hrsg. und eingel. von A. M. Birke, Frankfurt u. a. 1974, S. 56.

15 Ebd. – Zur Funktion dieser "Materialismus"-Kritik vgl. Fritz Stern: "Geld, Moral und die Stützen der Gesellschaft", in: F. S., Das Scheitern illiberaler Politik, a. a. O. S. 62-89.

16 Max Weber: Gesammelte politische Schriften, Tübingen [2]1958, S. 110.

17 W. H. Riehl: Die bürgerliche Gesellschaft, Stuttgart [6]1861, S. 268.

18 W. H. Riehl: Die Familie, Stuttgart [3]1861, S. 183.

19 Ebd. S. 184.

20 Riehl: Die bürgerliche Gesellschaft, a. a. O. S. 253 und S. 247.

[21] Vgl. Otto Brunner: "Das 'ganze Haus' und die alteuropäische 'Ökonomik'", in: Otto Brunner: Neue Wege der Verfassungs- und Sozialgeschichte.. Zweite, vermehrte Auflage, Göttingen 1968, S. 103-127.

[22] W. H. Riehl: Die Familie, a. a. O. S. 143 f.

[23] Ebd.

[24] Ebd. S. 144 ff.

[25] Ebd. S. 5.

[26] Ebd. S. 115.

[27] Ebd. S. 26 ff.

[28] Werner Conze: "Staat und Gesellschaft in der frührevolutionären Epoche Deutschlands", in: Historische Zeitschrift 186 (1958), S. 1-34; S. 4 ff.

[29] Ebd. S. 1.

[30] Das deutsche Haus im Schmucke der Poesie und Kunst, hrsg. von Karl Dorenwell, 3. Auflage, Wolfenbüttel 1893.

[31] Ebd. S. 131 f. und S. 139.

[32] z. B.: Das Buch der Erziehung für denkende Frauen. Eine Mitgabe fürs Leben. Den glücklichen Müttern eines neuen Geschlechtes gewidmet, Leipzig 1853.

[33] z. B. Georg von Gizycki: Grundzüge der Moral, Leipzig 1883.

[34] W. H. Riehl: Die Familie, a. a. O. S. 85 ff.

[35] Ebd. S. 3.

13. LEKTION: LITERARISCHER TEXT UND HISTORISCH-SOZIALER KONTEXT II: LITERATURTHEORETISCHER EXKURS ZUM VERHÄLTNIS VON TEXT UND KONTEXT

13.1. Was heißt "Autonomie" in semantischer Hinsicht?

Wir haben besonders in der 9. Lektion gesehen, daß literarische Texte in der Regel von einem Netz phonologischer, syntaktischer und semantischer Verknüpfungen überzogen werden – ein Netz, das in normalsprachlichen Texten nicht in gleichem Ausmaße anzutreffen ist. Diesem 'sekundären System' innertextlicher Beziehungen fällt mitunter ein beträchtlicher Anteil an der Bedeutungskonstitution literarischer Texte zu. Außerdem trägt es zu einer gegenüber normalsprachlichen Texten auffälligen Geschlossenheit dieser Texte bei – eine Geschlossenheit, die darin besteht, daß der Anteil textimmanenter Bedeutungskonstitution in diesen Texten größer, der Anteil referentieller, d. h. auf das kommunikative Umfeld verweisender und dieses mit einbeziehender Bedeutungskonstitution geringer ist als in gewöhnlichen Texten. Aus dieser unbestreitbaren Tendenz hat man gefolgert, daß jedes Kunstwerk "autonom", d. h. "ein in sich geschlossenes Ganzes" ist und "nur aus sich selbst heraus verstanden werden kann": "Dichtung kann und muß zunächst als ein Gebilde betrachtet werden, das völlig selbständig ist, das sich restlos von seinem Schöpfer gelöst hat und autonom ist. Bei der Dichtung gibt es nichts außerhalb liegendes, das sie zu ihrem sinnvollen Dasein brauchte [. . .]. In der Dichtung ist die von der Sprache hervorgerufene Gegenständlichkeit nur innerhalb der Sprache [der jeweiligen Dichtung] 'existent'. Die Bedeutungen weisen auf keine Realität. Aller Gehalt, der sich ausdrückt, ist in der Gestaltung anwesend" [1].

"Autonomie der Dichtung" bedeutet nach dieser Bestimmung in *semantischer* Hinsicht – wir sind auf die Konsequenz dieser Vorstellung in einem *ersten Zugriff* schon in der 2. Lektion eingegangen –, daß "Sprachkunstwerke" ihnen eigentümliche und sie definierende Kräfte enthalten, die das semantische Material, das sie in sich aufnehmen, aus allen Kontextbezügen lösen. Gilt dies Theorem absolut (wie das insbesondere in der werkimmanenten Schule der Fall war; vgl. S. 28 f.), dann hat das die methodische Konsequenz, daß literaturwissenschaftliche Analyseoperationen nur auf textgrammatischer (textimmanenter)

Ebene durchzuführen sind – ein Verfahren, dessen Problematik für die literaturwissenschaftliche Praxis wir bereits mehrfach berührt haben. Wegen der gravierenden Auswirkungen auf die Praxis wollen wir die in den konkreten Analysen der vorangegangenen Lektionen teilweise vorentschiedene Frage nach der "Autonomie" von Dichtung (bzw. Literatur) im folgenden einer ausführlicheren *theoretischen* Betrachtung unterwerfen. Um uns auch hier nicht dem Einwand auszusetzen, wir kämpften gegen einen durch unsere Polemik künstlich am Leben gehaltenen Popanz, nämlich die forschungsgeschichtlich überwundene Schule der Werkimmanenz, gehen wir diesmal von zwei modernen linguistischen bzw. texttheoretischen Äußerungen zur Seinsweise von Dichtung aus.

13.2. Der Kampf des Dichters gegen die Transitivität der Wörter

Wörter eines Satzes oder Textes können eine von zwei vorherrschenden Funktionen haben: entweder beziehen sie sich primär auf etwas außerhalb des Textes Liegendes oder sie zeigen in erster Linie interne textgrammatische Relationen an. Der amerikanische Linguist Morton W. Bloomfield nennt die erste die *referentielle oder kategorematische*, die zweite die *synkategorematische* Funktion der Wörter. Bloomfield meint nun, daß der prozentuale Anteil synkategorematischer, d. h. textbezüglicher Wörter in dichterischen Texten größer sei als in alltagssprachlicher Rede. Dichtung müsse "intransitiv" (= nicht über sich hinausweisend) sein; der Gebrauch synkategorematischer Wörter erhöhe ihre Intransitivität: "Insofern es eines der Hauptziele der Sprachkunst ist, die Intransitivität in bedeutsamer Weise zu vergrößern, ist das Problem des Künstlers größer, wenn er mit semantischen [= referentiellen] Wörtern arbeitet. Syntaktische [= synkategorematische] Wörter bringen schon durch ihre einfache Anwesenheit sehr viel Intransitivität mit sich; die Vergrößerung der Intransitivität von semantischen Wörtern stellt dagegen ein bedeutsames Problem dar. Dichtung sagt nicht nur etwas über die Welt, sie sagt auch etwas über die Sprache, über ihre eigene Ausdrucksform. Dichtungssprache kommuniziert nicht nur Begriffe; sie kommuniziert den Leser oder Hörer auch sich selbst. Dies wird dem Künstler durch poetische Verfahren ermöglicht. Sie sind die

Waffen des Künstlers in seinem Kampf mit der Transitivität der lexikalischen Wörter." [2] Poetische Verfahren, die die Intransitivität von Dichtung erhöhen können, sind nach Bloomfield beispielsweise Reime, Laut-Wiederholungen, Alliterationen, Metrum und Rhythmus, Parallelismen, grammatische oder Wort-Wiederholungen usw. Diese Mittel sollen uns dazu zwingen, "die Wörter teilweise von ihren normalen Bedeutungen zu dissoziieren und sie als Wörter wahrzunehmen." [3]

Stellen wir den Äußerungen von Bloomfield, bevor wir sie diskutieren, eine Äußerung des Bielefelder Texttheoretikers Siegfried J. Schmidt gegenüber: "Das Ästhetische ist keine Über-Formung eines an sich oder rekurrent Bedeutsamen [. . .]. Vielmehr verliert jedes auch außerhalb eines ästhetischen Werkes als Bedeutsames Gekannte beim Eintritt in ein ästhetisches Werk völlig [!] seinen rekurrenten Charakter [. . .] und gewinnt dann erst in der ästhetischen Präsentation seine ästhetisch bedingte (d. h. im Präsentationsmodus konstituierte) Semantizität." [4] – Schmidt teilt mit der traditionellen Literaturwissenschaft zwar nicht die Terminologie, wohl aber, wie das Zitat ausweist, die Überzeugung von der Abgeschlossenheit der Dichtung gegenüber allem rekurrent Bedeutsamen. Im Vergleich zu Bloomfield nimmt er als garantiertes Ergebnis an, was für diesen *Anstrengung* ist. Bloomfields Perspektive hat jedoch den Vorteil, daß er das, was Schmidt (und mit ihm auch Literaturwissenschaftler wie W. Kayser, H. Seidler, G. Kaiser u. a.) *statisch* deutet, als *Prozeß* sieht. Er spricht vom *Kampf* gegen die Transitivität der semantischen Worte. Damit scheint er zwar zu implizieren, daß ein poetischer Text desto dichterischer ist, je siegreicher der Dichter den Kampf gegen die außertextliche Bedeutung der Wörter besteht. Aber er sagt nirgends, *wie* erfolgreich dieser Kampf überhaupt durchgeführt werden kann. Schmidt dagegen nimmt als moderner Vertreter einer traditionellen Einstellung einen Text- bzw. Werkbegriff an, dessen zeichentheoretische Beziehungen darauf hinauslaufen, daß Signifikant und Signifikat des komplexen Makrozeichens "Werk" streng gleichwertig sind, d. h. eine (textimmanent erstellte) Eins-zueins-Beziehung unterhalten, die ein konnotatives oder assoziatives (d. h. aus dem soziokommunikativen Um-feld zu beziehendes) "Überschießen" verhindern (was prinzipiell auf der Signifikat- wie auf der Signifikantenseite möglich wäre). Doch müssen wir uns die Frage stellen, ob eine solche Eins-zu-eins-Relation überhaupt denkbar ist. Die Ergebnisse unserer konkreten Textanalysen deuten ja darauf hin, daß nicht nur Schmidts Theorem, sondern auch die Perspektive Bloomfields, wenn sie zu Formulierungen führt, die für jeden Einzelfall gelten sollen, falsch ist. Denn offensichtlich setzen Dichter mitunter die Referentialität ihres semantischen Materials bewußt ein (vgl. z. B. die Analysen der beiden Benn-Gedichte); offensichtlich gibt es den ästhetischen Text übergreifende Strukturen, die ihn mit seinem historisch-sozialen Kontext verbinden. Bevor wir jedoch diese Fragen erörtern können, müssen wir im folgenden zunächst den Kontextbegriff erläutern.

13.3. Der Kontextbegriff

Auf den ersten Blick könnte man meinen, daß die Bedeutungen der einzelnen Wörter einer Sprache substantiell zu definierende Größen sind, d. h. daß eine Beschreibung ihrer Bedeutung ohne Rücksicht auf andere Bedeutungsgrößen derselben Sprache möglich ist. Die Bedeutung von "Tisch" oder "Stuhl" z. B. scheint diesen Wörtern als isolierbare Qualität anzuhaften; wir meinen, diese Wörter "an sich" und ohne Rücksicht auf ihre Stellung innerhalb eines Sprachsystems zu verstehen. Der Genfer Linguist Ferdinand de Saussure hat dieser substantiellen Deutung der Sprachelemente mit Entschiedenheit eine Auffassung entgegengesetzt, die Sprache als ein zusammenhängendes System interpretiert, dessen Zeichenelemente *funktional* und nicht inhaltlich bestimmt sind. Zeichen sind für ihn durch ihre *Abgrenzung von anderen Zeichen* charakterisiert.

Die funktionale Sichtweise Saussures hat in der Folgezeit zu so zahlreichen Erfolgen sprachwissenschaftlicher Forschung geführt, daß ihre Berechtigung heute allgemein anerkannt ist. Die Bedeutung eines Elements ist nicht eine diesem Element anhaftende Qualität, sondern ein Komplex von Sinnbeziehungen, die das Element mit anderen Elementen eingeht: "Meaning has its locus not in the individual bits and pieces of the total structure, but within the language structure as a whole functioning within a behavioral matrix as a whole. None of the bits and pieces has meaning of and by itself." [5]

Entscheidend an dieser Sichtweise ist, daß sie Bedeutungen sprachlicher Zeichen nicht nur funktional definiert, sondern daß sie das System dieser Bedeutungen auch als Ergebnis gesellschaftlicher Praxis sieht. Ein Sprachsystem steht dem Menschen mithin als Bedeutungssystem nicht neutral und konstant zur Verfügung, um mit ihm im nachhinein Welterfahrungen sprachlich zu fassen. Welterfahrung und

Sprachsystem sind vielmehr eng gekoppelt. Da das eine das andere bedingt und beeinflußt, entwickeln sie sich in einer Relationsbeziehung. Einzelne Wörter wie "materialistisch" oder "Menschenfreund", "Humanität", "Harmonie" oder "Völkerfreundschaft" oder "Investitionslenkung" können als sprachlich kristallisierte Erfahrungskerne komplexe Erfahrungsfelder aufreißen. Sie sind innerhalb ihrer jeweiligen semantischen Felder besonders dominante Bedeutungsgrößen.

Die enge Kopplung von Welterfahrung und Sprachsystem hat den italienischen Semiotiker Umberto Eco dazu geführt, für jede konkrete Gesellschaft ein globales semantisches System anzunehmen, das nicht nur ein *Ergebnis* der Welterfahrung dieser Gesellschaft ist, sondern seinerseits wiederum die Sichtweise dieser Gesellschaft *beeinflußt*. Nach Eco gibt es überhaupt keine vorhergehende Erfahrung, die nicht bereits "in semantische Felder, in Systeme von kulturellen Einheiten und folglich in Wertsysteme strukturiert wäre." [6] Die Strukturen semantischer Felder sind in dieser Deutung ein unmittelbares Ergebnis gesellschaftlich geregelter, weltaneignender Praxis: "Ein semantisches System als Weltanschauung ist also eine der möglichen Arten, der Welt Form zu geben. Als solche stellt es eine partielle Interpretation der Welt dar und kann theoretisch jedesmal revidiert werden, wenn neue Botschaften durch semantische Umstrukturierung des Codes neue konnotative Ketten und folglich neue Wertzuordnungen einführen." [7] Zeitgenossen entwickeln durch wiederkehrenden Gebrauch der Elemente solcher globaler semantischer Systeme bzw. durch den andauernden Bezug auf die Strukturen dieses Systems sozial normierte Erwartungsschemata, in die sie jede neue sprachliche Erfahrung einzufügen versuchen. Zur Zeit der Marlitt waren beispielsweise Wörter wie "Geld", "Reichtum", "materialistisch" semantisch so weit vorbelastet, sie riefen so viele andere kulturelle und soziale Einheiten ins Gedächtnis und bezogen sich auf ein zeitgenössisch dominantes und ausgeprägtes semantisches Feld (vgl. unsere Erörterungen zum sozialgeschichtlichen Hintergrund des Marlitt-Romans), daß die Wörter – selbst wenn sie Elemente älterer Texte gewesen sein sollten – durch die Zeitgenossen notgedrungen auf der Folie *ihres* semantischen Systems rezipiert werden mußten.

Der Kontextbegriff nun fügt sich lückenlos in das bisher Skizzierte ein. Er meint geordnete Zeichenvorräte und rekurrente Bedeutungskomplexe, die in einem – zumindest für kurze Zeitabschnitte – relativ festen pragmatischen bzw. institutionellen Rahmen gebraucht werden. Die Mitglieder einer Sprachgemeinschaft erlernen Sprache niemals als neutrales Werkzeug und Verständigungsmittel. Sie wachsen in soziokommunikativen Kontexten auf, d. h. mit der Sprache lernen sie "sekundäre" Kommunikationsmuster, die ihr Verständnis sprachlicher Ausdrücke präformieren. Aus der Definition des Kontextes als einer strukturierten Menge semantisch-semiotischer Einheiten darf allerdings nicht der Schluß gezogen werden, daß es sich beim jeweils aktuellen Kontext um ein vollkommen kohärentes, in sich geschlossenes System solcher Einheiten handelt. Denn erstens ist der jeweilige Kontext in *diachroner* Hinsicht offen. Gesellschaftliche Praxis, und das heißt auch: historische Entwicklung, kann zu steter Umstrukturierung eines soziokommunikativen Kontextes führen. Und zweitens ist der Kontext als ein globales semantisches System auch in synchroner Hinsicht nicht so geschlossen, wie er hier aus analytischen Gründen vorausgesetzt wurde. Er zerfällt vielmehr in zahlreiche Einzelkontexte, in soziokommunikative Subsysteme (z. B. in politische, ästhetische, weltanschauliche), deren Unterschiede zu Widersprüchen und Spannungen im globalen semantischen System einer Zeit führen können – Widersprüche, die ihrerseits wiederum Umstrukturierungen dieser Kontexte einzuleiten vermögen.

Der Kontextbegriff wird mitunter durch den Begriff "Kommunikationssystem" ersetzt. Beide meinen dasselbe, da auch der Kontextbegriff nur dann sinnvoll ist, wenn er sich auf kommunikative Elemente, d. h. auf eine strukturierte Menge *semantisch-semiotischer* Manifestationen bezieht. Die aktuellen Kommunikationsprozesse sind jeweils in derartige Kommunikationssysteme bzw. Kontexte eingebettet. – *Vom Kontextbegriff zu unterscheiden ist der Kodebegriff*. Er meint nicht die strukturierte Menge semantisch-semiotischer Einheiten selbst, sondern die *Regeln*, nach denen diese Menge strukturiert ist. Eco faßt den Kode als eine Kompetenz von Sprechern bzw. Kommunikationspartnern, mit der diese sich in kohärenter Weise auf die jeweils gültigen semantischen Felder beziehen.[8]

13.4. Intra- und extratextuelle Strukturen von Dichtung

Die Frage nach der Kontextverflochtenheit von Dichtung läßt sich nunmehr spezifizieren. Sie zerfällt bei genauerem Zusehen in zwei Fragen, nämlich 1. in die Frage, ob Dichtung als ein sprachgebundenes Medium in der Lage ist, das von ihr verwertete semantische Material aus seinen höchst komplexen kontextuellen Verflechtungen herauszulösen und mit ihm ein "in sich geschlossenes sprachliches Gefüge" [9] aufzubauen, und 2. in die Frage, ob der Rezipient von Dichtung in der Lage ist, sich von seinem eigenen (in der Regel ja verschiedenen, weil zeitverschobenen) soziokommunikativen Kontext soweit zu befreien, daß er Dichtung losgelöst von seinen sonst wirksamen Sinn- und Wertorientierungen rezipiert. (Wir beschränken uns dabei vorerst auf die Text-Kontext-Verflechtung mittels einzelner Sememe oder Sätze; natürlich muß auch noch nach der möglicherweise wichtigeren Text-Kontext-Verflechtung mittels Figurenkonstellation und Handlungsstrukturen, den eigentlich *literarischen* Bedeutungskomplexen narrativer Texte, gefragt werden.)

Die neuere Literaturtheorie – und ihre Annahmen werden durch eine Reihe konkreter historischer Analysen literarischer Texte unterstützt – ist sich darin einig, daß Dichtung ihr sprachliches Material nicht nur nicht vollständig vom Kontext zu lösen vermag, sondern daß sie mit der Kontextbezüglichkeit ihres Materials häufig bewußt operiert, um so für den Text zusätzliche konnotative Energien zu gewinnen. Die außertextlichen Beziehungen der sprachlichen Elemente eines Kunstwerks "gehen in den Körper des literarischen Werkes als Strukturelemente einer bestimmten Ebene ein" [10], aber nicht so, daß sie dem Werk nunmehr voll und ganz inhärent wären, sondern in elliptischer bzw. deiktischer Form. D. h., sie holen außertextliche Beziehungen sprachlicher Elemente in das Werk hinein, indem sie auf diese Beziehungen *hinweisen* (deiktisch, gr. = hinweisend) bzw. den Rezipienten zwingen, die semantische Ellipse (elliptisch, gr.-lat. = unvollständig) mit Hilfe seines kontextuellen Wissens zu ergänzen. Der Text besteht also in semantischer Hinsicht niemals für sich. Er ist jeweils einem vom Schriftsteller vorausgesetzten authentischen Leser zugeordnet. Wenn es diesen authentischen Leser realiter auch nicht geben kann (da das voraussetzen würde, daß sein Kode mit dem Kode des Dichters absolut identisch ist), so sind die Zeitgenossen des Dichters doch weitgehend in der Lage, die Kontextbezüge eines Textes im Sinne des Dichters zu realisieren. Denn die kommunikative Kompetenz von Autor und ursprünglichem Leser ist geprägt durch denselben soziokommunikativen Kontext.[11] (Vgl. unsere Analysen zu den beiden Benn-Gedichten.)

Die sprachlichen Elemente eines Kunstwerks sind somit häufig Schnittpunkte 'intratextueller' und 'extratextueller' Relationen des Werkes. Ein Werk wird die Bedeutung seiner Elemente teilweise durch seine innertextlichen Strukturen eingrenzen und bestimmen können. Je dominanter und zentraler jedoch ein Wort im außertextlichen semantischen System einer Zeit ist, desto unmöglicher wird es sein, im literarischen Werk das Wort aus seinen extratextuellen Strukturen völlig zu isolieren. Die Literaturgeschichte zeigt, daß die meisten Dichter auch gar nicht daran denken, auf referentiell vorbelastete Wörter zu verzichten. Sie spielen im Gegenteil mit dem kontextuell erstellten Bedeutungsspektrum dieser Wörter; sie integrieren sie in ihre Werke als 'Relaisstationen' zwischen Text und Kontext und nutzen sie, um durch sie auf den Kontext zurückzuwirken; denn das Zusammenspiel intratextueller und extratextueller Strukturen ermöglicht es, daß Kunstwerke in einer konkreten historischen Situation als komplexe Superzeichen fungieren können. Sie können durch dauernde Anspielungen auf den Kontext in das Wirklichkeitsverständnis einer Zeit eingreifen – und zwar gerade aufgrund ihrer relativen Distanz diesem Kontext gegenüber.

Kunstwerke sind, weil ihre Strukturen nicht nur intratextuell, sondern auch extratextuell definiert sind, partiell variable Gebilde. Denn das globale semantische System einer Zeit ist, wie wir oben gesehen haben, dauernden Veränderungen unterworfen. Mit dieser Änderung kann auch jener Kontextausschnitt entfallen, auf den sich ein Kunstwerk *ursprünglich* bezogen hat. Die Frage ist nun, ob ein Werk nach dem Fortfall seiner ursprünglichen extratextuellen Relationen in kontextunabhängiger Weise rezipiert wird, oder ob das Werk von seinen Rezipienten auf jeweils unterschiedliche Weise in neue Kontexte integriert wird und somit immer neue Bedeutungsmöglichkeiten "ansetzt".

Literarische Werke – so führt der russische Strukturalist Jurij M. Lotman aus – "werden rezipiert in Relation zu den semantischen Feldern, die bereits in textexternen Kommunikationssystemen wirksam sind. So existieren im Bewußtsein des Lesers die ihm vertrauten Begriffsverkettungen, die kanonisiert sind durch die Autorität der natürlichen Sprache und ihre semantische Struktur, durch sein allgemeines Lebensgefühl, durch die Begriffsstruktur der Kulturepoche und des Kulturtyps, denen er angehört, und schließlich durch die gesamte Struktur der ihm vertrauten Bauweisen von Kunstwerken." [12] Weil spätere Rezipienten von *ihren* Kontexten her Kunstwerke semantisch vervollständigen müssen, wird es zu immer neuen Verflechtungen von Texten und Kontexten kommen, nur daß die Art und Weise dieser Verflechtungen sich ändert, da die Vermittlung von Text und Kontext eine Verständnisleistung von Lesern ist, die diese aufgrund ihrer eigenen, d. h. ihnen von ihrer Zeit bereitgestellten semantischen Möglichkeiten erbringen. Der Leser muß dabei die Anweisungen des Textes und die Anweisungen des Kontextes so miteinander vermitteln, daß er ein stimmiges Sinngebilde erstellt.

Die historische Variabilität dieses Sinngebildes ist in der Regel nicht so sehr eine Folge neuer Bedeutungszuweisungen an das künstlerische Zeichen, sondern eine Folge von Umstrukturierungen der semantischen Hierarchie des Werkes. Fiktionale Texte arbeiten mit Wertoppositionen. Wie stark eine Wertopposition rezipiert wird, hängt natürlich von den kontextuellen Sinn- und Wertorientierungen der Rezipienten ab. Die Wertoppositionen ± [materialistisch] und ± [kapitalistisch] beispielsweise, die in dem Roman der Marlitt eine entscheidende Rolle spielen, können heute natürlich nicht mehr in der gleichen Weise rezipiert werden wie in den siebziger Jahren des vorigen Jahrhunderts. Der Antikapitalismus des Mittelstandes der wilhelminischen Zeit war ein Charakteristikum konservativen Denkens. Das semantische Merkmal – [kapitalistisch] war vereinbar mit den Merkmalen + [konservativ] oder + [harmonische Gemeinschaft von oben und unten]. Es ist deutlich, daß bei der heutigen konnotativ-emotionalen Belastung (oder auch: begrifflich präziseren Definition) des Wortes "kapitalistisch" der Roman von uns nicht so rezipiert werden kann wie zur Zeit der "Großen Depression". Noch deutlicher wird das bei dem Merkmal + [Emanzipation], das der Flora als Negativum zugeordnet ist (vgl. S. 155 f.). Alle Wertoppositionen zusammen bilden in dem Roman der Marlitt eine Hierarchie, in der z. B. die Wertopposition ± [materialistisch] die Opposition ± [fürsorgliches Verhalten] dominiert. Mit dem Verlust der kontextuellen Relevanz der ersten Opposition kann auch die ursprüngliche Hierarchie der semantischen Werte dieses Romans nicht mehr in der von der Autorin "beabsichtigten" [13] Weise rezipiert werden. Der Roman wird damit aber nicht sinnlos. Der Leser baut das hierarchische Gefüge im Rahmen seiner eigenen strukturellen Möglichkeiten um.

Das Gesagte trifft für Werke der "hohen" Literatur natürlich in noch höherem Maße zu. Denn die in der Regel recht einfachen und übersichtlichen Hierarchien populärer Literatur bieten nicht so viele Umstrukturierungsmöglichkeiten wie die Hierarchien der "hohen" Literatur, deren Oppositionen im Allgemeinen zahlreicher und mitunter auch mehrgliedriger sind (statt zweigliedriger Oppositionen häufig drei- und viergliedrige Oppositionen). Aus all dem folgt, daß die historische Variabilität von Kunstwerken (also die gesetzmäßig faßbare und durch den Kontext bedingte, nicht aber die zu einer bestimmten Zeit feststellbare Mehrdeutigkeit eines Werkes) zwei hauptsächliche Ursachen hat, nämlich 1. Verschiebungen in der Bedeutung einzelner *Elemente* der Hierarchie und 2. Verschiebungen des *Stellenwertes* dieser Elemente innerhalb der Hierarchie. Die zweite Ursache ist deshalb so wichtig, weil ästhetische Gebilde aufgrund der Komplexität ihrer Hierarchien in der Regel sehr anfällig für Umstrukturierungen sind.

13.5. Intertextuelle Relationen

Wir haben bisher von semantischen Relationen zwischen literarischen Texten und jenen globalen semantischen Systemen gesprochen, in denen Texte geschrieben oder gelesen werden. Die semantische Opposition ± [materialistisch] in dem Roman der Marlitt gewann ihre volle Bedeutung ursprünglich nicht durch einen textimmanenten Bedeutungsaufbau, sondern durch den Einbezug kontextueller Valenzen; die ursprüngliche Bedeutung des Romans war erst auf dem Hintergrund seines Kontextes voll abschätzbar. Das globale semantische System, in das wir den Roman einzubetten versucht haben, haben wir durch Rückgriffe auf schriftliche Äußerungen derselben Zeit zu rekonstruieren versucht (auch die ausgewertete Sekundärliteratur ist ja durch Analyse schriftlicher Zeugnisse zu den für uns relevanten Ergebnissen gelangt). Forschungspraktisch bleibt keine andere Möglichkeit, als durch die Auswertung schriftlicher Dokumente vergangene Kommunikationssysteme neu aufzubauen. Wenn wir von "Kontexten", "globalen semantischen Systemen" oder "Kommunikationssystemen" reden, so reden wir mithin – wissenschaftstheoretisch gesehen – von einem *Konstrukt*, das nirgends realiter gegeben ist, das wir aber aus sehr wichtigen methodischen wie methodologischen Gründen eingeführt haben. Selbst wenn wir von dem semantischen System *unserer* Zeit sprechen, können wir uns ja auf nichts materiell Greifbares beziehen. Auch hier meinen wir ein Konstrukt, das allerdings nicht nur durch schriftliche Äußerungen, sondern ebenso durch die Kompetenz lebender Sprecher abgesichert ist.

Die strukturellen Relationen zwischen Texten und ihren Kontexten sind demnach in der Rückschau eigentlich Relationen zwischen verschiedenen Texten, obwohl für unsere Analyse gar nicht wichtig war, ob die Marlitt tatsächlich die Schriften Wilhelm Heinrich Riehls kannte oder nicht. (Wir haben Riehl ausgewählt, weil er nicht nur der repräsentativste, sondern auch der wirkungsmächtigste Vertreter des skizzierten Kontextes war. Riehl, der seinerseits natürlich nur auf ideologische Tendenzen seiner Zeit höchst sensibel reagierte, fand mit seinen Ansichten so viel Resonanz, daß er zu zahlreichen Vortragsreisen eingeladen wurde und von ihm rund 1000 Vorträge nachweisbar sind. Nur diese Stellung Riehls hat es methodisch gerechtfertigt, unsere Kontextanalyse etwas einseitig auf einen einzelnen Autor zu stützen.)

Nun gibt es aber Relationen zwischen Texten, die bewußt als Relationen zwischen diesen (und keinen anderen) Texten eingeführt werden, d. h. der Schriftsteller gibt durch bestimmte Verfahren und Signale zu erkennen, daß er nicht nur eine bestimmte Bedeutungsposition, sondern auch deren Urheber mitmeint. Man nennt solche Textstellen in der Regel *Zitate,* und zwar selbst dann, wenn keine wörtliche, zitierbare Übernahme erfolgt, sondern allein am Sprachduktus bzw. -rhythmus, an der Wortwahl, an der Satzkonstruktion usf. erkennbar ist, daß die Textstelle auf einen anderen Autor (oder auch auf die Redeweise einer öffentlichen Person) anspielt. (Vgl. unsere Analysen zu Benns Gedichten "Untergrundbahn" und "Wir gerieten ...", S. 101 f. u. a., die ja nur auf der Folie von zitativen Elementen verständlich wurden). Wir wollen solche Verbindungen zwischen Texten *intertextuelle* Relationen nennen; sie sind ein sehr bedeutender, in unserem Kurs allerdings nur bei der Einführung des Begriffs der Konnotation behandelter Sonderfall extratextueller Relationen von Texten.

Auf die Bedeutung der Intertextualität von Texten hat insbesondere der russische Literaturwissenschaftler Michail Bachtin hingewiesen. Bachtin hält die dialogischen Beziehungen zwischen Wort und fremdem Wort, Text und fremdem Text für eines der entscheidensten Charakteristika künstlerischer Sinngebilde [14].

13.6. Die Kontextbezüglichkeit von literarischen Figuren, Personenkonstellationen und Handlungen

Wir haben Text-Kontext-Verflechtungen bisher vorwiegend an einzelnen Wörtern, Wortkombinationen oder Wortoppositionen demonstriert. Obwohl solche, auf einer rein *semantischen* Ebene anzusiedelnde Verflechtungen natürlich einen kaum zu überschätzenden Anteil an der Kontextualität von Texten haben, sind sie für den kommunikativen Gebrauchswert von Literatur jedoch bei weitem nicht *allein* entscheidend. Wie wir schon an dem Roman der Marlitt sehen konnten, ist es für fiktionale Texte höchst charakteristisch, daß sie kontextuell vorbelastete Seme, Wörter oder Wortkombinationen nicht einfach in den Text aufnehmen, sondern die in ihnen verkörperten semantischen Valenzen in einzelnen Oppositionen zusammenfassen und die so geschaffenen Oppositionen Figurengruppen zuordnen. Literarische Figuren sind durch Bündel semantischer Merkmale definiert (vgl. S. 158 f.). Sie haben sich selbst wieder Oppositionen unter- bzw. einzuordnen, so daß Sinn- und Wertorientierungen des Kontextes in fiktionalen Konfigurationen (Personenkonstellationen) widergespiegelt werden können. Die Personenkonstellation narrativer Texte dient aus diesem Grunde in aller Regel dazu, ein (mehr oder weniger) geordnetes Weltmodell zu entwerfen, in dem auf (mehr oder weniger) überschaubare Weise zwei oder mehr Personengruppen mit Hilfe zwei- oder mehrgliedriger Oppositionen gegeneinandergestellt werden.

Sinn- und Wertorientierungen sozialer Gruppen können sich in der Wirklichkeit als unpraktikabel erweisen. Indem narrative Texte eine fiktionale "Wirklichkeit" nach den außertextlich unwirksamen Sinn- und Wertorientierungen modellieren, können sie auf das Selbst- und Weltverständnis solcher Gruppen zurückwirken. Deshalb läßt sich bereits aus dem gesetzmäßig geordneten Aufbau literarischer Konfigurationen mittels der gegliederten Zuordnung anschließbarer semantischer Merkmale zu konfigurationskonstitutiven Gruppen ablesen, daß literarische Texte Träger kommunikativer Zwecke sein können (und in der Regel auch sind). Die Handlung hat häufig die Funktion, diejenige Seite der Wertopposition als siegreich zu erweisen, mit der sich die Bezugsgruppen identifizieren. "Siegreich" kann dabei natürlich nicht eine grundsätzliche Lösung des Konfliktes in 'happy endings' bedeuten. Auch der tragische Untergang eines Helden kann dazu dienen, die durch ihn vertretene "Sache" als siegreich zu erweisen. Alle Tragödien Schillers waren in diesem Sinne optimistische Tragödien; denn die vom Held vertretene Gesinnung erwies sich im Untergang des Helden als siegreich.

Text-Kontext-Verflechtungen fiktionaler Texte werden deshalb häufig nicht über Denotationen und Konnotationen einzelner Sememe erstellt, sondern über den Modellcharakter von Personenkonstellationen und Handlungsstrukturen. Der Schwerpunkt der Korrelation und Interferenz literarischer Texte mit ihren Kontexten wandert aus diesem Grunde häufig von der primären semantischen Ebene, d. h. der Wort-, Satz- oder Motivebene, auf sekundäre Bedeutungsebenen hinüber, nämlich auf Wortmotiv- und Bildketten, vor allem aber auf die Konfigurations- und Handlungsebenen. Wir haben literarische Texte, weil dem so ist, bereits in der ersten Lektion (im Anschluß an den dänischen Sprachwissenschaftler Hjelmslev) als Zeichensysteme zweiter Ordnung bezeichnet. Mit diesem Hinweis soll aber keineswegs die Wichtigkeit *primärer* Verflechtungen von Text und Kontext negiert werden.

13.7. Rezeptionsästhetik; die Begriffe "Text" und "Werk"

In der jüngsten Vergangenheit sind eine Fülle wirkungs- und rezeptionsgeschichtlicher Studien publiziert worden. Wirkungs- und Rezeptionsgeschichte von Literatur läßt sich von zwei verschiedenen Standpunkten aus betreiben. Definiert man Literatur als ein in sich geschlossenes Sinngebilde, dessen Sinn nur getroffen oder verfehlt werden kann, dann können Wirkungs- und Rezeptionsgeschichte von Literatur allenfalls Randdisziplinen der Literaturwissenschaft darstellen – Disziplinen, in denen vor allem von den Rezeptionsverirrungen späterer Zeiten die Rede sein wird. Sieht man hingegen literarische Werke als variable Sinngebilde an, die die jeweiligen Leser nicht nur aufgrund der Anweisungen der Texte, sondern auch aufgrund ihrer eigenen semantischen Möglichkeiten erstellen, dann rückt insbesondere die Rezeptionsgeschichte zu einer Kerndisziplin der Literaturwissenschaft auf. Rezeptions*ästhetik* meint dann jene Kunstästhetik und -theorie, die die prinzipiellen Abhängigkeiten künstlerischer Texte von den Kontexten thematisiert, in denen sie geschrieben oder gelesen werden. Sie untersucht die bedeutungskonstitutive Rolle des Lesers; sie richtet ihr Augenmerk nicht allein auf Werke, sondern auf Kommunikationsprozesse. Sie versucht, die unterschiedliche Rezeption von Literatur nicht als ein Versagen vor dem Werk abzutun, sondern aus dem Kommunikationsprozeß als einem relativ Allgemeinen zu erklären. Autor, Werk und Leser sind ihr die entscheidenden Größen dieses Prozesses. Wir haben auf der folgenden Seite versucht, in einem Grundmodell literarischer

Kommunikation alle jene Größen zusammenzufassen, die diesen Prozeß beeinflussen [15].

Lotman hat aus der Abhängigkeit künstlerischer Sinngebilde von Kommunikationsprozessen, bzw. aus der historischen Variabilität dieser Sinngebilde, die Konsequenz gezogen, terminologisch zwischen "Text" und "Werk" zu unterscheiden. Da wir diese Unterscheidung für sehr sinnvoll halten, wollen wir sie zum Schluß der Lektion kurz vorstellen (sie ist teilweise identisch mit den Begriffen "materielles Artefakt" und "ästhetisches Objekt" bei Mukařovský, worauf wir hier aber ebensowenig eingehen können wie auf Parallelen zu anderen Literaturtheoretikern). Lotman wirft den Literaturwissenschaftlern vor, daß sie stillschweigend von der Annahme ausgehen: "'Das literarische Werk ist sein Text'. Der Text stellt [für diese Wissenschaftler] etwas Absolutes, Reales dar, das dem Subjektivismus des Wissenschaftlers entgegengesetzt ist." [16] Nach Lotman sollte der Begriff "Text" sinnvollerweise nur die materielle Zeichengestalt bezeichnen, sollte sich also auf jenes zeitlose Gebilde beziehen, das noch unvollständig, weil bedeutungsleer ist und das im konkreten Rezeptionsvorgang jeweils zu einer Bedeutungsstruktur komplettiert werden muß. Der Begriff "Werk" dagegen sollte für das *Resultat* der Bedeutungskomplexion vorbehalten bleiben. Ein zur Bedeutungsstruktur komplettiertes Werk ist das Ergebnis eines historisch-konkreten Kommunikationsprozesses zwischen einem Text und einem Leser.

Anmerkungen:

1 Wolfgang Kayser: Das sprachliche Kunstwerk, Bern und München [7]1961, S. 35 und S. 289.

2 Morton W. Bloomfield: "Zum Synkategorematischen in der Dichtung: von der Semantik zur Syntax", in: J. Ihwe (Hrsg.), Literaturwissenschaft und Linguistik Bd. II, 1, Frankfurt/Main 1971, S. 67.

3 Ebd., S. 70.

4 Siegfried J. Schmidt: Ästhetische Prozesse. Beiträge zu einer Theorie der nicht-mimetischen Kunst und Literatur, Köln und Berlin 1971, S. 15.

5 K. L. Pike: Language in Relation to a Unified Theory of the Structure of Human Behavior Bd. 3, Glendale, Calif. 1960, S. 16.

6 Umberto Eco: Einführung in die Semiotik, München 1971, S. 168.

7 Ebd.

8 Vgl. ebd., S. 112.

9 Wolfgang Kayser, a. a. O. S. 5.

GRUNDMODELL LITERARISCHER KOMMUNIKATION

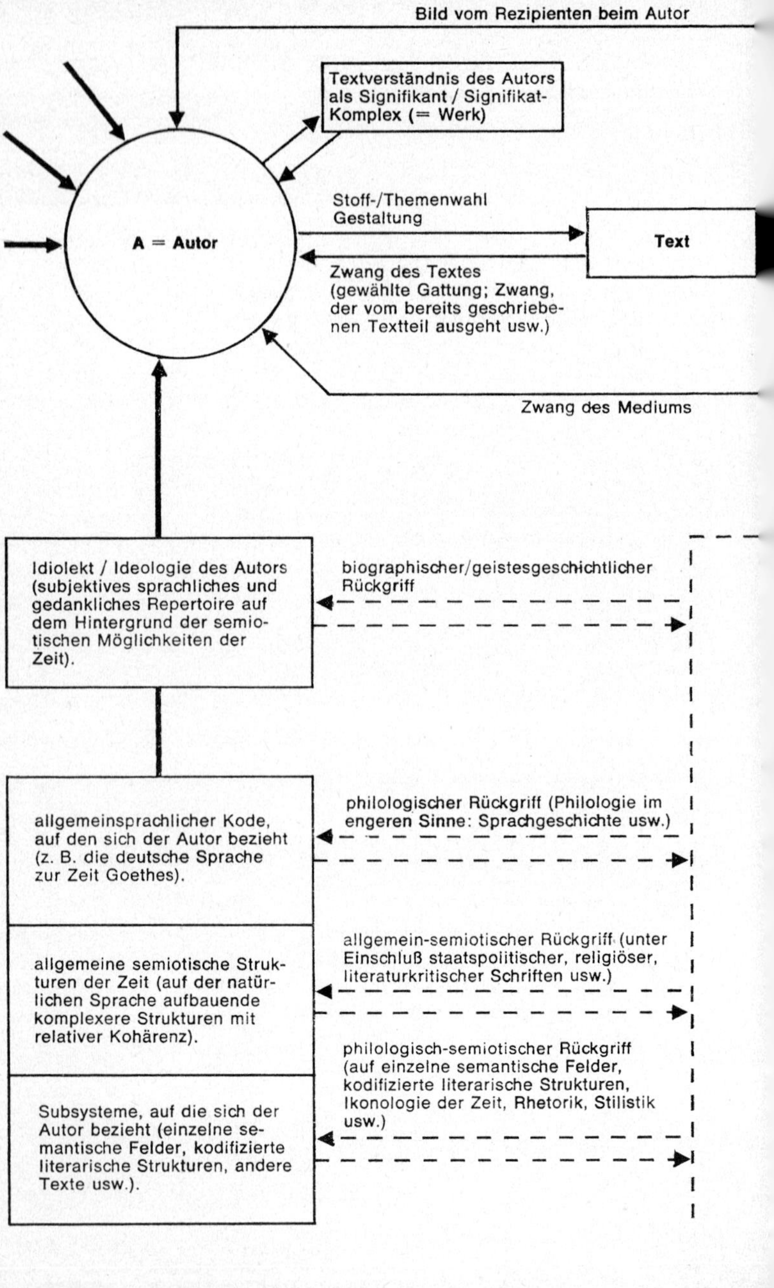

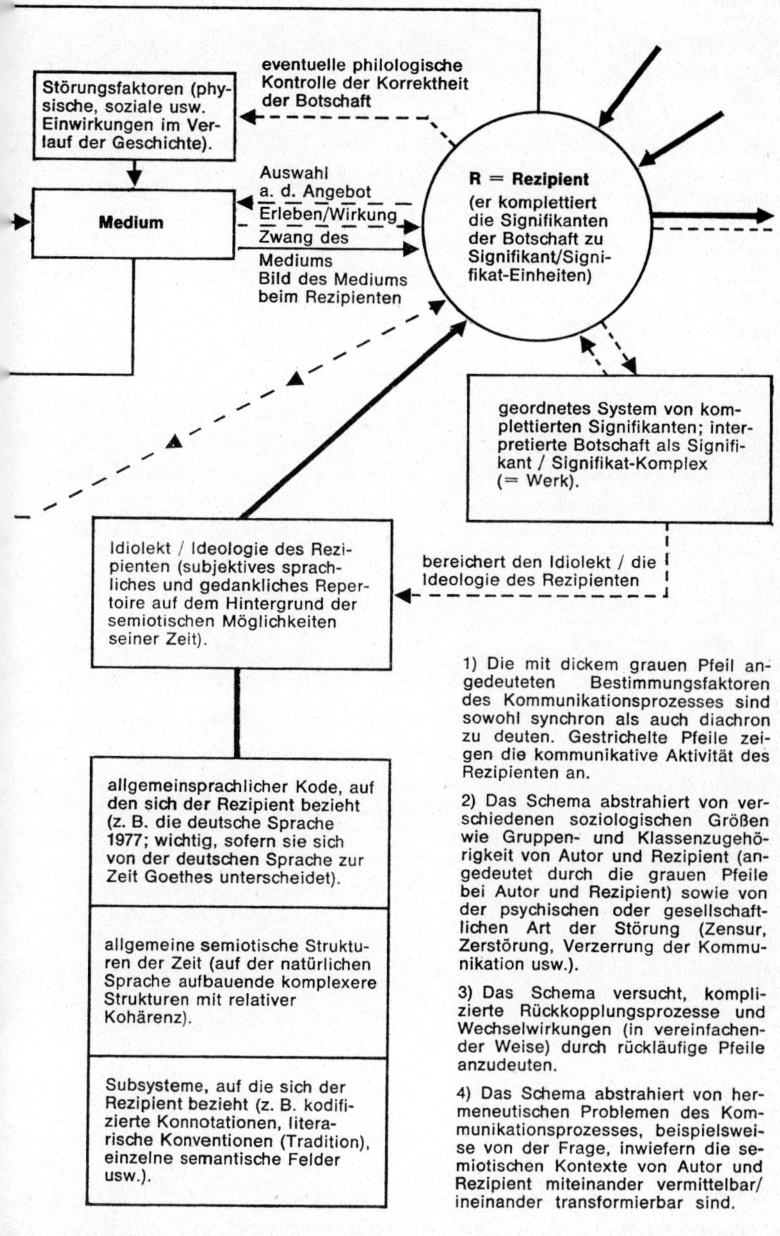

1) Die mit dickem grauen Pfeil angedeuteten Bestimmungsfaktoren des Kommunikationsprozesses sind sowohl synchron als auch diachron zu deuten. Gestrichelte Pfeile zeigen die kommunikative Aktivität des Rezipienten an.

2) Das Schema abstrahiert von verschiedenen soziologischen Größen wie Gruppen- und Klassenzugehörigkeit von Autor und Rezipient (angedeutet durch die grauen Pfeile bei Autor und Rezipient) sowie von der psychischen oder gesellschaftlichen Art der Störung (Zensur, Zerstörung, Verzerrung der Kommunikation usw.).

3) Das Schema versucht, komplizierte Rückkopplungsprozesse und Wechselwirkungen (in vereinfachender Weise) durch rückläufige Pfeile anzudeuten.

4) Das Schema abstrahiert von hermeneutischen Problemen des Kommunikationsprozesses, beispielsweise von der Frage, inwiefern die semiotischen Kontexte von Autor und Rezipient miteinander vermittelbar/ineinander transformierbar sind.

10 Jurij M. Lotman: Vorlesungen zu einer strukturalen Poetik, München 1972, S. 181.

11 Vgl. hierzu auch folgende Äußerung von Bourdieu, in der deutlich wird, in wie vielen Hinsichten ein Werk als Ellipse bezeichnet werden kann: "Mithin stellt das Werk stets eine Ellipse dar, die das Wesentliche ausläßt: es setzt seinen Nährboden, die implizit gesetzten Postulate und Axiome, stillschweigend voraus, deren Axiomatik die Kulturwissenschaft aufzudecken hat. So verrät sich im beredten Schweigen der Werke genau die (im subjektiven Sinn verstandene) Bildung, kraft derer der Schaffende seiner Klasse, Gesellschaft und Epoche zugehört und die, ohne daß er es merkte, noch den Bodensatz seiner, dem Anschein nach einzigartigen Werke bildet: d. h. all die Credos, die so selbstverständlich geworden sind, daß man sie eher stillschweigend voraussetzt als ausdrücklich postuliert, die Denkschemata, logischen Formen, stilistischen Wendungen und Schlagworte, die gestern noch 'Existenz', 'Situation' und 'Eigentlichkeit', heute 'Struktur', 'Unbewußtes' und 'Praxis' heißen und so natürlich und unvermeidlich scheinen, daß man sie keineswegs zum Objekt einer, um in derselben Terminologie zu reden, bewußten Wahl erhebt; kurzum [. . .] der bestimmte Gefühlston, der alle Äußerungen einer Epoche färbt, selbst diejenigen, die im kulturellen Feld so weit voneinander entfernt sind wie z. B. Literatur und Gartenarchitektur. So bildet der Konsensus über diese stillschweigend vorausgesetzte Axiomatik der Verständigung und des Fühlens die Grundlage der *logischen Integration* einer Gesellschaft oder eines Zeitalters." Pierre Bourdieu: Zur Soziologie der symbolischen Formen, Frankfurt/Main 1970, S. 116 f.

12 Jurij M. Lotman: Die Struktur literarischer Texte, München 1972, S. 285.

13 Der Ausdruck "beabsichtigt" meint nicht, daß es sich hier um einen *bewußten* Vorgang handeln muß. Sinn- und Wertorientierungen können einen Schriftsteller beim Schreiben so stark lenken, daß er sich nach ihnen richtet, ohne daß er sich seiner gestalterischen Intentionen voll bewußt werden muß.

14 Vgl. Michail Bachtin: Literatur und Karneval. Zur Romantheorie und Lachkultur, München 1969 (darin bes. die Aufsätze "Linguistik und Metalinguistik" und "Typen des Prosaworts").

15 Das Modell hat Jochen Schulte-Sasse im Anschluß an ein ähnliches Modell von Umberto Eco, a. a. O. S. 167 entwickelt. Es wurde zuerst publiziert in: Die Literatur, Freiburg u. a. 1973, S. 412 f.

16 Lotman, a. a. O. (Anm. 10) S. 169.

14. LEKTION: DIE "TRIVIALLITERATUR" ALS FORSCHUNGSPROBLEM

14.1. Traditionelle Kriterien der Trivialliteraturforschung

"Die Dezembersonne huschte noch einmal scheu durch die große Schloßmühlenstube, dann nahm sie das letzte laue Strahlenfünkchen von den seltsamen Gegenständen, die auf dem tiefen Steinsimse des Eckfensters ausgebreitet lagen, und verschwand in dem Schneewolkenbette, das sich träge, aber beharrlich am Himmel emporhob. Die seltsam gleißenden Gegenstände auf dem Fenstersimse waren das Rüstzeug des Arztes, jene Sammlung von Instrumenten, die schon mit ihrem schneidig kalten Funkeln das Auge erschrecken und einen Schauer durch das Nervenleben des Menschen jagen." Mit diesen Sätzen beginnt der analysierte Roman der Marlitt. An ihnen ist stilistisch zweierlei auffällig. Erstens wird die Szene anthropomorphisiert. Und zweitens werden die Konturen der Szene durch Wortwahl und -zusammenstellung verwischt.

Die Dezembersonne "scheint" nicht, sie "huscht" als belebtes Wesen durch die Schloßmühlenstube, und dies auch nicht einfach so, sondern "scheu". Wenn die Wintersonne hier als eine scheu dahinhuschende beschrieben wird, dann kommt es der Autorin offensichtlich nicht auf die realistische Darstellung einer Szenerie an, sondern auf Gefühlsakzente. "Huschen" und "scheu" haben kalkulierbare Gefühlswerte, die vor allem aus ihrer Lautstruktur (sie enthalten bis auf das t der Präteritalform nur Vokale und Halbvokale), der Lautwiederholung (sch) und ihrem anthropomorphisierenden (und verniedlichenden) Effekt resultieren. Die im Satzbeginn anklingenden stilistischen Eigenarten des Romans werden in den nachfolgenden Satzteilen bzw. Sätzen stabilisiert und intensiviert. Die Lautwiederholung steigert sich zur Alliteration von "letzte laue Strahlenfünkchen". Der Diminutiv steigert die anthropomorphisierende Wirkung der ganzen Passage. Das zweifache konturenlose "seltsam" mindert die beschreibende und verstärkt die emotive Wirkung des Textes. Und dem "Schneewolkenbette" wohnt nicht nur die menschliche Kraft inne, sich emporzuheben; es tut dies auch noch "träge" und "beharrlich".

Die gefühlsintensivierende und effektkumulierende Stiltendenz des Romananfangs läßt sich durch den ganzen Roman hindurch beobachten. Auf der Satzebene erreicht die Marlitt die von ihr offensichtlich angestrebte Effektkumulation mit einem bei fast allen Trivialautoren des 19. Jahrhunderts beliebten Mittel: durch einen übermäßigen Gebrauch von Adjektiven ohne zusätzlichen Aussagewert. Da ist beispielsweise nicht von einer Villa inmitten eines Parkes die Rede, sondern von einer "prächtigen[n] Villa inmitten eines stattlichen Parkes" (S. 10), nicht von Angst und Liebe, sondern von "zitternde[r] Angst und unsägliche[r] Liebe" (S. 7).

Die traditionelle Kitsch- bzw. Trivialliteraturforschung ist bei der Analyse minderwertiger Literatur in aller Regel von solchen Stileigentümlichkeiten ausgegangen. Die Absicht von Trivialliteratur, so schreibt etwa Walther Killy, "ist vorzüglich auf Reiz gerichtet. Sie möchte Gefühlserregtheit, 'poetische' Stimmung; sie möchte dem Leser den vagen Genuß verschaffen, den vielleicht der Autor in der Komposition seiner eigenen Worte empfunden hat. Allein, diese Worte tragen nicht weit und sind für sich genommen charakterlos, denn sie sind nicht zuerst um ihres unersetzlichen Anschauungs- oder Sachgehaltes willen gewählt, sondern um eines Stimmungsgehaltes willen, der vielen Worten eigen sein kann." [1] Kitsch soll es auf Kumulation (= Häufung) von Effekten anlegen; denn nur eine Häufung von Reizen könne den Leser in jene Stimmung versetzen, in der er seine vom Text evozierten Gefühle selbstgenüßlich genießen kann. Ein Überschauen künstlerischer, d. h. architektonisch gefügter Formen, wie es die Dichtung verlangt, könne der Kitsch nicht anstreben, weil ein überschauendes Verhalten das stimmungsvolle Genießen dieser Literatur unterbrechen würde. Kunst, so wird uns versichert, muß distanziert rezipiert werden, Kitsch dagegen werde distanzlos genossen. Die Stiltendenz von Trivialliteratur korrespondiere deshalb mit den Erwartungen des Publikums.

14.2. Die Diskussion des Wirklichkeitsbezuges von Trivialliteratur in der neueren Trivialliteraturforschung

Die hier in aller Kürze referierten Ansichten traditioneller Trivialliteraturforschung treffen sicher auf einen Großteil der Trivialliteratur zu. Dies vor allem dann, wenn man von dem Textkorpus "Kitschliteratur des 19. und frühen 20. Jahrhunderts" ausgeht, wie Killy das tut. Es fragt sich nur, was mit den referierten Einsichten gewonnen ist, welch ein Erkenntnisinteresse sich hinter ihnen verbirgt und – vor allem – ob sie hinreichen.

An der traditionellen Trivialliteraturforschung ist in erster Linie zweierlei erstaunlich. Obwohl ihre Ergebnisse uneingeschränkt nur für ein relativ schmales Textkorpus gelten, nämlich für einen Teil derjenigen Literatur, die innerhalb des mehr als hundertjährigen Zeitraumes von 1820-1950 geschrieben worden ist, und obwohl auch das von ihr analysierte Rezeptionsverhalten sich historisch entfaltet und den Höhepunkt seiner Ausbreitung längst überschritten hat, werden Texteigenschaften und ihnen zugeordnetes Rezeptionsverhalten von ihr nicht *geschichtlich* analysiert. Sie neigt ganz im Gegenteil dazu, das von ihr konstatierte ästhetische Verhalten als eine im Wesen des Menschen liegende Neigung zu "uneigentlicher Existenz" auszugeben und es zu moralisieren. D. h., sie wirft den Rezipienten "unangemessenes" ästhetisches Verhalten als moralisches Versagen vor und stuft ästhetisches Verhalten als selbstverantwortlich ein. Bei einer solchen Tendenz muß man sich fragen, ob das Erkenntnisinteresse dieser Forschungsrichtung nicht darin liegt, die eigene Vorzüglichkeit, die elitäre Selbsteinschätzung theoretisch abzusichern, eine Motivation, die den Vertretern dieser Richtung natürlich durchaus verborgen bleiben mag. Zumindest legen es zahlreiche Äußerungen traditioneller Trivialliteraturanalysen und Wertdiskussionen nahe, ein solches Erkenntnisinteresse zu vermuten [2]. – Zweitens ist erstaunlich, daß die traditionelle Forschung nirgends den kommunikativen Gebrauchswert von Trivialliteratur thematisiert. Sie verhält sich in dieser Hinsicht der populären Literatur gegenüber abstinent wie gegenüber der "hohen" Literatur, nur daß sie ihr methodisch-inhaltliches Verhalten gegenüber der "hohen" Literatur methodologisch zu rechtfertigen sucht, während Trivialliteratur ihren eigenen Prämissen zufolge ja gerade durch ihre Zeitgebundenheit charakterisiert sein soll.

Wir haben in unserer Analyse des Marlittschen Romans nicht mit den Kriterien der traditionellen Trivialliteraturforschung gearbeitet (hätte das mehr erbracht, als eine elitäre Distanzierung vom Minderwertigen, als eine Selbstbestätigung unserer "Überlegenheit"?); wir haben vielmehr den kommunikativen Gebrauchswert des Romans zu analysieren versucht. Solche Korrelierungen von Text und Kontext thematisiert die Trivialliteraturforschung seit einigen Jahren in zunehmendem Maße.

Um die unterschiedlichen Weisen zu benennen, in der Literatur sich auf Wirklichkeit beziehen kann, geht sie dabei häufig von einer schematischen Unterteilung der Literatur in drei Literatursorten aus: "Die *affirmative* Literatur: sie entspricht der literarischen Erwartungshaltung, durch Literatur Bedürfnisse des Ertragbarmachens oder der Verdrängung, Bedürfnisse von Verschleierung, Beschönigung, Verteidigung, Bestätigung: von Affirmation bestehender Verhältnisse unmittelbar bedienen zu lassen.

Die *kritische* Literatur: sie entspricht einer Erwartung an Literatur, durch bestimmte, die übliche Automation der Wahrnehmung unterbrechende literarische Strategien zu ihren Gegenständen in Distanz zu setzen, so Reflexion zu initiieren, Analyse nahezulegen, distinktes Bewußtsein herzustellen: ein Bedürfnis nach kritischem Bewußtsein bestehender Verhältnisse zu bedienen.

Die *antizipatorische* Literatur: sie entspricht einer literarischen Erwartungshaltung, in formal mehr oder weniger innovierender und so die Wahrnehmung intensivierender Weise im risikolosen fiktionalen Raum sonst oder bislang nicht erlebte und nicht lebbare individuelle und gesellschaftliche Gefahren und Möglichkeiten in einem literarischen Probehandeln zu erfahren: ein individuelles wie gesellschaftliches Bedürfnis nach Antizipation zu bedienen." [3]

Trivialliteratur nun ist dieser Ansicht zufolge in affirmativer Weise auf Wirklichkeit bezogen, d. h. sie greift nicht kritisch und umbildend in das Wirklichkeitsverständnis ihrer Rezipienten ein, sondern reproduziert lediglich die außertextlich geltenden Sinn- und Wertorientierungen. "Entstehungsbedingung des Poetischen" dagegen soll die "*Durchbrechung* des Kontinuums unserer praktischen Realitätsbeherrschung" [4] sein. Die "horizontale Organisation", der außertextliche Konventionsbestände in der Kunst unterworfen sind, soll bewirken, daß diese Bestände "nun in unvermuteten Kombinationen auftauchen und dadurch die Stabilität ihrer Geltung verlieren." Sie erscheinen in der Kunst folglich "nicht als sie selbst, weil sie von ihrem lebensweltlichen Funktionszusammenhang abgelöst sind. Sie hören auf, Regulative zu sein, da sie selbst thematisch werden." [5] Trivialliteratur auf der anderen Seite reproduziere "bestimmte Normen eines sozio-kulturellen Codes zum Zwecke der Einübung ihrer Leser in diesen Code" [6]; sie versöhne "positiv mit den für den einzelnen unausweichlichen Normen, Forderungen und Zwängen der Gesellschaft, indem sie in allem Aufbau von Kontrastwelten doch seine tatsächliche Lebenswelt wiederholt und affirmiert, nämlich seine Leistungen als wichtig, seine Versagungen als notwendig, seine Verhaltensnormen als richtig bestätigt, indem sie also den einzelnen in seine soziale Bezugsgruppe ein- und an ihre Normen anpaßt und ihm in dieser sozialintegrativen Funktion diejenige Sinnorientierung und Sicherheit gibt, deren vor allem der Unterprivilegierte nach Art seiner Arbeitsleistung und seines sozialen Status bedarf."[7]

Wir wollen hier zunächst nicht danach fragen, ob die "hohe" Literatur eine Entpragmatisierung von Konventionsbeständen, eine Umwertung außertextlicher Sinn- und Wertorientierungen erstrebt oder (in der Regel) gar erreicht. Es wird Ziel der nächsten, letzten Lektion sein, diese Frage anhand von Fontanes "Frau Jenny Treibel" aufzuwerfen und nach Möglichkeit zu beantworten. Hier wollen wir zunächst fragen, ob die oben zitierten Charakterisierungen von Trivialliteratur durch Wolfgang Iser und Günter Waldmann auf den von uns analysierten Roman der Marlitt zutreffen oder nicht. Hat der Roman "positiv mit den für den einzelnen unausweichlichen Normen, Forderungen und Zwängen der Gesellschaft" versöhnt? Doch wohl nicht. Denn er setzt sich mit Entwicklungstendenzen der Gesellschaft auseinander und reagiert ablehnend auf sie. Er entwirft ein gesellschaftliches Gegenbild, das wir – weil es sich an vergangenen und historisch überholten Formen des menschlichen Zusammenlebens orientiert – als rückwärtsgewandte Utopie charakterisiert haben. Eine der wichtigsten Forderungen der "Gesellschaft" der zweiten Hälfte des vorigen Jahrhunderts war (sofern man so global überhaupt von einer homogenen Gesellschaft reden kann), sich mit den durch die Industrialisierung Deutschlands geschaffenen sozialen und wirtschaftlichen Zwängen zu arrangieren. Gerade das aber leistet unser Roman, und mit ihm fast die ganze Trivialliteratur der Zeit, *nicht*. Der partielle Fehler der These, Trivialliteratur biete reine Reproduktion gesellschaftlich anerkannter Normen, sie wiederhole und affirmiere die "tatsächliche Lebenswelt" ihrer Rezipienten und bestätige seine Versagungen als gesellschaftlich notwendige, liegt in ihrer einseitigen Orientierung an der Massenkommunikation und Bewußtseinsindustrie *unserer* Zeit und in ihrem zu statischen Bild von Gesellschaft. Sie hypostasiert eine homogene Einheit "Gesellschaft" und postuliert deren Reproduktion. "Gesellschaft" aber meint eine höchst widerspruchsvolle und brüchige Einheit, die nur als Prozeßmoment zu begreifen ist. In diesem Prozeß nimmt der einzelne, nehmen soziale Gruppen, nehmen Schriftsteller Stellung. Die Marlitt hat Stellung bezogen, indem sie die Entwicklungsrichtung ihrer Gesellschaft einem Verdammungsurteil unterworfen hat. Sie hat die das Wirtschaftsleben ihrer Zeit bestimmenden Kräfte narrativ-symbolisch als das "Böse" dargestellt. Sie hat den unterliegenden Kräften ihrer Zeit innerhalb des von ihr geschaffenen fiktiven Raumes zum Sieg verholfen und ihnen dadurch ein fiktionales Kompensat für ihre außertextlichen ideologischen und ökonomischen Verunsicherungen offeriert. Wir wollen unser Ergebnis nicht verallgemeinern. Trivialliteratur kann sicher die Funktion haben, die Lebenswelt des Rezipienten und deren (gesellschaftlich notwendige) Normen zu affirmieren. Ein Großteil der Trivialliteratur erfüllt aber nicht eine mit der Wirklichkeit versöhnende Funktion. Vor allem die Trivialliteratur der wilhelminischen Zeit scheint die sozialpsychologische Funktion erfüllt zu haben, einer als bedrohlich erlebten Wirklichkeit eine fiktionale Welt entgegenzusetzen, in der die Konflikte der Wirklichkeit harmonisch im Sinne der Bezugsgruppe gelöst werden. Zwar kann auch Literatur, die eine solche sozialpsychologische Funktion zu erfüllen hat, die Sinn- und Wertorientierungen ihrer Bezugsgruppe bloß reproduzieren (denn die außertextlichen Orientierungen können ja bereits im Widerspruch zu den herrschenden gesellschaftlichen Zwängen stehen), aber erstens würde es sich dann nicht um eine positive Versöhnung mit den Zwängen der Gesellschaft handeln und zweitens ist es noch die Frage, ob die "hohe" Literatur für *ihre* Bezugsgruppe nicht eine ähnliche sozialintegrative Funktion erfüllen kann. In der Tatsache, daß Trivialliteratur gerade nicht lediglich lebensweltlich geltende Normensysteme reproduziert und mit den Forderungen und Zwängen der Gesellschaft positiv versöhnt, liegt ja die partielle Berechtigung der These begründet, daß Trivialliteratur eine "Schule des aufsässigen Denkens" sein kann [8]. Sie bietet mitunter Kompensate, die der Wirklichkeit widersprechen. Sie muß diese Kompensate jedoch nicht in Form eines ästhetischen Fluchtraumes bieten, der weiter nichts ist als Fluchtbereich. Ein reiner Fluchtraum würde wohl einschläfern oder in die Passivität treiben. Die Hoffnung, daß die Radikalität seines Gegensatzes zur Wirklichkeit die Rezipienten zum Bewußtsein ihrer Unzufriedenheit treibt (wie man es mitunter formuliert findet), scheint reine Spekulation zu sein. Sie ist schon deshalb unbegründet, weil Trivialliteratur in aller Regel Modellsituationen anbietet, mit deren Hilfe Wirklichkeit *verarbeitet* werden kann. Literatur hat, wie wir es am Beispiel des Marlittschen Romans verfolgen konnten, eine kommunikative Gebrauchsfunktion. Diese ihre Gebrauchsfunktion aber verklammert den Text mit seinem Kontext. Indem Literatur durch Identifikation vorstellungsweise zum Handlungsspielraum der Praxis ihrer Leser wird, greift sie zwar nicht begrifflich, sondern erlebnismäßig, aber nichtsdestoweniger direkt (also nicht nur vermittelt über die Radikalität des Gegensatzes zwischen ästhetischem Schein und "wirklichem" Sein) in die Sinn- und Wertorientierungen ihrer Leser ein. Dies selbst dann, wenn die Wirkung dieses Eingriffes sich auf die Festigung vorhandener, aber durch die geschichtliche Entwicklung bedrohter Orientierungen beschränkt.

14.3. Ideologiekritische Wertungsaspekte

Wenn Trivialliteratur nicht einfach dadurch charakterisiert werden kann, daß sie soziale Normen reproduziert und mit gesellschaftlichen Anforderungen versöhnt, dann fragt es sich, ob es nicht andere Gesichtspunkte gibt, die eine wertende Differenzierung von Literatur erlauben. Eine solche Differenzierung ermöglicht unseres Erachtens die historische und ideologische Kritik der kommunikativen Gebrauchsfunktion von Literatur. Wir haben gesehen, daß unser Roman in das Wirklichkeitsverständnis seiner Rezipienten eingriff, indem er ihnen modellhaft Lösungen anbot. Die angebotenen Lösungen aber sind politisch und ideologisch zu kritisieren. Denn die von der Marlitt offerierte rückwärtsgewandte Utopie war ja historisch nicht in der Lage, das Problem der sozialen und wirtschaftlichen Umstrukturierung und Verunsicherung kleinbürgerlicher Schichten, geschweige denn das Problem des sich bildenden Industrieproletariats in einem sich entwickelnden Industriestaat mit Hilfe modellhafter Situationen irgendwie zu lösen. Der Roman konnte offensichtlich nur dazu beitragen, den diffus antiindustriellen, antikapitalistischen und antidemokratischen Affekt des deutschen 'Mittelstandes' zu verstärken.

Wenn wir Literatur aber in dieser Weise historisch und ideologisch kritisieren, dann sehen wir uns plötzlich mit einer literarischen Wertordnung konfrontiert, für die die alten Grenzlinien und Einteilungen nicht mehr zutreffen. Dem traditionellen Verständnis literarischer Qualität zufolge gehören die Romane der Marlitt ebenso eindeutig dem Trivialbereich zu wie die Lyrik Benns der "hohen" Literatur zuzuordnen ist. Benns von uns analysiertes Gedicht "Untergrundbahn" (vgl. S. 78 ff.) fügt sich aber teilweise ebenso affirmativ in die oben skizzierte Ideologie des Kaiserreiches ein wie der Roman der Marlitt. Seine irrationale Verherrlichung von Vitalität und der in ihm gestaltete Kult des Chthonischen haben ihren Grund in dem gleichen Antiindustrialismus und Antimodernismus wie die antimaterialistische

Gesinnung der Marlitt. Unter der Perspektive historischer und ideologischer Kritik liegen deshalb die literarische Qualität des Benn-Gedichtes und des Marlitt-Romans gar nicht so weit auseinander.

Zwischen beiden Texten bleibt aber ein wesentlicher Unterschied. Das Gedicht Benns ist – für unser Verständnis – höchst kompliziert. Auch um 1913 (seinem Entstehungsjahr) war es nur für eine relativ kleine Gruppe literarischer Intelligenz verständlich. Es rechnete offensichtlich auf den höchst elaborierten Kode einer Bildungselite; es spielt mit kulturellem Wissen, das nur einer sehr kleinen Schicht zur Verfügung stand bzw. steht (zur Problematisierung vgl. Brecht: "Beim Anhören von Versen / des todessüchtigen Benn / Habe ich auf Arbeitergesichtern einen Ausdruck gesehen / Der nicht dem Versbau galt und kostbarer war / Als das Lächeln der Mona Lisa." [9]). Wenn der Bezug des Bennschen Gedichtes auf die Sinn- und Wertorientierungen seiner sozialen Bezugsgruppe inhaltlich aber prinzipiell genauso verläuft wie bei dem Trivialroman der Marlitt, dann fragt es sich, ob der Unterschied zwischen "hoher" und "niedriger" Literatur mitunter nicht auf Komplexitätsgrade des Ausdrucks und Wissens zu reduzieren ist. Die Marlitt bietet eine überschaubare Welt an; sie reduziert Wirklichkeit auf ein recht einfaches Modell mit binären Wertoppositionen. Das Modell ist für jedermann verständlich, der sich in höchst allgemeiner Weise im soziokommunikativen Bezugsfeld des Romans auskennt. Und das trifft prinzipiell auf jeden Zeitgenossen der Marlitt zu. Das Verständnis von Benns Gedicht dagegen setzt eine weit kompliziertere und langwierigere Sozialisation seiner Leser voraus.

Wir wollen mit diesen Bemerkungen nicht implizieren, daß der Unterschied von "hoher" und "niedriger" Literatur (d. h. der Unterschied zwischen jenen Textkorpora, die man konventionellerweise diesen Bereichen zuordnet) immer und ausschließlich auf Komplexitätsgrade des Ausdrucks zu reduzieren sei. Literatur hat durchaus die Möglichkeit, kritisch, d. h. geltende Normensysteme in Frage stellend und umbildend, in das Wirklichkeitsverständnis ihrer Leser einzugreifen. Nur folgt aus einem Literaturbegriff, der sich an solchen Möglichkeiten orientiert, zweierlei: erstens ist er nicht möglich, ohne ein explizites Geschichts- bzw. Fortschrittsverständnis und zweitens führen aus ihm abgeleitete Wertungen zu einer Wertordnung, in der einzelne, konventionellerweise als "hoch" eingestufte Texte radikal umgewertet werden müssen.

Wir wollen das ganze Problem in der abschließenden Lektion anhand eines Fontane-Romans noch einmal aufgreifen. Fontanes "Frau

Jenny Treibel" wurzelt in dem gleichen Kontext wie der Roman der Marlitt. Da wir es außerdem mit Texten der gleichen Gattung zu tun haben, ist zu vermuten, daß wir nach der Besprechung des Romans die hier aufgeworfenen Fragen einer besseren Lösung zuführen können.[10]

Anmerkungen:

1 Walther Killy: Deutscher Kitsch. Ein Versuch mit Beispielen, Göttingen 1961, S. 11.

2 Vgl. dazu ausführlicher Jochen Schulte-Sasse: "Autonomie als Wert. Zur historischen und rezeptionsästhetischen Kritik eines ideologisierten Begriffes", in: G. Grimm (Hrsg.), Literatur und Leser, Stuttgart 1975, S. 101-118, bes. S. 113 ff.

3 Günter Waldmann: Theorie und Didaktik der Trivialliteratur. Modellanalysen, Didaktikdiskussion, literarische Wertung, München 1973, S. 54. Vgl. auch das ähnliche Schema von Marie Luise Gansberg in: Marie Luise Gansberg / Paul Gerhard Völker: Methodenkritik der Germanistik. Materialistische Literaturtheorie und bürgerliche Praxis, Stuttgart 1970, S. 19 f.

4 Dieter Wellershoff: Literatur und Lustprinzip, Köln 1973, S. 43. Hervorhebung von uns.

5 Wolfgang Iser: Die Wirklichkeit der Fiktion, in: R. Warning (Hrsg.), Rezeptionsästhetik, München 1975, S. 287.

6 Ebd. S. 310.

7 Waldmann, a. a. O. S. 13.

8 Gert Ueding: Glanzvolles Elend. Versuch über Kitsch und Kolportage, Frankfurt/Main 1973, S. 137.

9 Bertolt Brecht: Gedichte 1947-1956, in: Ges. Werke, Bd. 10, Frankfurt/M. 1967, S. 1018.

10 Zum Problem der Wertung, das hier nur höchst verkürzt angeschnitten wurde, vgl. Jochen Schulte-Sasse: Literarische Wertung, 2., völlig neu bearbeitete Aufl., Stuttgart 1976, dort vor allem S. 171-208.

15. LEKTION: LITERARISCHER TEXT UND HISTORISCH-SOZIALER KONTEXT III: MARLITTS "IM HAUSE DES KOMMERZIENRATES" UND FONTANES "FRAU JENNY TREIBEL". EIN WERTENDER VERGLEICH.

15.1. "Frau Jenny Treibel": "bloße Belletristik"?

Unsere Analyse des Romans "Im Hause des Kommerzienrates" hat zu zeigen versucht, in welcher Weise und mit welchen Mitteln die Marlitt operiert, um in der Modellierung einer Geschichte eine zeitgenössische Wirklichkeitserfahrung zu verarbeiten, nämlich jenes tief wirkende Krisenerlebnis, das seine Wurzeln nicht nur im ökonomischen Bereich hatte (zwei Weltwirtschaftskrisen seit den fünfziger Jahren [1857/9 und 1873 ff.]), sondern das vor allem aus der Umstrukturierung des sozialen Systems infolge der rasanten Industrialisierung resultierte, die Deutschland "in der Spanne von noch nicht einmal einer Generation" (H. U. Wehler) zum modernen Industriestaat werden ließ. Mechanismen und Konsequenzen dieses Prozesses blieben weithin undurchschaut und wurden lediglich als "Dekorporierung", d. h. als Zerstörung des 'guten Alten' empfunden. Die Marlitt holt Faktisches in den Roman ein und chiffriert in der individuellen Geschichte der Familie Mangold/Römer die gründerzeitliche Spekulationskrise. Wenn am Ende das Symbol überzogener Prachtentfaltung und angemaßter "Nobilitierung von Kapitalien", der Bergfried des alten Ritterschlosses, die jetzige 'Schatzkammer' des Spekulanten, in die Luft fliegt, dann ist es für den zeitgenössischen Leser unmöglich, den von der Marlitt intendierten Sinn *nicht* zu konnotieren. Ihre Geschichte bietet dem Leser ein Wirklichkeitsmodell an, das es gestattet, bedrängende alltagsweltliche Erfahrungen zu interpretieren und damit zu verarbeiten. Solche Interpretation geschieht im Horizont einer Selbstverständigung über alte bürgerliche Grundwerte, die in Verlust geraten zu sein scheinen, und schließt an konservative Sozialanschauungen des 19. Jahrhunderts an. Der 'genuine' Marlitt-Leser, den wir mit dem "Gartenlauben"-Leser gleichsetzen können, internalisiert durch die Lektüre des Romans eine Problemlösung, die als spezifisch ideologisch bezeichnet werden kann und muß. Ideologisch allerdings nicht im Sinne einer bloßen Rechtfertigungs- bzw. Verschleierungsideologie, die zu blinder Identifikation mit der bestehenden Wirklichkeit einlädt, sondern im Sinne einer 1. *anachronistischen* und 2. allzu stark *simplifizierenden* Problemreduktion (die sich im übrigen auch ästhetisch-formal niederschlägt). Denn der Roman der Marlitt wird ja nicht nur durch den Anachronismus seiner Problemlösungen ideologisch anfechtbar, sondern auch durch die zu weitgehende und damit zu unrealistische Reduzierung der angesprochenen Wirklichkeit. Zwar führt die Gestaltung und Verarbeitung von Wirklichkeit im Modell einer Geschichte generell zur Reduktion komplexer Realität (anders ist eine sinnvolle Textstrukturierung gar nicht möglich), doch sind solche Modi des erzählerischen Diskurses, d. h. der Konstruktion und Perspektivierung einer Geschichte denkbar, die nicht nur (durch eine geringere Problemreduktion) der Wirklichkeit gerechter werden, sondern die auch die Suggestion vermeiden, die von jeder allzu festgefügten und sinnvoll determinierten Ordnungswelt ausgeht.

Welche Fragen und Probleme sich in einem solchen Falle stellen, wollen wir am Beispiel des Romans "Frau Jenny Treibel" (1892) von Theodor Fontane diskutieren – einem Roman, der sich aufgrund vieler inhaltlicher Parallelen und derselben zeitgeschichtlichen Bezüge zu einem Vergleich mit dem Roman der Marlitt geradezu aufdrängt. Daß wir gerade diesen Roman dem der Marlitt als realistisch und kritisch gegenüberstellen wollen, mag – wenn man gelegentliche Urteile über Fontane liest – überraschen. Denn man hat Fontane wiederholt den Vorwurf gemacht, daß seine Romane (und unter ihnen insbesondere "Frau Jenny Treibel") bedroht seien durch "bloße Belletristik" (Georg Lukács [1]), bzw. daß sie eine gewisse "Gartenlauben-Konzilianz" erkennen ließen (Peter Demetz [2]). Ein "allzu gemütliches 'Alles verstehen, ist alles verzeihen'" [3] und die Neigung zum harmonisch-versöhnlichen Schluß verhindere eine wirklich konsequente und realistische literarische Konfliktentfaltung, die den kritischen außerliterarischen Einsichten Fontanes in den negativen Charakter der bürgerlichen Gesellschaft im Deutschland des späten 19. Jahrhunderts hätte entsprechen können.

Ein solches Urteil erscheint nicht durchaus unbegründet: die Fabel ist simpel konstruiert (zwei Familien, zwei Lebenswelten, heimliche Liebe und Verlobung, Standeskonflikt, Auflösung der Verlobung), die Motive sind traditionell. Sie laufen – wenigstens auf den ersten Blick – denen der Marlitt in vielen Momenten parallel. Hier wie dort dominiert das Geld-Motiv, hier wie dort wird der historische Konflikt zwischen Bourgeoisie und kleinbürgerlichem "Mittelstand" (Bildungsbürgertum) in einer fiktiven Modellsituation ausgetragen, hier wie dort verläuft die Handlung am roten Faden einer Dreiecksgeschichte.

Doch schon wenn man beginnt, die Dreieckskonstellation näher zu analysieren, heben sich die Parallelen als nur äußerlich weitgehend auf, und man wird sich zu fragen haben, ob dies nicht auch Konsequenzen hinsichtlich der Einschätzung des Romans als "bloße Belletristik" haben muß. Während wir nämlich bei der Marlitt eine eindeutige Handlungsdetermination durch die wertmäßige Merkmalsdisposition der Figuren feststellen konnten (Widerspruch zwischen sozialer und natürlicher Bestimmung füreinander und dessen Aufhebung zu harmonischem Ausgleich; vgl. S. 161 f.), gibt es bei Fontane eine *solche* Determination bis zum Schluß des Romans nicht: Innerhalb der Dreieckskonstellation Corinna/Leopold/Marcell läßt sich weder eine eindeutige soziale noch eine eindeutig moralisch-natürliche Bestimmung füreinander ausmachen. *Corinna und Leopold* passen zwar aufgrund ihrer sozialen Gesamtorientierung zusammen (beide haben ein gesundes Verhältnis zum Geld), sie sind aber getrennt durch ihre Zugehörigkeit zu zwei verschiedenen 'Schichten' des Bürgertums und aufgrund ihrer natürlichen Eigenschaften (die Schwächlichkeit Leopolds schließt eine Überwindung des Standesdünkels seines Elternhauses aus). *Corinna und Marcell* passen weder hinsichtlich ihrer sozialen Gesamtorientierung noch auch hinsichtlich ihrer natürlichen Eigenschaften völlig zusammen. Was sie schließlich zur Verlobung führt, ist eher resignative Einsicht in das unter gegebenen Bedingungen Bestmögliche: ein das individuelle Glücksverlangen nach allen Seiten befriedigendes 'happy end' findet nicht statt (Corinna: "wer ist glücklich? Kennst du wen? Ich nicht." S. 184) [4].

Wo im Falle der Marlitt die Handlung aufgrund der 'Positiv'/'Negativ'-Kontrastierung auf ein 'happy end' hinauslaufen muß, das die Versöhnung gesellschaftlicher Widersprüche herbeiführt, sind bei Fontane von vornherein die Weichen anders gestellt. Der ursprünglich geplante Titel des Romans "'Frau Kommerzienrätin' oder '*Wo sich Herz zum Herzen find't*'" akzentuiert diese Diskrepanz von Anfang an ironisch. – Peter Demetz hat mit Edward Muir von zwei kompositorischen Möglichkeiten des Gesellschaftsromans im 19. Jahrhundert gesprochen: "Die eine, artistisch vielleicht unbefriedigendere, begnügt sich damit, den redenden Charakter in einer fortsetzbaren Reihe von Szenen deutlicher zu nuancieren [. . .]. Die andere, artistisch reizvollere Struktur des Gesellschaftsromanes gründet sich auf das engverschlungene, das dialektische Verhältnis von Geschehnis und Figur: 'die gegebenen Eigenschaften der Figuren bestimmen die Aktion, und die Aktion verändert ihrerseits in ihrem Fortschreiten die Charaktere [...] Charakter ist Handlung, Handlung Charakter' [Muir]." [5] In Fontanes "Frau Jenny Treibel" sieht Demetz eine in "souveräner Artistik" konstruierte Realisierung dieses zweiten Typus des Gesellschaftsromanes, des Typus "intimer Verflechtung von Ereignis und Charakter." Hier scheint zumindest die Terminologie problematisch: denn nichts ist auffälliger an diesem Roman als seine Handlungsarmut und Entwicklungslosigkeit. Besteht der erste Teil (bis zur Landpartie mit Corinnas und Leopolds heimlicher Verlobung) geradezu aus quälender Nicht-Handlung, so steht auch für den zweiten Teil der Ausgang der Corinna/Leopold-Geschichte aufgrund der von vornherein statisch angelegten Charakterdispositionen der dominierenden Figur Jenny mit ihrem ausgesprochenen Bourgeoise-Sinn "für das Ponderable, für alles, was ins Gewicht fällt und Zins trägt" (S. 81), fest, wobei im Kontext des Romans "Ponderabilität" durchaus in doppelsinniger Bedeutung zu fassen ist. Diese statische Disposition wird auf *direkte* ("Mag übrigens alles schwanken und unsicher sein, eines steht fest: der Charakter meiner Freundin Jenny." [S. 81]) und *indirekte* Weise unterstrichen: der Leser erfährt schon bald die einstige Jenny/Wilibald Schmidt-Geschichte, die eine eindeutig vorausweisende Funktion besitzt.

Man muß sich daher fragen, durch welche Mittel der Roman trotz seiner unübersehbaren Handlungsarmut und Vorhersehbarkeit für den Leser seinen Reiz behält. Denn dieser muß offenbar auf einer anderen Ebene liegen als auf der einer Erfüllung von Erwartungshaltungen im Hinblick auf ein positives Ende, das – wenigstens fiktional – Harmonie wieder herstellt und individuelles Glücksverlangen befriedigt, wie dies bei der Marlitt der Fall war.

15.2. Zur Funktion der Ironie

Alles, was in "Frau Jenny Treibel" geschieht, geschieht im Gespräch, geschieht durch Reden: Corinna bestrickt Leopold durch das Rede-Feuerwerk, das sie auf Mister Nelson losläßt (S. 34 ff.); sie erobert Leopold, indem sie ihm eine Geschichte erzählt (S. 127 ff.), sie erkennt ihren Irrtum in dem Gespräch mit Jenny (Vgl. S. 161, S. 185), und schließlich bilden auch die spärlichen Handlungselemente Diner,

"Kränzchen" der "sieben Waisen Griechenlands", Landpartie und Frühstück nichts als Anlässe zum Gespräch [6]. In ihnen schlägt sich einerseits eine bestimmte Art der Geselligkeit des Salon-Bürgertums des 19. Jahrhunderts, die der geistreichen "Causerie" [7] nieder, andererseits besitzen sie durch ihren Perspektivismus eine erkenntniskritische Funktion: Sie lassen das Panorama der individuellen Vorlieben und Antipathien, gesellschaftlichen Einstellungen und Erwartungen, Wirklichkeitsanschauungen und -interpretationen der dargestellten Figuren erstehen. Sie differenzieren eine Vielfalt der Meinungen aus und klären im Idealfall die Redenden über einander, im Normalfall andere über den (oder die) Redenden, in jedem Falle den Leser über die erzählerische Totale auf und machen so eine plane Identifikation unmöglich.

Ein Beispiel für viele: Während der Landpartie nach Halensee gruppiert sich die Gesellschaft in Pärchen; die einen spazieren links, die anderen rechts um den See. Wie es der kompositionelle 'Zufall' will, unterhalten sich alle Paare über Ehe und Eheglück, je nach Charakterfärbung ironisch oder sentimental.[7a] Thematisiert werden: Ehe als Ehekrieg (Treibel/Krola, S. 120), Ehe als Glücksversagung (Jenny/Wilibald Schmidt, S. 122), Hoffnung auf künftiges Eheglück (Leopold/Corinna, S. 130). Die erzählerische Leistung besteht in der Kontrastierung und unvermittelten Gegenüberstellung aller Positionen, die sich wechselseitig spiegeln und ironisch kommentieren. So spricht Treibel über die Ehe seines Sohnes Otto ("Kriegsführung mit Sammethandschuhen" [S. 120]), aber, wie der Leser aus vielen kleinen "Szenen" weiß, ebenso gut über die seine. Seine Frau Jenny, dieses "Musterstück von einer Bourgeoise" (S. 15), bringt es übers sentimentale Herz, sich bei ihrem Freund Wilibald, dem sie einst den Laufpaß gab um des 'ponderablen' Treibel willen, über die Glücksversagungen ihrer 'unpoetischen' Ehe zu beklagen und dem längst in heitere Resignation gefallenen Gymnasialprofessor vorzustellen, daß sie "in einfacheren Verhältnissen und als Gattin eines in der Welt der Ideen und vor allem auch des Idealen stehenden Mannes wahrscheinlich glücklicher geworden wäre" (S. 122). Und während sie, für das 'Idealische' schwärmend, sich ergeht, bahnt sich just wenige Meter hinter ihr – allerdings wohlweislich "im Schutz einer Haselnußhecke" (S. 129) – eine Wiederholung ihrer einstigen Liebesgeschichte an, die ihr Gelegenheit geben könnte, ihren Sinn für das "Höhere" zu bewähren. Doch ebenso wie sie im Gespräch mit Wilibald gerade dort "aus dem sentimental Schwärmerischen in den Ton ausgesprochenster Wirklichkeit" (S. 123) verfällt, wo dieser das Gerücht eines (Jenny nicht willkommenen) angeblich bevorstehenden Verlöbnisses Leopolds mit der zweiten Tochter aus dem Hause Munk berührt, ebenso schwinden auch ihre "sentimentalen Anwandlungen" "auf der Stelle" dahin (S. 143), als Leopold seine tatsächliche (und Jenny noch viel unwillkommenere) Verlobung mit Corinna ankündigt. Das Spiel ironischer Parallelisierung und Kommentierung reicht bis in einzelne Wortmotive hinein. Denn erklärt Jenny in verblasener Schwärmerei für die 'ewig' unerreichbaren 'geistigen' Güter dem alten Freund: "Alles Glück ist ein Märchen. [. . .] Wie wahr, wie schön! Und sehen Sie, Wilibald, daß das beneidete Leben, das ich jetzt führe, meinem Ohr und meinem Herzen solche Worte versagt, [. . .] das ist für eine Natur, wie sie mir nun mal geworden, ein ewig zehrender Schmerz" (S. 122), so versucht die ganz und gar unsentimentale Corinna die sentimentalen Saiten in Leopold, dem schwachen Sohn seiner Mutter, anzurühren und ihn zum "Glück" zu überreden, was in ihrem Fall die ganz handfesten materiellen Glücksgüter in keiner Weise ausschließt: "Ja Leopold, ein Leben voll Glück und Liebe liegt vor uns, aber es hat deinen Mut und deine Festigkeit zur Voraussetzung, und hier unter diesem Waldesdom, drin es geheimnisvoll rauscht und dämmert, hier, Leopold, mußt du mir schwören, ausharren zu wollen in deiner Liebe" (S. 130).

Derartige ironische Entsprechungen und Kontrastierungen sind für diesen Roman Fontanes strukturbildend. Wir könnten Vergleichbares herausarbeiten für die von Fontane bewußt komponierten 'Synchronschaltungen' von "Diner" im Hause Treibel und "Abend" im Hause Schmidt, für die 'Frühstücksgespräche', die Jenny und Treibel, Otto und Helene und schließlich Leopold und der Kellner Mützell führen (Kap. 8); nicht zuletzt auch für die parallelisierende Gegenüberstellung von großbourgeoiser Villenwelt und kleinbürgerlich-bildungsbürgerlichem Gymnasialprofessoren-Haushalt ("Diner" und "Lunch" vs. "Rührkartoffeln und Karbonade" [S. 7]). Auch wenn wir hier aus Raumgründen auf eine detailliertere Analyse verzichten müssen, lassen sich doch bereits jetzt einige Folgerungen ziehen und Fragen anschließen: Die erzählerische 'Totale' nimmt sich aus wie ein panoramatischer Rundblick auf das Spektrum bürgerlicher Lebens- und Bewußtseinsformen im gründerzeitlichen Deutschland, und zwar derart, daß die eine Seite die andere relativiert und alle – auch das Bildungsbürgertum – mit ironischen Seitenhieben bedacht werden. Dabei scheint die erzählerische Lust am virtuos-witzigen Sprachspiel häufig überzuborden und einen Selbstzweck zu erhalten (vgl. z. B. die Dialog-Passage: "'Guten Morgen, Jenny . . . wie geruht?' – 'Doch nur passabel. Dieser furchtbare Vogelsang hat wie ein Alp auf mir gelegen.' – 'Ich würde gerade diese bildersprachliche Wendung doch zu vermeiden suchen. Aber wie du darüber denkst . . .'. (S. 83); vgl. etwa auch: S. 147, S. 149), so daß es nicht Wunder nimmt, wenn man "Frau Jenny Treibel" ein "Lustspiel über die Sprache" genannt und betont hat, daß die Fabel nur die Basis bilde "für ein Spiel mit der Vieldeutigkeit der Worte" [8]. Eine solche Deutung (die durch unsere bisherige Analyse unterstrichen werden könnte) greift allerdings dann zu kurz, wenn der Roman eben als nichts anderes denn als ironisch-witziges Sprachfeuerwerk erscheint.

Ironie gilt allgemein als Spiel mit doppelsinniger Verkehrung; konsequent durchgehalten kann sie Sachverhalte in den Nebel der Uneigentlichkeit hüllen und denjenigen, der sich ihrer bedient, als unernsthaft oder 'maskiert' erscheinen lassen. Den Vorwurf der Unernsthaftigkeit bzw. 'Halbheit' hat man Fontane nicht eben selten gemacht und sich dabei auf jene Ironie des Fontaneschen Erzählens bezogen, die alles auf einen unverwechselbaren 'Fontane-Ton' "privatisierender Skepsis" [9] einfärbe und auf diesen Ton hin relativiere. Doch hat dieser Vorwurf im Hinblick auf "Frau Jenny Treibel" wirklich seine Berechtigung? Ist "Witz" die einzige Leistung des Romans (und es wäre immerhin eine!)? Deutet seine virtuose Sprachreflexivität hier wirklich auf ein Ablenken von den gesellschaftlichen Kollisionen hin? Ließe sich – mit anderen Worten – am Beispiel dieses Romans die These von der "Entpragmatisierung" des Außertextlichen in fiktionalen Texten ("hoher" Literatur) stützen, die aus der unvermuteten Neukombination und damit Umwertung von außertextlichen Konventionsbeständen und Normensystemen resultieren? Entzieht sich, mit anderen Worten, dieser Roman einer *historisch-konkreten* Wirklichkeitsdarstellung und -bewältigung? Ist also seine ironisch-kritische Darstellungsweise, die ihn von der Marlitt abhebt, zu teuer erkauft?

15.3. Kritischer Realismus

Wie der "Gartenlauben"-Leser seine Marlitt, so dürfte auch der Fontane-Leser seinen Fontane nicht 'entpragmatisiert' gelesen haben. "Zweck der Geschichte" ist, so schrieb Fontane am 9. V. 1888 an seinen Sohn Theo, "das Hohe, Phrasenhafte, Lügnerische, Hochmütige, Hartherzige des Bourgeois-Standpunktes zu zeigen, der von Schiller spricht und Gerson [das damals führende Modehaus in Berlin[10]] meint." [11] "Schiller" und "Gerson", idealistischer Bildungsanspruch und geltungssüchtiges Profitstreben erscheinen hier als Komplemente ein und derselben Medaille, und man wird sich fragen müssen, warum Fontane sie zusammensieht.

Im Roman selbst zerfällt die Einheit von "Schiller" und "Gerson" – Fontanes Variante der Formel von "Besitz und Bildung" – zunächst in eine Opposition: die Opposition der beiden Familien Schmidt und Treibel, von Bildungsbürgertum und Besitzbürgertum. In ihnen entwirft Fontane ein Modell der Zeitverhältnisse, das den faktischen Gegebenheiten ziemlich genau entspricht; denn Bildungsbürger und Besitzbürger waren im 19. Jahrhundert niemals einfach identisch. Vielmehr gab es entwicklungsbedingte Diskrepanzen, die wir hier wenigstens kurz berühren wollen, weil sie für das Verständnis des extratextuellen Bezugssystems des Romans bedeutsam sind. Selbstentfaltungs- und politische Teilnahmechancen in der bürgerlichen Gesellschaft des 19. Jahrhunderts hatten zwei wesentliche Voraussetzungen: erstens Bildung, insofern sie überhaupt erst die Möglichkeit der Teilhabe am politischen Räsonnement in der bürgerlichen Öffentlichkeit eröffnete und insofern sie als institutionalisierte Bildung die Voraussetzung für eine bürgerliche Karriere war (vgl. z.B. die teilweise erst zu Beginn des 19. Jahrhunderts vollzogene Bindung von Beamtenstellen an das erfolgreiche Bestehen bestimmter Examina). Die zweite Voraussetzung war der Besitz eines Vermögens, der das Recht zur Teilhabe an der politischen Entscheidungsgewalt eröffnete, soweit dieses sich in den Verfassungen niedergeschlagen hatte (vgl. Dreiklassenwahlrecht nach dem Steueraufkommen in Preußen noch bis 1918 [!]). Beides, "Bildung" und "Besitz", waren Kriterien sozialer Geltung. "Man erwarb und hatte Bildung", so hat Rudolf Vierhaus festgestellt, "und genoß deshalb Rechte und Prestige. Bildung war [. . .] ein Besitzstand, den zu verteidigen das Interesse der Gebildeten war, die ihrerseits mehr und mehr durch Tätigkeit, durch soziales Ansehen und materielle Sicherheit zu den etablierten und herrschenden Schichten gezählt wurden".[12] Obwohl "Bildung" also eng gekoppelt war mit ökonomischer Sicherheit und diese zur Voraussetzung hatte (nur wer begütert war, konnte in der Regel höhere Schulen besuchen und studieren), gab es im einzelnen starke Differenzierungen nach unten, wobei die sogenannten 'geistigen Berufe' (Lehrer, Professoren, Juristen usw.) besonders betroffen waren. Zumal in der Zeit des Industrialisierungsschubes seit den fünfziger Jahren, die die leichte ökonomische Karriere begünstigte und neue, konkurrierende Berufsgruppen entstehen ließ (selbständige Industrieunternehmer, aber auch unselbständige Ingenieure, Techniker, Angestellte usw.) mußten hier – insbesondere auf der Seite der beamteten und speziell in jüngeren Jahren schlecht besoldeten Staatsdiener – Spannungen bewußt werden und sich in ökonomischem Geltungsstreben niederschlagen. Dies um so mehr, als das Geldbürgertum seine eigene standesmäßige Abschließung und Feudalisierung betrieb. – "Gerson" war daher ein Antriebs- und Handlungsmotiv durchaus auch des Bildungsbürgertums.

Fontane selbst hat diese Mentalitätsverschiebungen sehr scharf gesehen. In seiner Autobiographie "Von Zwanzig bis Dreißig" notierte er: "Der Bourgeois, wie ich ihn auffasse, wurzelt [. . .] nicht ausschließlich im Geldsack; viele Leute, darunter Geheimräte, Professoren und Geistliche, die gar keinen Geldsack haben oder einen sehr kleinen, haben trotzdem eine Geldsackgesinnung und sehen sich dadurch in der beneidenswerten oder auch nicht beneidenswerten Lage, mit dem schönsten Bourgeois jederzeit wetteifern zu können. Alle geben sie vor, Ideale zu haben; in einem fort quasseln sie vom 'Schönen, Guten und Wahren' und knixen doch nur vor dem Goldenen Kalb, entweder indem sie tatsächlich alles, was Geld und Besitz heißt, umcouren oder sich doch innerlich danach verzehren." [13]

Wenn Fontane den Konflikt von "Schiller" und "Gerson" zum Ausgangspunkt seiner Geschichte macht, dann jedenfalls in einer realistischen Absicht, der es auf das Wiedererkennen und Durchschauen dieser Mentalität ankommt. Beide Seiten, Bildungsbürger und Bourgeois-Bürger, bilden Elemente einer bürgerlichen Welt, deren Normen nicht nur 'von außen' in Frage gestellt wurden, nachdem sich das Bürgertum als privilegierte Klasse gegenüber dem Proletariat etabliert hatte, sondern die auch 'von innen' bedroht waren durch eine politische Desorientierung, die ein "empfindliches Defizit an Bürgerlichkeit im deutschen Bürgertum" [14] erkennen ließ (politisch dominierten noch immer vorindustrielle Eliten, und das Großbürgertum suchte das Bündnis mit ihnen). Fontane war für diese Probleme sensibilisiert wie nur wenige Autoren in der Zeit des 'bürgerlichen Realismus'. Die "moderne Menschheit zur Einsicht der Sachlage" zu bringen, sie sich "im Spiegel" sehen und über ihr Spiegelbild sich erschrecken zu lassen, war erklärtermaßen *eine* seiner Erzählintentionen.[15]

Es gehört zur realistischen Perspektive Fontanes, wenn er keine der beiden Seiten *ausschließlich* negativ oder positiv färbt. Es ist daher z. B. nicht richtig, hinter der Berufung Jennys auf die Welt der Ideen und Ideale, auf die 'höheren' geistigen Interessen und auf das 'Poetische' ("mir gilt die poetische Welt. [. . . Ihr] allein verlohnt es sich zu leben. [. . .] Ich [. . .] verbleibe dem Ideal und werde nie darauf verzichten. Am reinsten aber hab ich das Ideal im Liede" [S. 30]) allein "Verlogenheit" [16] zu sehen. Jenny ist vielmehr in ihrem Anspruch *subjektiv* durchaus ernst zu nehmen. Sie zitiert nur naiv, was zum Haushalt bürgerlichen Selbstverständnisses im 19. Jahrhundert gehört, und fördert unbewußt den Ideologiegehalt einer Kunstvorstellung zutage, die der "Poesie" eine zeitenthobene Erhebung über das Wirkliche zuschreibt. Wer in Jennys Schwärmereien lediglich Fontanesche Parodie und Karikatur am Werke sieht, sei aufgefordert, Gedichtanthologien der Zeit nach 1848 durchzusehen. Er wird – dies ist keineswegs übertrieben – in hundertfachen Varianten Verse finden wie die folgenden:

"Mein Leben ist im Geist
Und in der Phantasie
Das füllt den Tag mir aus
Und giebt ihm Harmonie".

(M. Meyr)

oder:

Die Zeit ist krank und will nicht mehr gesunden
Das gold'ne Kalb nahm die Altäre ein,
Die Künste zählen traurig ihre Wunden,
Und ach! die Poesie schläft seufzend ein.
[. . .]
Doch glaubt darum nicht, Alles sei verloren,
Im Stillen noch manch edles Herz erglüht,
Es öffnen sich dem Sang noch viele Ohren,
Der tönt von Phantasie und von Gemüth.
[. . .]
Nein, leben wird sie [sc.: die Poesie] und so fest sich halten
An edlen Herzen, denen sie gefällt,
So wie das Epheu rankt an Mauerspalten,
So wie der Stern sich hält am Himmelszelt.

Laßt denn die Habsucht nach dem Ird'schen jagen,
Und liebt das Himmlische, die Poesie,
Sie mögen sich um ihren Götzen plagen,
Ihr findet in dem kleinsten Wurme sie. [. . .]

(J. F. Castelli)

oder:

"Wir wandeln enthoben
Der Erdenschwere
Auf Morgenwolken
Über das Gemeine hin,
Das unter unsrer Ferse
Sich knirschend bäumt."
(P. Heyse)

Angesichts der faktischen Konsequenzen solcher tausendfach verkündeten Evasionen in den Geist und in die Phantasie wird der Leser Jennys "Poesie"-Verständnis kaum mehr einfach nur als Travestie klassischer Ästhetik belächeln können. Daß sie selbst die Prätention ihres Begriffes von 'reiner' Poesie nicht zu durchschauen vermag, verbindet sie mit der Mehrzahl ihrer von Fontane fiktiv unterstellten Zeitgenossen, die derartig 'Poetisches' massenhaft konsumierten. Ihr "Lied"

"Glück, von allen deinen Losen
Eines nur erwähl ich mir.
Was soll Gold? Ich liebe Rosen
Und der Blumen schlichte Zier [. . .]",

es ist nur die x-te Variante sentimental-epigonaler Verdrängungslyrik, zu deren Entstehungsgründen z. T. auch das beschriebene Antimaterialismus-Syndrom zählt, da Poesie hier als Refugium und Kompensat dient und einer verworfenen Wirklichkeit gegenübergestellt wird. Daß selbst die Materialistin Jenny sich dieses ideologischen Gestus bedient, zeigt nur die nicht linear wirkende und determinierte Verzwicktheit der Ideologie an: sie wird als Verschleierungstaktik unbewußt übernommen und umgewendet.

Wie ein neuerer Fontane-Interpret auf die Idee hat kommen können, dieses Lied werde erst durch den *Gebrauch*, den Jenny von ihm macht, sentimental verbogen und daher am Ende des Romans als ein "Profaniertes" durch Schmidt (der es einst für sie dichtete) "zurückgenommen", wodurch es trotz aller Klischeehaftigkeit auf wahre poetische Welt, Kunst nämlich als "eine Gegenwelt zur Alltagswirklichkeit" [17] verweise, muß angesichts des soziokommunikativen Kontextes, den Fontane in seinem Roman sehr bewußt anzielt, unverständlich bleiben. Fontanes Bezugnahme auf die lyrischen Tagtraumfabrikate einer ganzen Epoche war lesergerichtet; der Leser konnte und sollte wiedererkennen, was ihm der lyrische Markt seiner Zeit in jeder Buchhandlung feil hielt. Aber zugleich versetzte ihn der Roman Fontanes in die Lage, die Schizophrenie dieser Wunschwelten zu durchschauen und auf ihren realen Kern zu führen.

Solches Durchschauen leistet im Roman selbst der Gegenspieler Jennys, ihr einstiger Verehrer Wilibald. Doch auch er, der ironisch Überlegene, erscheint nicht nur in *einer* Beleuchtung. In gewisser Weise nämlich ist er das Pendant zu Jenny: wo sie das "Poetische" beschwört, beruft er das 'Klassische', das "wirklich Ideale" (S. 182). Doch in einer Zeit, in der es, wie Schmidt selber erkennt, "vorbei [ist] mit den alten Formen" (S. 64), muß auch die Berufung aufs 'Klassische' zur hohlen Formel herabkommen: klassische Bildung gerinnt zur Schulmänner-Weisheit ("Werde, der du bist", S. 182), zum Zitat, zur Reminiszenz, zur Anspielung (vgl. z. B.: "Er grient immer und gibt sich das Ansehen, als ob er dem Bilde zu Sais irgendwie und -wo unter den Schleier geguckt hätte." [S. 61]). Zwar verachtet der Professor "alles Äußerliche, Besitz und Geld" (S. 12), doch heißt die Kehrseite der Medaille kleinbürgerliche Einschränkung: "Rührkartoffeln und Karbonade" (S. 7), "Wellfleisch und Wruken" (S. 56), "kleine Marktsträuße von Goldlack und Vergißmeinnicht" (S. 68). Fontane setzt solche Signale sehr bewußt.

Auch Schmidt hat sich einen Fluchttraum geschaffen, nämlich 'klassische' Tagtraumbilder. Die berühmte 'Goldmasken-Frage' anläßlich der Mykenä-Ausgrabungen Schliemanns veranlaßt ihn zu Reflexionen von folgender Art: "'Ich bin sicher, wir haben da ganz was Besonderes, so das recht Eigentlichste. Jeder beliebige kann doch nicht bei der Bestattung eine Goldmaske getragen haben, doch immer nur die Fürsten, also mit höchster Wahrscheinlichkeit Orests und Iphigeniens unmittelbare Vorfahren. Und wenn ich mir dann vorstelle, daß diese Goldmasken genau nach dem Gesicht geformt wurden [. . .], so hüpft mir das Herz bei der doch mindestens zulässigen Idee, daß *dies* hier' – und er wies auf eine aufgeschlagene Bildseite –, 'daß dies hier das Gesicht des Atreus ist, oder seines Vaters oder seines Onkels . . .'" (S. 65 f.; vgl. auch S. 162: "Aegisth-Hypothese"). Solche Spekulationen haben gewiß ihre liebenswürdige Seite: sie nehmen klassisch-literarische Bildungsgüter veristisch beim Wort, so wie Schliemann seinen Homer. Nicht zufällig fällt daher Schliemanns Name mehrfach in positivem Sinne. Aber die Bedeutung dieser Spekulationen über "Orests und Iphigeniens unmittelbare Vorfahren" als weltanschauliche "Hilfskonstruktion" (Fontane) mit lebenspraktischer Funktion bleibt deutlich. Der Idealismus des Professors entbehrt jenes krassen Egoismus, der zur

Sentimentalität seiner Freundin Jenny hinzugehört. Doch als fragwürdig in seinem Doppelantlitz als humaner Anspruch einerseits und Verklärung konkreter Versagungen andererseits muß auch er gelten.

Sozialhistoriker sprechen vom "Vulgäridealismus" der Periode zwischen 1871 und 1918 und werten diesen als einen politischen Faktor.[18] Sie weisen ihn als eine ideologische Strategie aus, die der Verschleierung nackter Interessen diente. Der Vulgäridealismus wurde, so schreibt der amerikanische Historiker Fritz Stern, "in der Tat zu dem rhetorischen Arsenal [. . .], mit dem der unpolitische Deutsche Massengesellschaft, Demokratie, Liberalismus, Modernität [. . .] anprangerte. Treitschke war der wohl populärste Vertreter dieser vulgäridealistischen Richtung. [. . .] Er zog gegen das allgemeine Wahlrecht zu Felde, denn: 'Unseres Volkes beste Kraft war immer sein Idealismus, darum bleibt es in alle Wege undeutsch, daß der Unverstand, die Unbildung entscheiden soll.' [1867]" Weil sich, so folgert Stern weiter, "in dieser Weise [. . .] die selbstsüchtigsten Klasseninteressen veredeln und die aggressivsten Leidenschaften mit dem Vokabular des Idealismus rhetorisch bemänteln" ließen, mußten solche Tendenzen soziale Spannungen verschärfen und die soziale Spaltung vertiefen.[19]

Wenn Fontane in der Sprachpersiflage seines Romans und in den ironischen Situationskontrastierungen den Nebel dieses "Vulgäridealismus" durchdringt, dann mag seine Kritik vielleicht selbst nicht aggressiv auftreten, sie ist gleichwohl deutlich und enthält ein nicht zu unterschätzendes ideologiekritisches Potential. "Wer in unserer Zeit statt *Volk Bevölkerung* und statt *Boden Landbesitz* sagt, unterstützt schon viele Lügen nicht. Er nimmt den Wörtern ihre faule Mystik" [20], meinte Brecht 1939 und wies damit auf die pragmatische Dimension konnotativ besetzter Wörter hin: Eine bestimmte Art des Sprachgebrauchs kann identisch werden mit einer bestimmten Art, sich Gesellschaft vorzustellen (z. B. Gesellschaft als faschistische "Volks-Gemeinschaft") bzw. sich über politische, soziale, weltanschauliche usw. Normen zu verständigen. Sie ist Niederschlag ideologischer Sinnsysteme, die aus gesellschaftlicher Praxis resultieren und in diese zurückwirken. In welcher Weise literarische (fiktionale) Texte an solchen ideologischen Wertsystemen teilhaben können, haben wir am Beispiel der Marlitt ausführlich gezeigt (vgl. 11., 12. und 14. Lektion). An der Marlitt gemessen, leistet der Roman Fontanes ein Beträchtliches an Aufklärung, indem er die Kombination von Sentimentalität und bourgeoiser "Geldsackgesinnung" als "gefährlich" (S. 81) einsehbar macht und jede Lösung vermeidet, die auf Harmonisierung der Widersprüche oder auf eine rückwärtsgewandte Utopie hinausläuft.

Wir wollen diesen Problemaspekt noch etwas genauer umreißen: Man hat, wie bereits erwähnt, Fontane immer wieder vorgeworfen, er neige dazu, gesellschaftliche Kollisionen nicht auf die Spitze zu treiben, sondern in einen versöhnlich-resignativen Schluß münden zu lassen, der die Wirklichkeit, so wie sie 'nun einmal' sei,[21] im Sinne eines "verzeihenden Zur-Kenntnis-Nehmens" anerkenne, obwohl der Stoff selbst "ein härteres Auftreten" fordere (G. Lukács).[22] In diesem Sinne haben Georg Lukács, Hans-Heinrich Reuter u. a. den Romanschluß in "Frau Jenny Treibel" kritisiert. Die "'glückliche' Lösung" des Romans, die Heirat Corinnas mit Marcell, wirke belletristisch (Lukács) und "aufgeklebt" und dokumentiere Hilflosigkeit (H.-H. Reuter) [23]. Ähnlich argumentiert auch Kafitz, wenn er meint, das "ausbleibende kritische Engagement" führe zu einer "stillschweigenden Komplicenschaft" von Bildungsbürgertum und Großbourgeoisie[24]. Kafitz stützt seine These insbesondere auf jene Schlußszene, in der Wilibald Schmidt am Ende der Hochzeitsfeier – das Brautpaar und Jenny sind bereits gegangen – den Sänger Adolar Krola auffordert, Jennys "Lied", mit dem Wilibald sie einst 'andichtete', wie sonst bei jeder Treibelschen "Tafel" auch jetzt noch einmal zu singen. Da auch Hugo Aust diese Szene aufgegriffen hat, um daran die Gegenthese zu entwickeln, daß es bei dem 'versöhnlichen' Schluß Fontanes um etwas ganz anderes gehe, nämlich darum, den wahren poetischen Sinn des Liedes zu restaurieren und durch das Medium der Poesie eine neue, authentischere Erfahrung zurückzugewinnen, die in das reale Leben hineinreiche [25], wollen wir gleichfalls etwas einläßlicher darauf eingehen.

Was geschieht in dieser Szene? Schmidt – er ist wie alle in diesem Augenblick betrunken – fordert Krola zu seiner berühmten Solonummer mit den Worten auf: "unser Treibel wird es nicht übelnehmen, daß wir das Herzenslied seiner Eheliebsten in gewissem Sinne profanieren. Denn jedes Schaustellen eines Heiligsten ist das, was ich Profanierung nenne. Hab ich recht, Treibel, oder täusch ich mich in dir? Ich *kann* mich in dir nicht täuschen. In einem Manne wie du kann man sich nicht täuschen, du hast ein klares und offnes Gesicht. Und nun komm, Krola. 'Mehr Licht' – das war damals ein großes Wort unseres Olympiers; aber wir bedürfen seiner nicht mehr, wenigstens hier nicht, hier sind Lichter die Hülle und Fülle. Komm. Ich möchte diesen Tag als ein Ehrenmann beschließen" (S. 190). "Arm in Arm" mit Treibel folgt Schmidt, zu Tränen gerührt, dem Gesangsvortrag und beginnt dann zu räsonnieren: "Treibel, unsere Jenny hat doch recht. Es ist was damit, es ist was drin; ich weiß nicht genau was, aber das ist es eben – es ist ein wirkliches Lied." (S. 191) Dort, wo "der die Ironie steuernde Verstand ausgeschaltet ist" (Trunkenheit!), so hat Kafitz gefolgert, nehme auch Schmidts Sprache den sentimental-pathetischen Tonfall Jennys an und erweise Pathos und Ironie als zusammengehörige Seiten fehlender Natürlichkeit.[26]

Doch läßt sich diese Szene wirklich so deuten? Muß man nicht genauer auf die ironischen Signale achten? Schmidt, dessen Lebenselement die Ironie ist und der in der "Selbstironie" zugleich den "denkbar höchsten Standpunkt" (S. 58) erreicht, der nach seinem und des Autors Verständnis möglich ist, übt sich in allen Begegnungen mit Jenny in verdeckt-ironischem Spiel (Vgl. z. B. S. 122: "Schmidt nickte zustimmend und sprach dann ein einfaches: 'Ach, Jenny . . .' mit einem Tone, drin er den ganzen Schmerz eines verfehlten Lebens zum Ausdruck zu bringen trachtete. Was ihm auch gelang. Er lauschte selber dem Klang und beglückwünschte sich im stillen, daß er sein Spiel so gut gespielt habe.") Hier jedoch, in der Schlußszene, schlägt die schonungsvoll-konziliante Ironie erstmals um in *offene* Ironie, in Persiflage, die demonstrativ 'zur Schau stellt', noch einmal ins 'Licht' rückt, was schon so oft als Schaustück 'wahrer Innerlichkeit' hat herhalten müssen. Er zeigt in der Narrenmaske des Betrunkenen auf jene Sentimentalität, die das Komplement nackter egoistischer Interessen geworden ist. Daß diese Demonstration ihn gleichfalls trifft, und zwar in aller Schärfe, gehört zu seiner intellektuellen Redlichkeit, zu seiner Art, "diesen Tag als ein Ehrenmann zu beschließen". Denn die Wendung "'Mehr Licht' – Das war damals ein großes Wort unseres Olympiers; aber wir bedürfen seiner nicht mehr, wenigstens hier nicht, hier sind Lichter die [...] Fülle" gewinnt ihre ironische Vieldeutigkeit erst dann, wenn man zu "seiner" das Konnotat 'Goethe' und zu "Lichter" das Konnotat 'die hier anwesenden angeheiterten Hochzeitsgäste' realisiert. Das "Licht" (Goethe) dort, das die (Kirchen-) "Lichter" hier meinen entbehren zu können, weil sie selbst genug haben, damit ist Schmidts (selbst-)ironische Perspektive umrissen. – In der Schlußszene wird nichts beschönigt und 'versöhnt'. Ein 'happy end', in dem sich 'Herz zu Herzen findet', findet nicht statt. Romeo und Julia – das war einmal. Auch darauf weist Schmidt in ironischer Brechung hin: ". . . Und die arme Corinna! Jetzt ist sie bei Trebbin, erste Etappe zu Julias Grab . . . Julia Capulet, wie das klingt. Es soll übrigens eine ägyptische Sargkiste sein" (S. 191).

Deutlich ist, daß es für den bürgerlichen Intellektuellen Schmidt noch immer Leitbilder authentischer humaner Erfahrung gibt: die Namen "Schliemann", "Goethe" und "Romeo und Julia" sollen im Roman solche Erfahrung schlaglichtartig umreißen. Und deutlich ist, daß hier auch die Perspektive Fontanes durchschlägt. Doch bedeutet diese Perspektive keine 'Lösung', kein 'Zurück-zu-den-Quellen'. Dieses 'Zurück' ist für Fontane unmöglich in einer Zeit, die in einem gravierenden "Umwandlungsprozeß" [27] begriffen ist, dessen Konturen ihm freilich nicht feststehen. (Sein Spätwerk bietet immer neue Varianten dieses Themas und Problems). Er durchschaut sehr wohl, daß die individualistisch-idealistischen Lösungen des Kulturproblems angesichts einer kapitalistisch bestimmten Gesellschafts- und Kulturform obsolet geworden sind, hält aber weiterhin an ihnen fest. Es war diese Widersprüchlichkeit, die Georg Lukács zu seinem scharfen Urteil veranlaßt hat, Fontane werde "– je reifer desto mehr – zur schwankenden Gestalt, zu einem Menschen und Schriftsteller, der für keine der kämpfenden Klassen oder Parteien wirklich zuverlässig ist" [28], ein Urteil, das in bedenkliche Nähe zu dem Vorwurf eines 'bindungslosen Intellektualismus' rückt. Andererseits ist nicht zu leugnen, daß hier in der Tat Grenzen sichtbar werden, die dem skeptischen Moralismus Fontanes gesetzt waren [29]. Eine Konfrontation seines Werkes mit der gesellschaftlich-geschichtlichen Situation des Hochkapitalismus und der Situation des deutschen Bürgertums im zweiten Kaiserreich, der es abgerungen wurde, kann sich nicht um die Tatsache herumdrücken, daß mit den Mitteln bürgerlicher Kulturkritik dem Grundwiderspruch dieser Gesellschaft nicht mehr beizukommen war.

Wenn manche Fontane-Interpreten in solcher Konfrontation von Roman und Wirklichkeit allerdings eine falsche, das "Eigentliche" dieser Erzählkunst verfehlende Perspektive der Analyse [30] und historischen Kritik gesehen haben, dann müssen wir entschiedenen Widerspruch anmelden. Wir tun dies, um an diesem Beispiel noch einmal darauf hinzuweisen, wie sehr ein traditionelles Theorem der Literaturwissenschaft, das dem Kunstwerk absoluten "Eigenwelt"-Charakter zuspricht, sich selbst dort noch durchzusetzen vermochte, wo – zumindest teilweise – andere Werkintentionen vorliegen.

In einer bedeutsamen Notiz hat Fontane den 'Realismus' des realistischen Kunstwerks folgendermaßen beschrieben: "Das wird der beste Roman sein, dessen Gestalten sich in die Gestalten des wirklichen Lebens einreihen, so daß wir in Erinnerung an eine bestimmte Lebensepoche nicht mehr genau wissen, ob es gelebte oder gelesene Figuren waren, ähnlich wie manche Träume sich unserer mit gleicher Gewalt bemächtigen, wie die Wirklichkeit. [. . .] darauf kommt es an, daß wir in den Stunden, die wir einem Buche widmen, das Gefühl haben, unser wirkliches Leben fortzusetzen und daß zwischen dem erlebten und dem erdichteten Leben kein Unterschied ist, als jener der Intensität, Klarheit, Übersichtlichkeit und Abrundung, die die verklärende Aufgabe der Kunst ist." [31] – Fontane berührt hier in der Sprache der traditionellen Ästhetik Fragen, die wir in anderen Zusammenhängen mehrfach angesprochen haben: 1. das Problem der Fiktion, das Verhältnis von Kunst und Wirklichkeit; hier ist für ihn entscheidend, daß es der Leser ist, der das fiktional Entworfene mit seinen Wirklichkeitsvorstellungen in Beziehung setzt,[31a] 2. das Problem, daß Erzähltexte geordnete Weltmodelle entwerfen, d. h. Sinnordnungen, Handlungs- und Objektzusammenhänge erstellen, die in ihren Relationen analog zu denen der Wirklichkeit zu denken sind, also diese nicht einfach abspiegeln. Dies ist, wenn auch vag, mit solchen metaphorischen Vokabeln wie "Klarheit", "Übersichtlichkeit", "Abrundung" usw. gemeint. Preisendanz freilich sieht hier Probleme, die ihn veranlassen, den ersten Teil dieser Äußerung Fontanes rundweg zu negieren. Er spricht von 'fragwürdigen Maßstäben' Fontanes [32] und erklärt: "Denkt man im Sinne Fontanes weiter, so kommt man zwangsläufig zu der Einsicht, daß ein Buch immer nur relativ, in bezug auf den jeweiligen Leser, realistisch sein kann; von den Seherwartungen, vom Vergleich, und vom Urteil des jeweiligen Lesers hängt es ab, ob und wieweit die dargestellte Wirklichkeit mit des Lesers eigener unmittelbarer Wirklichkeitserfahrung übereinstimmt." [33] Wenn aber das Leserbewußtsein – so Preisendanz weiter – zum Maßstab dessen werde, was realistisch sei und was nicht, dann werde die "bleibende Aufgabe aller Dichtung" [34] negiert, die nämlich, den kruden Stoff der dargestellten Wirklichkeit durch poetische "Transfiguration" zu überwinden und das dichterische Kunstwerk als "eine imaginativ erschaffene, selbstherrlich bestehende Wirklichkeit" [35] zu erweisen. Auch realistische Dichtung erscheint so in dieser Konzeption als eine 'andere', "erst durch die Sprache [. . .] gestiftete Wirklichkeit" [36], die es als 'andere' Welt ermögliche, "in Frage zu stellen, was wir für Wirklichkeit halten, zu bestreiten, daß die durch Konvention und allgemeinverbindliche Definition festgestellte und eingegrenzte Wirklichkeit die eigentliche, die wahre, die letztgültige Wirklichkeit sei." [37] Auch Preisendanz mißt also dem realistischen Kunstwerk eine kritische Funktion zu. Jedoch besteht diese für ihn – grob gesagt – darin, daß das literarische Werk als ein der dichterischen Einbildungskraft entsprungenes eigengesetzliches Gebilde einen imaginären Spielraum eröffnet, der zwischen objektiver Faktizität und poetischer Wirklichkeit vermittelt [38]. Daß ein erzählender Text niemals einfach photographisch identisch ist mit 'Wirklichkeit', sondern im erzählerischen Diskurs modellhaft eine sinnvoll geordnete Wirklichkeit entwirft, haben wir mehrfach betont. Dieser Modellentwurf aber ist nicht gleichbedeutend mit einer "Reichsunmittelbarkeit der Poesie" (G. Keller), wie Preisendanz glauben machen möchte.

15.4. Abschließende Bemerkungen zum Problem historisch-kritischer Wertung von Literatur

Wir haben gegenüber Positionen wie der von Preisendanz zu zeigen versucht, in welcher Weise sich die Sinnstrukturen des Marlitt- und auch des Fontane-Romans auf globale semantische Systeme des soziokulturellen Kommunikationssystems in Deutschland nach 1871 beziehen. Es ist kein Zufall, daß auch Fontane auf die gleiche wertbesetzte Grundopposition 'materialistisch' vs. 'idealistisch' zurückgreift wie die Marlitt, sie aber in einer grundverschiedenen Weise funktionalisiert. Im Gegensatz zur Marlitt stellt Fontane – wie wir gesehen haben – geltende Normensysteme des bürgerlichen Selbstverständnisses im 19. Jahrhundert in Frage: In der Art und Weise seiner in ein Wirklichkeitsmodell übersetzten Idealismus-Kritik deckt Fontane die Ideologiehaltigkeit des bürgerlichen Vulgäridealismus seiner Zeit auf und greift damit in das Wirklichkeitsverständnis seiner zeitgenössischen Leser ein (also nicht erst, wie Preisendanz meint, durch die vermittelte Wahrheit des "Poetischen"). Insofern entspricht sein Roman fast idealtypisch dem Typus der "kritischen Literatur" (vgl. oben S. 210). Allerdings hat sich auch gezeigt, daß es mit der bloßen Feststellung dieser Tatsache nicht getan ist. Der Interpret ist gezwungen – will er nicht fraglos bei der Position Fontanes stehen bleiben – für sich selbst eine (historische) Meta-Ebene zu finden, die es ihm gestattet, die Perspektiven (bzw. fehlenden Perspektiven) Fontanes historisch-kritisch zu befragen. Solche Befragung geschieht in einem Rückkoppelungsprozeß, der den Horizont des literarischen Werks in Bezug setzt zum Horizont des Interpreten und dessen historische Erfahrungen und Perspektiven mit einbegreift. Wenn wir von den Grenzen des kritischen Realismus Fontanes gesprochen haben, so impliziert diese Feststellung eine historische Wertung, die aus der geschichtlichen Erfahrung der Entwicklung der bürgerlichen Gesellschaft in Deutschland seit der Mitte des 19. Jahrhunderts resultiert und nach den "Bedingungen der Gegenwärtigkeit" dieses Romans zu fragen erlaubt.

Anmerkungen:

1 Georg Lukács: Der alte Fontane, in: Theodor Fontane, hrsg. von Wolfgang Preisendanz, Darmstadt 1973 (= Wege der Forschung. 381.), S. 25-79; hier: S. 54 und S. 58.

2 Peter Demetz: Formen des Realismus. Theodor Fontane. Kritische Untersuchungen, München 1964, S. 155.

3 Lukács, a. a. O. S. 58.

4 Zitiert wird nach der Ausgabe Theodor Fontane: Nymphenburger Taschenbuchausgabe in 15 Bänden, Band 11: Frau Jenny Treibel, München 1969.

5 Demetz, a. a. O. S. 253.

6 Das Gespräch im Roman Theodor Fontanes ist häufiger zum Gegenstand wissenschaftlicher Erörterungen geworden; vgl. besonders: Mary-Enole Gilbert: Das Gespräch in Fontanes Gesellschaftsromanen, Leipzig 1930; Ingrid Mittenzwei: Die Sprache als Thema. Untersuchungen zu Fontanes Gesellschaftsromanen, Bad Homburg v. d. H. 1970.

7 "Causerie" (von frz. 'causer': plaudern) meint eine leichte gesellige Unterhaltung (heute würde man etwa "small talk" sagen). Da "Causerie" eine bestimmte Gesellschaftsschicht charakerisiert, ist sie auch ein typisches Genre-Merkmal des bürgerlich-realistischen Gesellschaftsromans des 19. Jahrhunderts.

7a Auf diese Halensee-Gespräche hat auch Demetz (allerdings mit anderer Akzentuierung) hingewiesen.

8 I. Mittenzwei, a. a. O. S. 147; S. 146.

9 So etwa Georg Lukács, a. a. O. S. 41 f; mit etwas anderer Argumentation auch Hans-Heinrich Reuter: Fontane, Bd. 1. 2, München 1968, Bd. 2 S. 694.

10 Hinweis von H.-H. Reuter, a. a. O. Bd. 2, S. 966.

11 an Theo Fontane am 9. V. 1888, in: Theodor Fontanes Briefe an seine Familie, Berlin 1906, Bd. 2, S. 174.

12 Rudolf Vierhaus: Bildung, in: Geschichtliche Grundbegriffe, hrsg. von Werner Conze, Reinhart Koselleck und Otto Brunner, Bd. I, Stuttgart 1972, S. 543.

13 Theodor Fontane: Von Zwanzig bis Dreißig, in: Theodor Fontane, Sämtl. Werke, hrsg. von Walter Keitel. Abt. Aufsätze, Kritiken, Erinnerungen, Bd. 4, Darmstadt 1973, S. 186 f.

14 Gerhard A. Ritter und Jürgen Kocka: Deutsche Sozialgeschichte. Dokumente und Skizzen, Bd. II: 1870-1914, München 1974, S. 64.

15 Theodor Fontane: Briefe an Georg Friedlaender, hrsg. und erläutert von Kurt Schreinert, Heidelberg 1954, S. 147. – Zur Opposition 'Besitz' und 'Bildung' in Fontanes "Frau Jenny Treibel" vgl. jetzt auch Walter Müller-

Seidel: Theodor Fontane. Soziale Romankunst in Deutschland, Stuttgart 1975, S. 284 ff; S. 302 ff.

16 Hugo Aust: Anstößige Versöhnung? Zum Begriff der Versöhnung in Fontanes "Frau Jenny Treibel", in: ZfdPh 92 (1973), S. 101-126; hier: S. 116.

17 Hugo Aust, a. a. O. S. 122. – Zur Funktion der Sentimentalitätskritik bei Fontane vgl. auch: Walter Müller-Seidel, a. a. O. S. 307 ff.

18 Fritz Stern: "Die politischen Folgen des unpolitischen Deutschen", in: F. S.: Das Scheitern illiberaler Politik. Studien zur politischen Kultur Deutschlands im 19. und 20. Jahrhundert, Frankfurt 1974, S. 41-61; hier: S. 54 ff.

19 Ebd. S. 55.

20 B. Brecht: Fünf Schwierigkeiten beim Schreiben der Wahrheit, in: Ges. Werke in 20 Bänden, Bd. 18, Frankfurt a. M. 1967, S. 231.

21 vgl. G. Lukács: Der alte Fontane, in: W. Preisendanz (Hrsg.), Th. Fontane, a. a. O. S. 53 f.

22 Ebd., S. 58.

23 Hans-Heinrich Reuter, a. a. O. Bd. 2 S. 694.

24 Dieter Kafitz: Die Kritik am Bildungsbürgertum in Fontanes Roman "Frau Jenny Treibel", in: ZfdPh 92 (1973), S. 74-101; hier: S. 92; S. 99.

25 Hugo Aust, a. a. O., besonders S. 114-124.

26 Kafitz, a. a. O. S. 93.

27 Vgl. Fontane: Frau Jenny Treibel, a. a. O. S. 64; vgl. auch Fontane: Der Stechlin, in: Sämtliche Werke, hrsg. von Walter Keitel; Abt. Romane, Erzählungen, Gedichte, Bd. 5, München 1966, S. 271 ff. (Gespräch Lorenzen/Melusine)

28 G. Lukács, a. a. O. S. 40.

29 Vgl. auch Hermann Lübbe: Fontane und die Gesellschaft, in: W. Preisendanz (Hrsg.), Th. Fontane, a. a. O. S. 354-400; hier: S. 400: "[Fontanes] Kritik fehlt [. . .] jeder klassenkämpferische Sinn. Ihre Basis ist nicht die Überzeugung von der geschichtlichen Notwendigkeit einer die Eigentumsverhältnisse betreffenden sozialen Revolution, sondern die Frage nach den Möglichkeiten, innerhalb der modernen Gesellschaft eine im Herzen gründende Menschlichkeit zu bewahren. [. . .] Obwohl er das "Bourgeoishafte mit einer Leidenschaft" haßt, als ob er "ein eingeschworener Sozialdemokrat wäre", verbleibt er selbst bürgerlich in der literarischen Kultur einer Skepsis in die Möglichkeiten, der menschlichen Misere der gesellschaftlichen Verhältnisse anders als durch Selbstbefreiung aus ihren Vorurteilen zu entkommen."

30 So Wolfgang Preisendanz in seinem Aufsatz "Voraussetzungen des poetischen Realismus in der deutschen Erzählkunst des 19. Jahrhunderts", in: Hans Steffen (Hrsg.), Formkräfte der deutschen Dichtung, Göttingen 1963, S. 187-210; hier: S. 204.

31 Theodor Fontane: Aus dem Nachlaß, hrsg. von J. Ettlinger, Berlin [3]1908, S. 269.

[31a] Auf lesergerichtete Perspektiven der realistischen Schreibart in den Zeitromanen Fontanes hat erst die jüngere Fontane-Forschung entschiedener aufmerksam gemacht. Vgl. dazu Horst Schmidt-Brümmer: Formen perspektivischen Erzählens. Fontanes 'Irrungen Wirrungen', München 1971, sowie Horst Steinmetz: Der vergessene Leser. Provokatorische Bemerkungen zum Realismus-Problem, in: F. von Ingen (Hrsg.), Dichter und Leser, Groningen 1972, S. 113-133.

[32] Preisendanz, a. a. O. S. 193.

[33] Ebd.

[34] Ebd., S. 194.

[35] Ebd., S. 202.

[36] Ebd., S. 201.

[37] Ebd., S. 194.

[38] Zu Preisendanz' Fontane-Interpretation vgl. auch W. Preisendanz: Humor als dichterische Einbildungskraft. Studien zur Erzählkunst des poetischen Realismus, München 1963, S. 214-241. – Unter dem Titel: "Die verklärende Macht des Humors im Zeitroman Theodor Fontanes" auch abgedruckt in: W. Preisendanz (Hrsg.): Th. Fontane, a. a. O. S. 286-328.

ANHANG

Die folgenden Texte stammen von Bochumer Erstsemestern und wurden unmittelbar vor Beginn ihres Studiums verfaßt. Sie entstanden auf die Bitte hin, einen einfachen poetischen Text (J. v. Eichendorffs "Mondnacht" – vgl. Lektion 3 –) zu "kommentieren". Der Terminus "Kommentar" wurde bewußt gewählt, um nicht von vornherein auf eingefahrene Schulaufsatz-Gleise zu lenken. Absicht war dabei zu testen, welche Strategien Anfängerstudenten anwenden, wenn sie sich (unter Wahrung ihrer Anonymität) unvermutet vor die Aufgabe gestellt sehen, einen unvertrauten Text zu analysieren. Grundsätzlich war es möglich, das eingefahrene Gleis traditioneller "Interpretationen" zu meiden. Daß es in rund 80 % der Fälle dennoch benutzt wurde, zeigt an, wie sehr dieses Schema die Lektüre literarischer Texte (und hier offenbar besonders von lyrischen Texten) auch dann noch steuert, wenn prinzipiell spontanere Weisen des Zugangs möglich sind. Auf diese Weise kommt der Doppelcharakter der Kommentartexte zustande: Einerseits handelt es sich durchaus um individuelle, spontane und subjektive Lektüren bzw. Lesarten des kommentierten Textes, für die spezielle Regeln der Rezeption gelten und die im Rahmen einer konkret-empirischen Leser- und Rezeptionsforschung untersucht werden könnten. Andererseits aber wird überdeutlich, daß in diese 'Lektüren' unbewußt bereits so viel an methodischem Vorverständnis eingegangen ist, daß eine kritische Aufhellung der hier bruchstückhaft erkennbaren literaturwissenschaftlichen Praxis in einem Einführungskurs dringend geboten erscheint. Wir drucken hier einige repräsentative Beispiele ab, um unsere Bemerkungen über die noch immer deutlich erkennbare Dauertradierung der "werkimmanenten" Methode im gymnasialen Deutschunterricht (vgl. Lektion 1 und 2) zu belegen:

Autor 1

Das Gedicht [Eichendorff: Mondnacht] drückt eine tiefe Naturverbundenheit des Autors aus, im dritten Absatz vollzieht er die Verbindung seiner Seele mit der Natur, das Einswerden mit der Natur, die "stillen Lande" sind das eigene Zuhause. Dies wird bereits in den beiden ersten Zeilen des Gedichtes ausgedrückt, in der Verbindung der Erde mit dem Himmel, wobei der Himmel durchaus auch im übertragenen Sinne aufzufassen ist. Es ist Ausdruck der Verschmelzung des Profanen mit dem Geistigen. Der zweite Abschnitt beinhaltet eine Naturschilderung im engeren Sinne, weniger Ausdruck von Empfindungen, Gefühlen als vielmehr rationale Feststellung.

Das Gedicht als solches entzieht sich weitgehend schlüssiger Rationalität, kann also nur vom Gefühl her gedeutet bzw. mißdeutet werden.

Autor 2

Durch die Bewunderung, mit der der Dichter die Erde beschreibt, die Felder voller Korn und die rauschenden Wälder scheint mir, hat der Autor wieder das Schöne entdeckt. Das Schöne des Lebens. Daß es sich wieder lohnt zu leben. Er hat eine Belastung hinter sich gebracht, die ihn hoffen läßt, daß es wieder bergauf geht. Die sternklare Nacht, durch die seine Seele, mit der er sich verbunden fühlt, fliegt, über das Land als flöge sie nach Haus, bringt ihm Freude und Befreiung. Er ersehnt das Kommende.

Autor 3

In den Strophen des Gedichts "Mondnacht" umreißt das lyrische Ich seinen Eindruck einer friedlichen, einer im höchsten Maße "reinen" Sternnacht. Viele Stilelemente spiegeln die Harmonie dieser Impression wieder. Als erstes fällt vom äußeren die Form und das Reimschema des Gedichts auf. Jede Strophe enthält gleichmäßig 4 Zeilen, und der monotone, aber dennoch melodische Kreuzreim versinnbildlicht die Harmonie und den durch nichts gestörten Rhythmus dieser Nacht. Weiterhin unterstreicht der Inhalt diesen Eindruck. In jeder Strophe wird ein Bild aufgebaut, das, negativ gesehen, ein Klischee, positiv gesehen, ein Idyll beinhaltet. Die erste Strophe symbolisiert durch die emotional ausgerichteten Wörter "küssen, Blütenschimmer, träumen" den "Superlativ" der Harmonie, nämlich die Liebe. In dieser ersten Strophe befinden sich alle Elemente in einem Zustand der Schwebe, des Nichtbewegens, unterstrichen durch "still" und "träumen".

In dieser Hinsicht erlebt die zweite Strophe eine Steigerung. Das beschriebene Bild der Mondnacht wirkt belebter durch die "aktiven" Verben "gehen, wogen, rauschen". Der Begriff der "Erde", der in der zweiten Zeile der ersten Strophe erwähnt wurde, erhält nun konkretere Formen. Von einem allgemeinen Eindruck in der ersten Strophe stehen wir jetzt vor einer konkreten Naturbeschreibung, die in dem gefühlsbetonten, ausrufcharaktertragenden Satz gipfelt: So sternklar war die Nacht. Die dritte Strophe weist nun in mehrerlei Hinsicht einen Höhepunkt des Gedichtes auf. Es schaltet sich jetzt zum erstenmal das lyrische Ich in den Ablauf des Gedichtes ein. Darüberhinaus geht es nicht um das Physische des lyrischen Ichs, sondern es erhebt sich im Überschwang der Gefühle angesichts dieser friedlichen und schönen Mondnacht sozusagen in höhere Regionen, die dieser Nacht angepaßt sind. Es geht um die Seele des lyrischen Ichs, die in einem Bild des lyrischen Ichs die Fügel spannt und gleichsam als Teil dieser Nacht nach Haus fliegt.

Autor 4

3-hebiger Jambus. Reimschema abab = gekreuzter Reim; klingende Kadenzen. Der Dichter scheint zu uns zu sprechen von einem Spaziergang, den er im Frühjahr/Sommer zur Nachtzeit einmal gemacht hat. Es scheint, dem Dichter ist es draußen sehr still – fast wie in einer Kirche – vorgekommen. Diese Atmosphäre wirkte auf ihn sehr beruhigend. Der leise, zarte Wind, der ihn anweht, wirkt sehr wohltuend auf ihn. Dieser Luftzug ist wie ein Streicheln, unter dem er Ruhe findet. In diesen beiden Strophen beschreibt der Dichter seine äußeren Wahrnehmungen. In der letzten geht er auf seine Stimmung ein. Er vergleicht seine Seele mit einem Vogel, der – plötzlich frei – losfliegt nach Hause. Vielleicht ist es eine Art Gebet, vielleicht auch ein Augenblick, in dem der Dichter meint, zu sich selbst gefunden zu haben. Aus der letzten Zeile kann man vielleicht eine Todessehnsucht nach Ruhe und Geborgenheit herauslesen. Es gelingt mir aber auch dieses Mal nicht, Metrum, Reimschema etc. mit dem Inhalt direkt zu verknüpfen zu einer Einheit.

Autor 5

Das vorliegende Gedicht besteht aus drei Strophen zu je vier Zeilen. Das Reimschema in allen drei Strophen ist gleich, nämlich abab, ein Kreuzreim. Dieser gleichbleibende Reim deutet bereits von der äußeren Form her auf eine gewisse Ruhe im Gedicht hin. Wie schon die Überschrift andeutet, handelt es sich um die Beschreibung einer bestimmten Mondnacht (2. Strophe, 4. Zeile: So sternklar war die Nacht). Das Vokabular dieses Gedichtes beläuft sich vorwiegend auf Wörter, die aus der Natur stammen. Beispiele sind: Himmel, Erde, Blüten, Luft, Felder, Ähren, usw. Hierbei sind alle Bereiche aufgeführt: Luft, Erde, Himmel. Das Gedicht ist im Imperfekt geschrieben. Die Mondnacht wird vom Autor geschildert, wie er sie selbst empfindet. Hinweis darauf ist die dritte Strophe, in der der Autor zum ersten Mal von sich selbst spricht: "Und meine Seele spannte . . .". Er personifiziert die Seele und macht sie zu einem Wesen, das Flügel ausspannen und fliegen kann.

Autor 6

Der Dichter bringt nur Gefühle zum Ausdruck, die den größten Teil der Leser wohl ansprechen, was schon allein die Überschrift "Mondnacht" zeigt. Das Gedicht inspiriert den Leser zum Träumen und zum Nachdenken. Es schildert oder beschreibt etwas Außergewöhnliches und Schönes, das das Innerste des Menschen anspricht, genauso wie es ihn selbst angesprochen hat. Man kann diese Stimmung nicht unberührt an sich vorüberziehen lassen. Es wird also ein wunderbares Bild gezeigt, aus dem eine große Ruhe ausstrahlt, die der Hektik des Alltags entgegensteht. Das wird allein schon durch die Wörter "still, träumen, sacht, leise, und Seele, Flügel, Wälder" ausgedrückt.

Die erste Stufe spiegelt eine Irrealität wieder, die zweite Stufe ist ganz natürlich, also real, wobei der Dichter in der dritten Stufe wieder zur Irrealität übergeht.

Autor 7

Das Gedicht entstammt [. . .] der romantischen Literaturepoche. Es trägt zudem religiösen Charakter. Auf Grund des glatten Reimes reizt es den Leser mehr zum Auswendiglernen als zum Nachdenken [. . .].

Den erwähnten romantischen Zug erhält "Mondnacht" durch die stark gefühlsbetonte Wortwahl. Der Sinn ist mir allerdings schleierhaft geblieben, da das Gedicht bei mir weder ein Gefühl noch eine Erkenntnis ausgelöst hat. Es ist daher anzunehmen, daß es sich hierbei lediglich um eines der sogen. "erbaulichen" Gedichte handelt. Für die Romantiker jener Tage, welche sich ja angeblich bei allen möglichen Anlässen mit tränenerfüllten Augen in die Arme fielen, mag ein solches Gedicht ja auch wirklich erbaulich gewesen sein, der moderne bzw. heutige Mensch empfindet derartiges wohl nur als Schwulst.

NAMENREGISTER

SACHREGISTER